CAYMAN ISLANDS

TAUCHFÜHRER

Jahr Verlag Hamburg

CAYMAN ISLANDS

TAUCHFÜHRER

Texte und Fotos
Stephen Frink
Bill Harrigan

Redaktion
Valeria Manferto De Fabianis
Laura Accomazzo

Graphic Design
Luana Gobbo

Illustrationen der Tauchplätze
Cristina Franco

Fischtafeln und Texte
Angelo Mojetta

Illustrationen
Monica Falcone

Übersetzung
Inci Isabell Kaylan

Satz
Partner Satz GmbH,
Hamburg

Inhalt

Die Deutsche Bibliothek - CIP-Einheitsaufnahme

Cayman Islands : Tauchführer / [Text und Fotos: Stephen Frink ; Bill Harrigan. Ill.: Monica Falcone ; Cristina Franco. Fischtaf. und Text: Angelo Mojetta. Dt. Übers.: Inci Kaylan. Red.: Gerolf Dietel]. - Hamburg : Jahr, 1999
Einheitssacht.: The Cayman Islands dive guide <dt.>
ISBN 3-86132-472-5

Cayman Islands
Tauchführer

Jahr-Verlag GmbH & Co.
Jessenstraße 1 · D-22767 Hamburg
Telefon 040/38906-0 · Telefax 040/38906-302

ISBN 3-86132-472-5

Cayman Islands · Diving Guide
© 1999 White Star S.r.l.
Via Candido Sassone, 22/24
13100 Vercelli, Italien

1 Ein Taucher schwimmt mit einer Karett-Schildkröte am Aquarium, Grand Cayman.

2-3 Luftbild des östlichen Endes von Little Cayman. Es zeigt Sandy Point, einen beliebten Ort zum Picknicken und Schnorcheln.

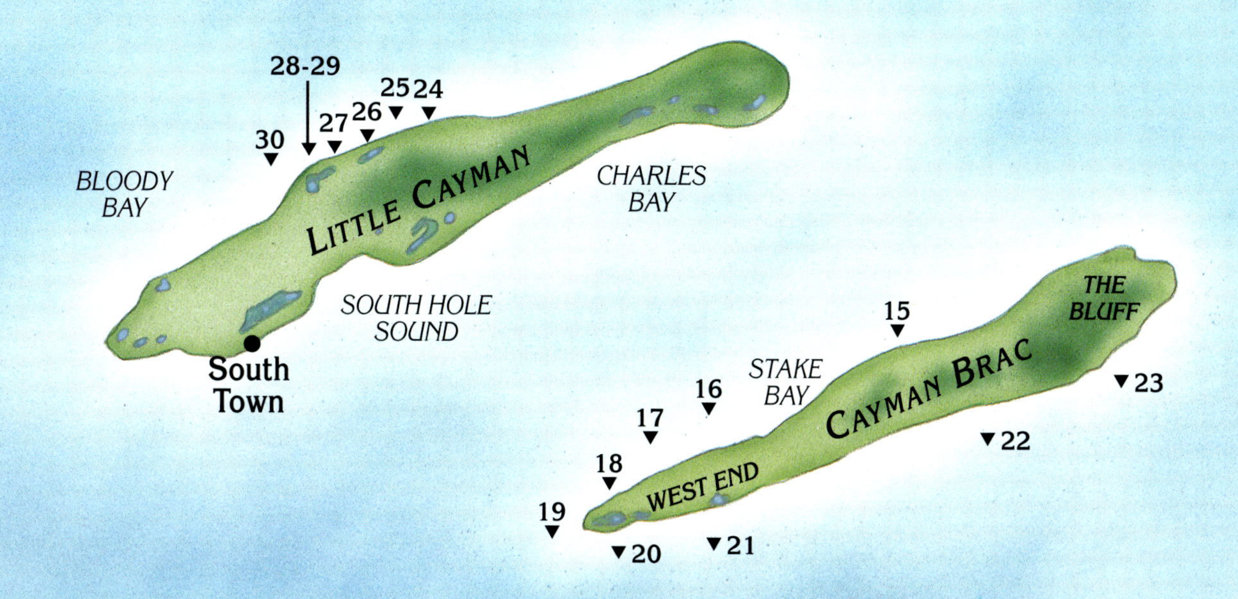

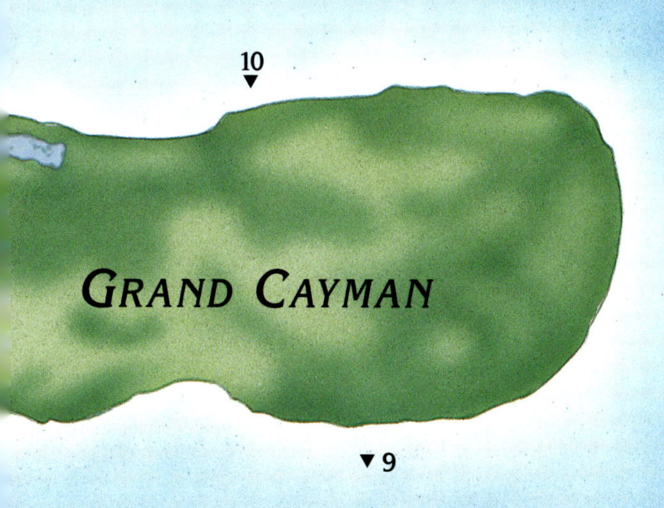

KARIBISCHES MEER

Einen ganz besonderen Dank möchten wir den verschiedenen Tauchcentern aussprechen, die mit Tauch-Service, Informationen, Zeichnungen und Kartenmaterial einen kostbaren Beitrag zur Herstellung dieses Tauchführers geleistet haben:
Sunset House, Red Sail Sports, Parrots Landing, Treasure Islands Divers, Divi Tiara Beach Resort, außerdem Bill Brock von Sunset Divers und Shawn Lunt von Dive Tiara.
Für Fotoarbeiten danken wir Stephen Frink Photographic. Archivbilder stellte freundlicherweise die Agentur WaterHouse Stock Photography zur Verfügung.

EINLEITUNG

Wenn es einen Ort auf der Erde gibt, der speziell für Taucher geschaffen wurde, dann sind es die Cayman Islands. Geologisch sind die drei Inseln außergewöhnlich gut zum Tauchen geeignet: klares Wasser, Steilwände, Korallenriffe im Flachwasser und meilenweit wunderschöner Sandstrand. Vor den Küsten liegen außerdem zahlreiche Schiffswracks, die entweder nach Unfällen gesunken sind oder auch absichtlich versenkt wurden. Die Wetterbedingungen sind das ganze Jahr über hervorragend, und die Tauchplätze lassen sich schnell mit dem Boot erreichen.

Die Inseln sind jahrhundertelang unentdeckt geblieben, als hätten sie nur auf eine Zukunft wie diese gewartet. Als sich das Tauchen in den frühen siebziger Jahren zu einem rentablen Wirtschaftszweig entwickelte, waren es die Cayman Islands, die Standards setzten.

Die natürlichen Resourcen waren mehr als ausreichend, um Tauchreisende anzuziehen, und die Regierung und private Unternehmer wußten, daß es sich lohnen würde, für ihre Unterwasserwelt zu werben.

Glücklicherweise merkten die Insulaner frühzeitig, daß solch eine Touristen-Attraktion auch geschützt werden muß, so daß die Erhaltung der Gebiete höchste Priorität im Land erlangte. Viele andere Regionen taten es den Cayman Islands gleich.

Heute reist ein Drittel aller Touristen ausschließlich zum Tauchen und Schnorcheln auf die Cayman Islands. Die Resorts sind sehr taucherfreundlich, und die Tauchinfrastruktur gehört zu den anspruchvollsten und professionellsten der Welt. Ganz gleich, wo man auf den Cayman Islands taucht, eine faszinierende Unterwasserwelt und einen verläßlichen Tauch-Service wird man überall erleben.

Der höchste Punkt auf Grand Cayman liegt gerade einmal 15 Meter über Normalnull, und auch der Felsvorsprung von Cayman Brac erhebt sich nicht mehr als knapp 43 Meter.

Die Inseln sind die höchsten Stellen einer gewaltigen Unterwasser-Bergkette, die sich von Belize bis zur kubanischen Sierra Maestra erstreckt, und bilden den nördlichen Rand der Cayman Trench.

Vor 50 bis 70 Millionen Jahren entstanden die Caymans durch vulkanische Aktivität. Sie sind also Überreste prähistorischer Umwälzungen, die auch die Südküste Kubas und die mittleren Regionen Haitis und Puerto Ricos geformt haben. Die geologischen Prozesse haben ihre Spuren in der Natur der Caymans hinterlassen und sind für Taucher aus verschiedenen Gründen bedeutsam.

Erstens entstanden durch die Hebung der Erdplatten spektakuläre Steilwände, die die drei Inseln umgeben.

Zweitens ist der Untergrund aufgrund des vulkanischen Ursprungs so porös, daß es dort keine Flüsse gibt, und die Inseln sind mit nur wenig Sediment bedeckt. Dieser Umstand verringert den Frischwasserabgang und hält das Meerwasser außerordentlich klar. Sogar bei Wind und Regen bleibt die Sicht gut, oder es klart zumindest schnell wieder auf.

Drittens zieht die Lage der Insel viele Meereslebewesen an.

Große pelagische Vertreter kommen aus den angrenzenden tieferen Gewässern, denn in den flachen Meerengen innerhalb der Rifflinie leben viele Fische und Invertebraten. Die meisten Tiere bleiben letztendlich im Korallenriff.

A

B

DIE TAUCHPLÄTZE

Es gibt über zweihundert ausgewiesene Tauchplätze auf den Cayman Islands und noch einige mehr, die nicht benannt oder eingetragen sind, die aber trotzdem von Tauchern besucht werden können. Obwohl in den letzten drei Jahrzehnten sehr viel auf den Caymans Islands getaucht wurde, gibt es erstaunlicherweise noch immer viele Gebiete zu erforschen. Vielleicht ist das nicht so überraschend, wenn man die riesigen Korallenriffe und die steilen Abhänge, die alle drei Inseln umgeben, bedenkt. Das Cayman-Tauchgebiet ist so groß und hat einen so guten Standard, daß wir in diesem Buch nur einen Ausschnitt davon vorstellen können. Die dreißig ausgewählten Plätze sollen einen Einblick in die Tauchmöglichkeiten geben, die man auf Grand Cayman und den Schwester-Inseln hat. Ihren Favoriten auf den Cayman Islands finden Sie sicherlich – vielleicht auch außerhalb der von uns vorgeschlagenen Tauchplätze.

A - Ein grünes Segel unterbricht das weite Blau des Meeres am Rum Point-Strand, North Sound, Grand Cayman.

B - Das kristallklare Wasser von Little Cayman zieht nicht nur Taucher an.

C - Mit Korallenformationen im Flachwasser eignen sich viele Cayman-Riffe zum Schnorcheln. Die weißen Spitzen und die goldbraune Farbe an den Ästen dieser Kolonie von Elchhornkorallen (Acropora palmata) *weisen auf eine gesunde und wachsende Formation hin.*

MEERESÖKOLOGIE

Im Mittelpunkt der komplexen Unterwasserwelt steht der winzige Korallenpolyp. Diese Tiere leben meist in Kolonien und sind so groß wie eine Fingerspitze, die meisten sogar noch kleiner. Trotz ihrer minimalen Größe bilden die Korallenpolypen kilometerlange massive Korallenriffe. Die Fähigkeit der Hartkorallen, Riffe zu bilden, läßt sich auf ihre einzigartige Symbiose mit winzigen Algen zurückführen, die Zooxanthellen genannt werden.

Die Zooxanthellen sind für die goldbraune, gelbe oder grüne Färbung vieler Korallen verantwortlich und tragen zur Energieproduktion der Polypen bei. Im Prozeß der Fotosynthese verwenden die Zooxanthellen den Kohlendioxid- und den Stickstoffabfall der Polypen, um Sauerstoff und Nährstoffe zu produzieren, die von den Polypen verbraucht werden. Für die Fotosynthese ist Sonnenlicht wichtig. Daher können Korallen nur in klarem, flachem Wasser wachsen. Wenn die Zooxanthellen das Kohlendioxid und den Stickstoff abtransportieren, agieren sie auch als Katalysatoren eines Sekrets aus Kalziumkarbonat, das sich in den Polypen befindet. Dieses Kalziumkarbonat formt das Skelett des Riffs. Die Korallenpolypen erhalten den Rest ihres Stickstoffs, indem sie mit ihren Tentakeln Plankton aus dem Wasser fischen. Dafür hat der Polyp Nesselzellen, die Nematozysten genannt werden. Mit ihnen fängt und betäubt der Polyp seine Beute. Tagsüber, wenn Plankton knapp ist, sind die Tentakel der Hartkorallen gewöhnlich eingezogen. Nachts, wenn die Fotosynthese nicht möglich ist und das Plankton aus tieferem Wasser aufsteigt, werden die Tentakel ausgestreckt.

Die Weichkorallen besitzen acht Tentakel an jedem Polypen – im Gegensatz zu den sechs der Hartkorallen. Erstere leben in großer Zahl am Riff, sie sind allerdings nicht am Bau der Riffe beteiligt. Die Weichkorallen haben keine Symbiose mit den Zooxanthellen. Anders als die verästelten Korallen aus Kalziumkarbonat bilden die Weichkorallen flexible Skelette und strecken ihre Tentakel den ganzen Tag über aus, da sie tag- und nachtaktiv sind.

MANGROVENWÄLDER

Das flache Wasser der Mangrovengürtel wird seltener von Tauchern aufgesucht. Aus ökologischer Sicht stehen die Mangroven aber mit den Riffen in enger Beziehung. Die Korallenriffe brauchen klares Wasser zum Überleben. Außerdem benötigen sie weniger nährstoffreiches Wasser, weil sonst schneller wachsende Organismen – wie Algen – mit ihnen um Platz konkurrieren würden. Die Pflanzen am Ufer, besonders die Mangroven, bilden die Grundlage für eine stabile Wasserqualität. Die Mangroven haben sich dem Grenzbereich Ufer-Meer hervorragend angepaßt und tolerieren Salzwasser. Mit langen Wurzeln halten sie sich im Boden fest und können dadurch sogar ins Meer hinauswachsen. Mangrovenwurzel-Geflechte, die kilometerweit an der Küste entlangwachsen, festigen das Ufer und bewahren es vor Erosion. Die Mangrovenwäl-

A

B

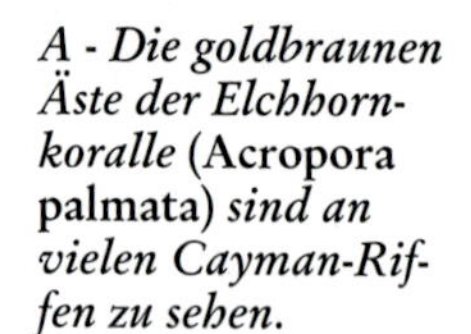

A - Die goldbraunen Äste der Elchhornkoralle (Acropora palmata) *sind an vielen Cayman-Riffen zu sehen.*

B - Die mehrfach gedrehten Röhrenschwämme ergeben einen farbenfrohen Vordergrund an der Cemetery Wall, Cayman Brac.

C - Ein Grunzer-Schwarm gleitet an der Riffwand des Three Fathom, Little Cayman, entlang.

D - Ein Taucher beleuchtet die Farben einer ungewöhnlichen Kombination aus Erdbeer-Schwämmen (Mycale laxissimo) *und Großen Sternkorallen* (Montastrea cavernosa) *am Babylon, Grand Cayman.*

E - Taucher können bei Stingray City mit den Amerikanischen Stechrochen auf Tuchfühlung gehen.

F - Diese Riffwand an der Grand Cayman-Tauchbasis Fantasy Island ist reich an besonderen Schwämmen und Korallen.

der bieten auch Lebensraum für viele Fischarten und Invertebraten.

SEEGRAS

Anders als Algen besitzt Seegras Wurzeln. Es wächst unter Wasser, unterscheidet sich aber eigentlich nicht vom Gras auf einer Wiese. Die Cayman-Riffe – besonders entlang der Nordwand von Grand Cayman – profitieren von verschiedenen Seegras-Arten, hauptsächlich von zweien, die im Englischen „Turtle Grass“ und „Eel Grass“ genannt werden. Die beiden Gräser wachsen zwar oft in derselben Region, können aber leicht unterschieden werden, denn „Turtle Grass“ hat flache Blätter und „Eel Grass“ gewölbte. Seegräser sind Meister im Fangen von Partikeln aus dem Wasser und Binden von Sedimenten.
Das Wurzelsystem kann bis zu einem Meter lang sein. Die zahlreichen Triebe verflechten sich, so daß der Grund zu einer dicken Decke wird. Die Gräser fangen soviel Sedimente auf, daß sie immer schmierig aussehen. Das trägt dazu bei, daß das Wasser an den Korallenriffen klar bleibt. Wie andere Grünpflanzen auch gewinnt Seegras seine Energie über die Fotosynthese und setzt dabei Sauerstoff frei, was wiederum für das Ökosytem der Korallenriffe lebenswichtig ist. Schnorchelt man nah an einer Seegraswiese vorbei, so sieht man, wie der freigesetzte Sauerstoff in Blasen aufsteigt. Seegras fungiert auch als Heimstätte für viele Jungfische und Invertebraten, die später das Riff bevölkern werden. Seegras ist außerdem eine wichtige Nahrungsquelle. Pflanzenfresser jeglicher Art, Fische und Schildkröten, grasen regelmäßig in den Seegrasfeldern. Viele Fische, die tagsüber in den ufernahen Riffen wohnen, verlassen nachts ihre Verstecke, um sich von Seegras zu ernähren. Die flachen Cayman-Riffe liegen zwischen der Tiefseeriffwand und den Inseln und setzen sich aus verschiedenen Korallenriffkämmen und Sandtunneln zusammen. Entstanden sind die Riffe in Tausenden von Jahren durch Kalziumkarbonat-Ablagerungen während des Korallenwachstums. Lebende Korallen oben auf den Kämmen liefern den Riffen jeden Tag eine kleine Menge Kalziumkarbonat oder Kalkstein. Die Riffkämme erstrecken sich stets rechtwinklig zum Ufer, vom flachen ins tiefe Wasser. Es vereinfacht die Navigation ungemein, wenn man weiß, in welcher Weise die Rifflinien verlaufen.

MARINE-PARKS

Die Cayman Islands Marine Parks (Unterwasserparks) sind in drei Bereiche unterteilt: die Marine Park Zone, die Environmental Zone und die Replenishment Zone. Rund um Grand Cayman gibt es alle drei Bereiche, während um Cayman Brac und Little Cayman nur Marine Park Zone und Replenishment Zone vorkommen. In der Environmental Zone entlang des Ostufers am North Sound von Grand Cayman gelten die strengsten Regeln. Jeglicher Wassersport, das Ankern, Fischen oder das Mitnehmen von Wasserpflanzen sind untersagt. Außerdem gibt es für Boote eine Geschwindigkeitsbegrenzung von acht Stundenkilometern. In der Replenishment Zone dürfen keine Harpunen verwendet und keine Schnecken oder Hummer gefangen werden. Die Marine Park Zones erstrecken sich über den größten Teil der West Bay von Grand Cayman und an den Nord- und Südwänden von Cayman Brac und Little Cayman. Es ist streng verboten, irgendetwas aus dem Meer mitzunehmen, es sei denn, man wirft ein Netz oder angelt vom Ufer aus. Vor Anker zu gehen ist nur Booten gestattet, die nicht länger als 18 Meter sind, und diese dürfen nur im Sandgrund an-

C

D

E

F

kern. Eine Kopie der Regeln und Grenzen der Cayman Island Marine Parks ist im Port Authority-Büro in George Town erhältlich. Nähere Informationen sind in einer Broschüre mit dem Titel „Guidelines for the Use of Coastal Waters in the Cayman Islands“ zu finden.

WASSERSPORTVERANSTALTER

Die meisten Wassersportveranstalter sind Mitglied in der Cayman Islands Watersports Operators Association (CIWOA), die 1981 gegründet wurde. Als eines der ersten Projekte wurden Anlegebojen installiert, um zu verhindern, daß die Riffe durch Anker beschädigt werden. Bevor

A

B

A - Bei gutem Wetter fährt die Gatlin *mit Tauchern von Treasure Island zur Südostküste von Grand Cayman.*

B - Ein Tauchlehrer von Red Sail Sports leitet einen Kurs für Schnuppertauchen am Westin auf der Seven Mile-Beach, Grand Cayman.

sich die Verwendung von Tauchcomputern durchsetzte, führte die CIWOA ein 30-Meter-Limit ein, das auch jahrelang akzeptiert wurde. Einige Veranstalter haben nun begonnen, auch größere Tiefen zu tolerieren, wenn ein Tauchcomputer benutzt wird. Jedoch sollte man bei vielen Cayman-Tauchgängen mit Tiefen- und Grundzeitbegrenzungen rechnen.

CAYMAN-TAUCHEN

Riffwand-Tauchen ist die größte Attraktion auf den Cayman Islands, aber es gibt auch viele interessante Tauchgänge an Flachwasser-Riffen und Wracks. Und natürlich ist da noch Stingray City, einer der einzigartigsten und aufregendsten Tauchplätze der Welt – und das bei nur 3,5 Meter Tiefe.

Die meisten Boote auf Grand Cayman nehmen die Taucher entweder direkt am Seven Mile Beach oder an Kanälen oder Yachthäfen am North Sound an Bord. Nur einige Häfen entlang der berühmten West Side der Insel sind für die Tauchboote erschwinglich. Die Boote steuern meist die West Bay-Tauchplätze an, die sich alle innerhalb der Sieben-Meilen-Zone entlang der Westküste befinden. Unter bestimmten Windbedingungen könnten diese Boote auch die Süd- und die Nordküste anfahren. Boote, die von North Sound starten, tauchen hauptsächlich an der Nordwand und an der West Bay, obwohl sie unter den richtigen Wetterbedingungen fast überall hinfahren könnten. Nur eine relativ kleine Gruppe von Veranstaltern besucht das East End der Insel, denn dort ist man weit entfernt von Einkaufsmöglichkeiten, und die See ist wegen der Passatwinde generell rauher. Wenn das Wetter mitspielt, ist die Ostwand auf jeden Fall einen Besuch wert, denn es gibt dort eine Menge wunderschöner Fische, Korallen und Schwämme zu bewundern. Die Boote auf Cayman Brac und Little Cayman fahren nicht nur um ihre eigenen Inseln, oft legen sie auch die kurzen Strecken zu den anderen Inseln zurück. Die meisten Tauchplätze befinden sich entlang der Jackson Bight und der Bloody Wall.

C

D

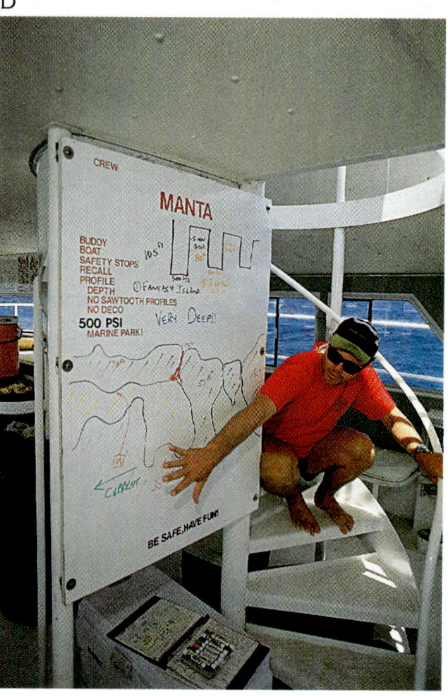

Beide liegen im Windschatten der Insel. Auf Cayman Brac konzentriert sich das Tauchen rund ums West End der Insel. Die Anfahrtswege dorthin sind für die beiden größten Tauch-Resorts der Insel sehr kurz. Die Trips führen manchmal zu den Wänden an dem zerklüfteten Felsvorsprung beim East End von Cayman Brac. Die Wände reichen dort in sehr große Tiefen. Es ist einfach, nach Little Cayman überzusetzen. Deshalb fahren die Boote von Cayman Brac oft nach Little Cayman, anstatt die Tauchplätze der eigenen Insel anzusteuern, die meist sogar schwieriger zugänglich sind.

DEKOMPRESSIONSKAMMER

Es gibt eine Dekompressionskammer in George Town, Grand Cayman. Ein 24-Stunden-Transport-Service garantiert eine schnelle Versorgung bei Tauchnotfällen, unabhängig davon, auf welcher der Inseln man sich befindet. Ungefähr 700 Behandlungen wurden in der Kammer durchgeführt, seit sie 1972 eingerichtet wurde. Im Verhältnis zur Anzahl der Taucher, die die Inseln bis heute besucht haben, ist der Sicherheitsstandard exzellent. Mehr Informationen über die Kammer erhalten Sie unter folgender Telefonnummer: 345-949-2989.

ALLGEMEINE TAUCHBEDINGUNGEN

Rund um die Inseln ist ein angenehmes Tauchen möglich, denn die Passatwinde wehen gewöhnlich aus nordöstlicher oder östlicher Richtung. Getaucht wird meist an den Westseiten der Inseln, die windgeschützt sind. Die Landmasse bietet dann einen so effizienten Windschatten, daß viele Tauchplätze fortwährend ruhigen oder gar keinen Seegang haben. Stärkere Strömungen können von Zeit zu Zeit auftreten, aber normalerweise sind sie kein Problem auf den Caymans. Das gilt besonders für die West Bay, an der die Bedingungen sowohl über wie auch unter Wasser fast immer hervorragend sind.

STRANDTAUCHEN

Die meisten Tauchgänge werden an der Westküste von Grand Cayman, südlich von George Town, unternommen. Das Riff liegt dicht am Ufer, und Taucher können Spots wie „Eden Rock" und „Devil's Grotto" leicht erreichen. Ein hervorragendes Strandtauchgebiet befindet sich nur wenige Schritte von den bekannten Tauch-Resorts Sunset House und Coconut Harbor entfernt. Diese Lage macht sie bei Tauchenthusiasten besonders beliebt.

E

F

G

C - Ein Tauchboot wartet an seinem Ankerplatz auf Cayman Brac.

D - Kapitän Kevin Dobbs von Sunset Divers erklärt einen Tauchgang für Fantasy Islands.

E – Stingray City ist eine der bekanntesten Attraktionen von Grand Cayman.

F - Das mit Diesel betriebene Trimaran-Tauchboot für die Gäste des Red Sail Sports ist mit jeglichem modernen Tauchkomfort ausgestattet und speziell für Strand-Pickups gebaut.

G - Die Sunset-Hafentour, George Town, Grand Cayman.

BOOTTAUCHEN

Der gute Service der Tauchveranstalter auf den Caymans wird an den Booten deutlich. Die Schiffe sind generell gut ausgerüstet und gewartet und speziell fürs Tauchen konzipiert. Bei den Booten, die hauptsächlich in der West Bay unterwegs sind, handelt es sich um Katamarane, die für Strand-Pickups geeignet sind. Die Boote, die die Nord-, Süd- und Ostwände anfahren, sind meist Einzelrümpfe mit einer Länge zwischen zehn und 15 Meter, die auch in rauherer See gesteuert werden können. Normalerweise sind Plätze für zwölf bis 24 Taucher vorhanden. Die Boote sind mit Frischwasserduschen, Spülbecken für Kameras, schattigen Sitzplätzen und großen Schwimmplattformen mit langen, stabilen Tauchleitern ausgestattet.

ANKERBOJEN

Immer wenn man einen Anker auswirft, besteht die Gefahr, daß er in eine Koralle fällt oder übers Riff schleift. Auch ungünstig liegende Ankerketten können die Riffe beschädigen. Die Kapitäne der Tauchboote sind, was den Schutz ihrer Korallenriffe angeht, sehr sensibel. Niemand von ihnen würde je absichtlich einen Anker in die Korallen fallen lassen. Während eines Tauchgangs kann der Wind drehen, und wenn gerade Taucher unten sind, kann der Kapitän das Boot nicht manövrieren. Ankerbojen sind eine sichere und umweltfreundliche Alternative. Die Ankerbojen der Cayman Islands sind weiße Bojen, die auf der Wasseroberfläche schwimmen. Sie sind an einer Leine mit einem Haken im Grund befestigt. An der Wasseroberfläche treibt ein kurzes Tau, an dem das Tauchboot ganz einfach an den Ankerplatz herangezogen wird, um dann schnell das eigene Tau an der Boje festzumachen. Dieses System verringert nicht nur Beschädigungen an Korallenriffen, sondern das Boot wird auch sicherer an einer Stelle positioniert.

A

B

C

D

Zirka 250 Ankerbojen sind an den Tauchplätzen rund um die drei Inseln gesetzt worden. Diese Anzahl ändert sich, wenn neue Tauchgebiete erschlossen werden. Außerdem gehen Ankerplätze zeitweise verloren, Tauchplätze werden „aufgegeben", um dann wiederentdeckt zu werden. Auch wenn die meisten Tauchplätze, die in diesem Buch beschrieben werden, durch Ankerbojen markiert sind – an manchen ist vielleicht der Ankerball abgerissen, oder es ist noch keine Boje be-

festigt worden. Wenn wirklich einmal eine Boje fehlen sollte, weiß der Kapitän gewöhnlich, an welcher Stelle er den Anker vorsichtig herablassen darf, ohne daß Haken und Leine den Korallen zu nahe kommen.

TAUCHER-ETIKETTE

Da das Tauchen auf den Cayman Islands sehr populär geworden ist und die Korallenriffe überaus empfindlich sind, müssen dort unbedingt ein paar Richtlinien fürs Tauchen aufgestellt werden. Die Tauch-Etikette entspringt teils dem gesunden Menschenverstand, teils den Unterwasserpark-Regeln. Diese einfachen Richtlinien garantieren einen bestmöglichen Tauchgang und tragen dazu bei, daß die Riffe auch für andere erhalten bleiben:

F

E

G

A - Vorbereitung auf einen Hafentauchgang auf Grand Cayman.

B, D - Die Grand Cayman Tauchboote sind generell gut ausgestattet und speziell fürs Tauchen gebaut.

C - Taucher starten zu einem Hafentauchgang im Nordteil der West Bay, Grand Cayman.

E - Ein Taucher nähert sich einer engen Passage bei Babylon, Grand Cayman. Man sollte immer aufmerksam auf seine Tarierung achten, um Schwämme oder Korallen nicht zu beschädigen.

F - Der Fotograf ist von einer Gruppe Rochen bei Stingray City umgeben. Taucher sollten sich diesen freundlichen Tieren gegenüber stets respektvoll verhalten.

G - Wer an einem Wrack taucht, kann interessante Begegnungen haben: Das Wrack der Oro Verde *beheimatet verschiedene große Zackenbarsche - wie diesen Nassau-Zackenbarsch* (Epinephelus striatus).

1. Vermeiden Sie jeglichen Kontakt mit lebenden Korallen. Flossen, Flaschen und Knie können die Korallenpolypen zerquetschen oder den schützenden Schleimmantel zerstören. Der Schaden, den ein einzelner Taucher anrichtet, ist noch nicht zu bemerken. Aber der Gesamtschaden von Hunderten von Tauchern, die Jahr für Jahr dasselbe Riff besuchen, ist nicht mehr zu übersehen.
2. Tragen Sie, wenn möglich, keine Handschuhe, um nicht der Versuchung zu erliegen, die Korallen unnötigerweise zu berühren.
3. Benutzen Sie für den Bodenkontakt sandige Bereiche. Wenn Sie sich ins Gleichgewicht bringen oder unter Wasser stoppen müssen, begeben Sie sich an eine der vielen sandigen Stellen. Wenn Sie sich wieder vom Sand erheben, tun Sie dies vorsichtig. Das Sediment, das ein ungeschickter Taucher aufwirbelt, kann kleine zerbrechliche Korallenpolypen bedecken.
4. Behalten Sie jeglichen Müll an Bord.
Besonders Plastik ist ein Problem, weil es sich lange Zeit nicht zersetzt und außerdem um die Korallen wickeln kann. Die meisten Abfälle entstehen versehentlich – wie z. B. eine Sandwich-Verpackung, die vom Wind über Bord geweht wird. Deshalb ist auf dem Wasser besondere Aufmerksamkeit geboten. Sogar biologisch abbaubare Abfälle wie Apfelreste oder Orangenschalen sollten nicht im Wasser entsorgt werden.
5. Das Meeresleben verdient Respekt. Meereslebewesen zu ärgern, verursacht bei diesen Tieren unnötigen, lebensbedrohlichen Streß. Genießen Sie die Begegnungen mit den Tieren, aber versuchen Sie nicht, sie zu berühren.

A

B

A - Ein Weitwinkelobjektiv eignet sich gut dazu, Bilder wie diese einzufangen: Bei den ersten paar Tauchgängen scheint das Wrack der Oro Verde *alles um sich herum zu überschatten, aber auch seine Umgebung ist reich an Meeresleben.*

B - Die Cayman Islands bieten Unterwasser-Fotografen viele Vorteile. Außer klarem Wasser, üppigem Meeresleben und interessanten Wracks verfügen die Inseln auch über den entsprechenden Service wie Filmentwicklung, Verleih, Reparatur und Verkauf von Kameras und Fotokurse.

UNTERWASSER-FOTOGRAFIE

Einige der beeindruckendsten Unterwasser-Fotografien aus der Karibik stammen von den Cayman Islands. Und das aus folgenden Gründen:

1. Die außergewöhnliche Klarheit des Wassers vermindert das Problem von weißen Partikeln, die auf den Fotos wie Schnee erscheinen.
2. In dem klaren, flachen Wasser kann der Fotograf das starke Umgebungslicht für helle Hintergründe verwenden, was einen fast dreidimensionalen Eindruck vermittelt.
3. Die Cayman Islands bieten der marinen Fauna eine Vielfalt an Lebensräumen, von Riffs über Wracks bis zu Steilwänden, die alle zahllose Foto-Motive bieten.
4. Qualitativ hochwertige Leih-Kameras und alles, was dazu gehört, sind in Tauchshops auf allen drei Inseln zu erhalten. In den Fotogeschäften werden Qualitäts-E-6-Dia-Filme und C-41-Abzüge schnell und zuverlässig entwickelt.
5. Bei Stingray City und an der Sandbank sind Stechrochen, Muränen, Barrakudas, Karibik-Juwelenbarsche, Nassau-Zackenbarsche, Gelbschwanz-Schnapper und Kaiserfische sehr zahm. Deshalb können Fotografen sich ihnen für Aufnahmen leicht nähern. An anderen Tauchplätzen sind die Meereslebewesen an Handfütterungen und respektvolle Taucher gewöhnt.
6. Fotografen sind auf den Tauchbooten der Cayman Islands willkommen. An Bord findet man Kameratische, Spülbecken und fachmännische Hilfe bei der Versorgung der Ausrüstung.
7. Die Zollbeamten sind an Touristen mit multiplen Kamerasystemen gewöhnt, deshalb beseitigen sie potentielle Probleme bei der Ein- und Ausreise schnell.

An jedem Riff gibt es so viele fotografische Möglichkeiten, daß es schwer fällt, sich zwischen Weitwinkel-, Standard- oder Makro-Objektiv zu entscheiden.

Nachstehend ein paar Tips:

WEITWINKELOBJEKTIV

Die beste Zeit für Weitwinkelauf-

C

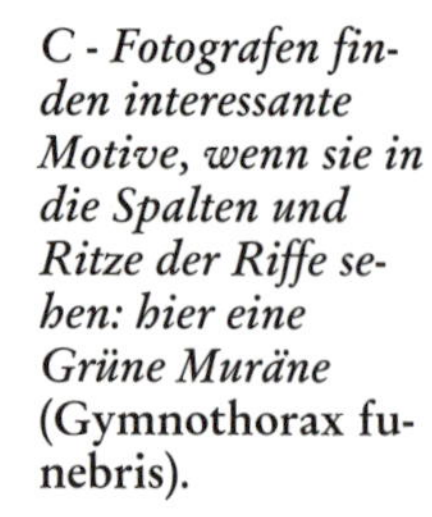

C - Fotografen finden interessante Motive, wenn sie in die Spalten und Ritze der Riffe sehen: hier eine Grüne Muräne (Gymnothorax funebris).

D - Ein Gebänderter Skorpionsfisch (Scorpaena plumieri) *liegt getarnt am Ende des Eagle Ray Pass.*

D

nahmen ist die Mittagszeit, weil dann viel Umgebungslicht den Hintergrund aufhellt. Von 10 bis 15 Uhr steht die Sonne hoch am Himmel, und viele Sonnenstrahlen durchdringen das Wasser. Während dieser Zeit kann man durch das Umgebungslicht eine schöne Belichtung des Hintergrunds erzielen, während der Vordergrund mit einem Blitzgerät ausgeleuchtet wird. Das gilt vor allem für Fotos von Wracks in größeren Tiefen. Starkes Sonnenlicht schafft einen intensiv blauen Hintergrund und hebt das Motiv klar hervor.
Sollte man das Pech haben, daß das Wetter nicht mitspielt, dann ist ein Weitwinkelobjektiv immer noch eine gute Wahl, um aus der Nähe zu fotografieren. Gehen Sie so nah heran, wie es die Linse erlaubt, und Sie werden ein paar ausgezeichnete Aufnahmen erhalten.

NORMAL-OBJEKTIV

Die besten Resultate erzielt man aus einem Meter Entfernung oder sogar weniger, je nachdem, ob es Ihre Linse und das Verhalten des Fisches erlauben. Bewegen Sie sich langsam, um den Fisch nicht zu erschrecken. Dann werden Sie eines dieser wundervollen Fotos aufnehmen können, auf denen der Kopf des Tieres das gesamte Bild ausfüllt.
Neben Fischschwärmen gibt es auch viele Einzelmotive, die die richtige Größe für Unterwasser-Fotografie mit einem Objektiv um 35 mm Brennweite haben. Meeresschildkröten, Karibische Ammenhaie, Muränen und Korallenformationen eignen sich sehr gut für solche Objektive.
Erwarten Sie von einer 35-Millimeter-Linse keine tollen Fotos von ihren sechs Tauch-Buddys oder dem gesamten Bug der *Oro Verde*. Sie müßten zu weit entfernt sein, um solche Motive überhaupt mit Ihrem Sucher einzufangen. Wenn Sie aus nächster Nähe ein gutes Foto von einem großen Objekt schießen möchten, dann leihen Sie sich doch einfach ein Weitwinkelobjektiv aus.

E

F

G

E - Dank des klaren Wassers sind auch Nahaufnahmen des Nassau-Zackenbarsches (Epinephelus striatus) *möglich.*

F - Im klaren Wasser der Caymans lassen sich silberne Fischschwärme fotografieren – wie diese Großaugenmakrelen (Caranx latus).

G - Das Licht der Stroboskoplampe erzeugt silberne Reflexionen auf den Körpern der Tarpune (Megalops Atlanticus) *die sich in Gruppen in der schützenden Sackgasse von Tarpon Alley, Grand Cayman, versammeln.*

MAKRO- UND NAHAUFNAHMEN

Immer wenn man auf den Caymans mit einer Makro-Ausrüstung ins Wasser geht, wird man mit hervorragenden Bildern zurückkommen. Am erfolgversprechendsten sind die flachen Riffe. Hier haben Fotografen genügend Zeit, das richtige Motiv für ihr Makrobild zu finden. Die Grand Cayman-Riffe wie Royal Palm Ledge, Aquarium und Devil's Grotto sind voller fotogener Invertebraten und Jungfische, wobei es auch auf Cayman Brac und Little Cayman von Lebewesen wimmelt, die klein genug sind für die Makro-Fotografie. Die Nacht ist eine ausgezeichnete Zeit, seine Ausrüstung für Nahaufnahmen zu montieren. Kreaturen in intensivsten Farben und bizarrsten Formen kommen bei Nacht überall aus den Riffen und Wracks hervor. Außerdem ist es nachts einfacher, Fische ins Bild zu locken, als tagsüber. Nur selten ist die Sicht auf den Caymans schlecht, oder die Sonne spielt nicht mit. An solchen Tagen ist die Makro-Fotografie wahrscheinlich ein Weg, doch zu schönen Aufnahmen zu gelangen. Zwei Lampen liefern ausreichend Licht, und der geringe Abstand zwischen Kamera und Motiv bei Nahaufnahmen läßt das Wasser wieder kristallklar erscheinen.

D

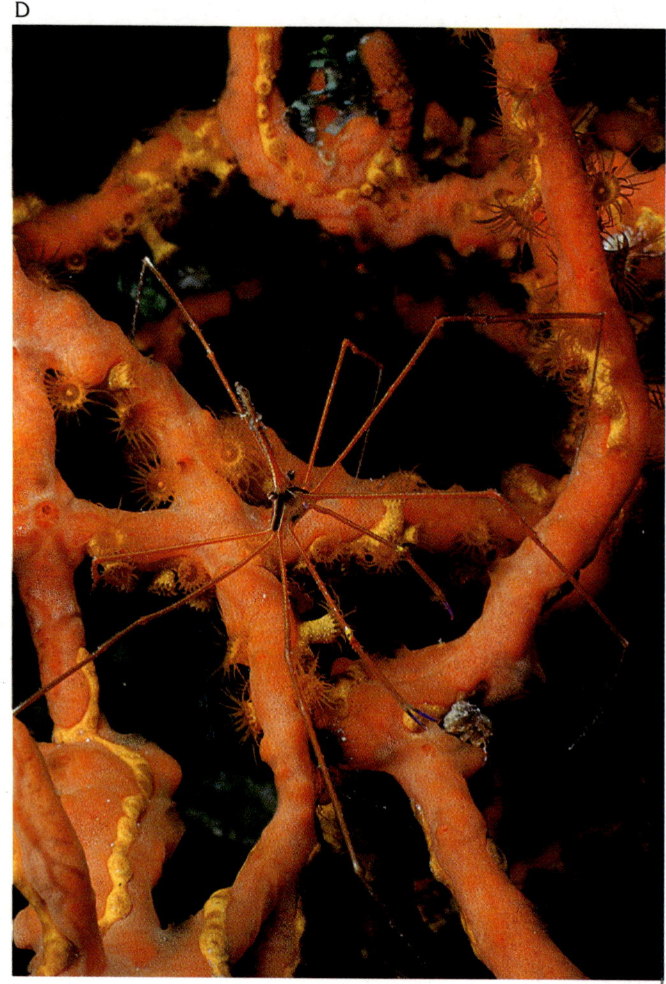

A

B

C

A - Dank der Makro-Fotografie ist es möglich, sogar die kleinsten Lebewesen des Meeres zu bewundern – wie diesen Kardinalfisch, der sich hinter den Ästen einer Gorgonie versteckt.

B - In größeren Korallenstrukturen sind immer wieder Lebensformen zu entdecken. Hier sitzt ein Benniid-Jungfisch auf einem Korallenpolypen.

*C - Sogar ein größerer Fisch wie dieser Nassau-Zackenbarsch (***Epinephelus striatus***) kann unter der Makro-Linse eine Überraschung sein. Dieses Bild zeigt das schillernde Auge und die Opercula des Meeresbewohners.*

FOTO-ETIKETTE

Hier einige Hinweise, die beim Fotografieren auf den Cayman Islands beachtet werden sollten:

1. Ein gutes Foto schießt man nicht um den Preis einer gesunden Koralle. Eine vorsichtig plazierte Flossen- oder Fingerspitze genügt für einen stabilen Halt. Der Kontakt mit lebenden Korallen läßt sich vermeiden, da genügend Sandstellen vorhanden sind, wenn man unbedingt stehen muß. Von Fotografen wird grundsätzlich eine einwandfreie Tarierung erwartet.
2. Es wird dringend davon abgeraten, für ein Foto Unruhe unter den Meeresbewohnern zu schaffen oder die Tiere gar zu schikanieren. Fotos von sich aufblasenden Kugelfischen und Tauchern, die auf Schildkröten reiten, beweisen eine absolute Respektlosigkeit gegenüber den Meereslebewesen und ihrer Umgebung.
3. Nicht jeder auf einem Tauchboot weiß den Wert und die Empfindlichkeit einer Foto-Ausrüstung zu schätzen. Legen Sie Ihre Kamera nur dort ab, wo niemand sie aus Versehen beschädigen kann.

Ein paar Tips für Nicht-Fotografen:

1. Begegnen Sie unter Wasser einem Fotografen, schwimmen Sie nicht vor die Linse und nicht dorthin, wo ihre Luftblasen ins Blickfeld des Fotografen aufsteigen können.
2. Viele Fotografen tragen mehrere Kameras und Lampen bei sich und

D - Das hell leuchtende Rot einer goldenen Zooxanthelle schlägt eine winzige gelbgestreifte Pfeil-Gespensterkrabbe (Stenorhynchus seticomis) *in die Flucht.*

E - Nachttauchen macht es möglich, ein völlig anderes Unterwasserszenarium zu bewundern, sogar die „Akteure" wechseln. Hier sucht eine Gespensterkrabbe - auch bekannt als Tunnel-Gespensterkrabbe - bei Nacht nach Futter.

stellen diese auf dem Grund ab, wenn sie gerade nicht gebraucht werden. Deshalb sehen Sie sich erst nach einem Fotografen um, bevor Sie die Kamera einstecken - in dem Glauben, Sie hätten den Fund des Jahrhunderts gemacht!

NACHTTAUCHEN

Wenn die Sonne untergeht, wird das Riff lebendig. Lebewesen, die tagsüber ruhig waren, werden aktiv und begeben sich auf Futtersuche.

G

E

H

F

Hierzu gehören viele Invertebraten, Krabben und Hummer sowie pflanzenfressende Fische. Fische wie Papageifische und Lippfische, die am Tage aktiv sind, verstecken sich nachts in den Spalten des Riffs.
Der auffälligste Unterschied zwischen Tag und Nacht am Riff ist die Farbe. In der Nacht scheint das Riff ein Orange, Rot und Gelb zu versprühen, das tagsüber nicht sichtbar ist. Der Grund für diesen Unterschied besteht darin, daß wir nachts auf unsere Lampen angewiesen sind und daß sich alles, was wir anleuchten, in größter Nähe befindet. Das Licht wandert also gar nicht erst so weit, daß sich das Leuchten der Farben verflüchtigen könnte. Dies geschieht, wenn das Sonnenlicht durch die Tiefen scheint. All diese Faktoren machen Nachttauchgänge zu einem aufregenden Erlebnis.
Die meisten Cayman-Tauchveranstalter unternehmen mindestens einmal pro Woche einen Nachttauchgang. Weitere Nachttauchgänge lassen sich leicht organisieren.

F - Nachts, wenn das Wasser nahrungsreicher ist, kann man die Filtrierer bei ihrer Arbeit beobachten. Dieses Bild zeigt violette Koloniale Röhrenwürmer (Bispira brunnae) *auf einem Schwamm.*

G - Eines der nächtlichen Lebewesen ist die Sepia (Sepioteuthis sepioidea) *Der Fotograf hat das Tier angeleuchtet, um der Haut und dem Auge mehr Ausdruck zu verleihen.*

H - Eine helle Goldschwanz-Muräne (Gymnothorax miliaris) *guckt verstohlen aus ihrem Versteck hervor. Nachts, auf Beutefang, sind diese Tiere auch außerhalb ihres Unterschlupfes anzutreffen.*

A

B

C

GRAND CAYMAN

Grand Cayman ist die größte und am stärksten entwickelte Insel der drei Cayman Islands. Das relative Entwicklungsniveau der drei Inseln wird durch einen kurzen Blick auf die Bevölkerungszahl deutlich: Von den 31.000 Einwohnern der Inseln leben 29.500 auf Grand Cayman und nur 1400 auf Cayman Brac. Little Cayman ist die am spärlichsten besiedelte Insel mit nur wenig mehr als 100 Einwohnern.

Die Cayman Islands leben vom Tourismus: 1997 landeten dort 381.186 Flugzeuge und 865.383 Kreuzfahrtschiffe. Den größten Anteil am Tourismus hat Grand Cayman. Die Tourismus-Behörde schätzt, daß etwa ein Drittel der Besucher speziell wegen der Tauch- und Schnorchel-Attraktionen auf die Cayman Islands kommt. Der Tauch-Boom der Karibik in den achtziger Jahren ist der Insel Grand Cayman zu verdanken. Effektives Marketing und ein außergewöhnliches Produkt machten die Karibik zu einem der beliebtesten Tauchreiseziele. Die Insel ist 35 Kilometer lang und 13 Kilometer breit und verfügt über 97 Kilometer Küste. Riffe, Wracks, Steilwände und viel Meeresleben zeichnen Grand Cayman als besonderes Taucherlebnis aus.

D - Versteckt hinter einer Korallenformation hat der Fotograf eine Karibische Languste (**Panulirus argus**) *entdeckt. Das in den Cayman-Gewässern häufig vorkommende Schalentier streckt dem Eindringling seine Antennen entgegen.*

D

A - Auf dieser Luftaufnahme der West Bay, Grand Cayman, sind die Riffformationen und der sandige Grund zu erkennen.

B - Das Foto zeigt einen kleinen Ausschnitt der Seven Mile-Beach, wie man ihn vom Balkon eines Zimmers mit Meeresblick am Westin sehen kann.

C - Während der Tauchgänge in den Grand Cayman-Gewässern kann man großen Tieren, wie diesem Judenfisch (**Epinephelus itajara**)*, begegnen.*

BONNIE'S ARCH

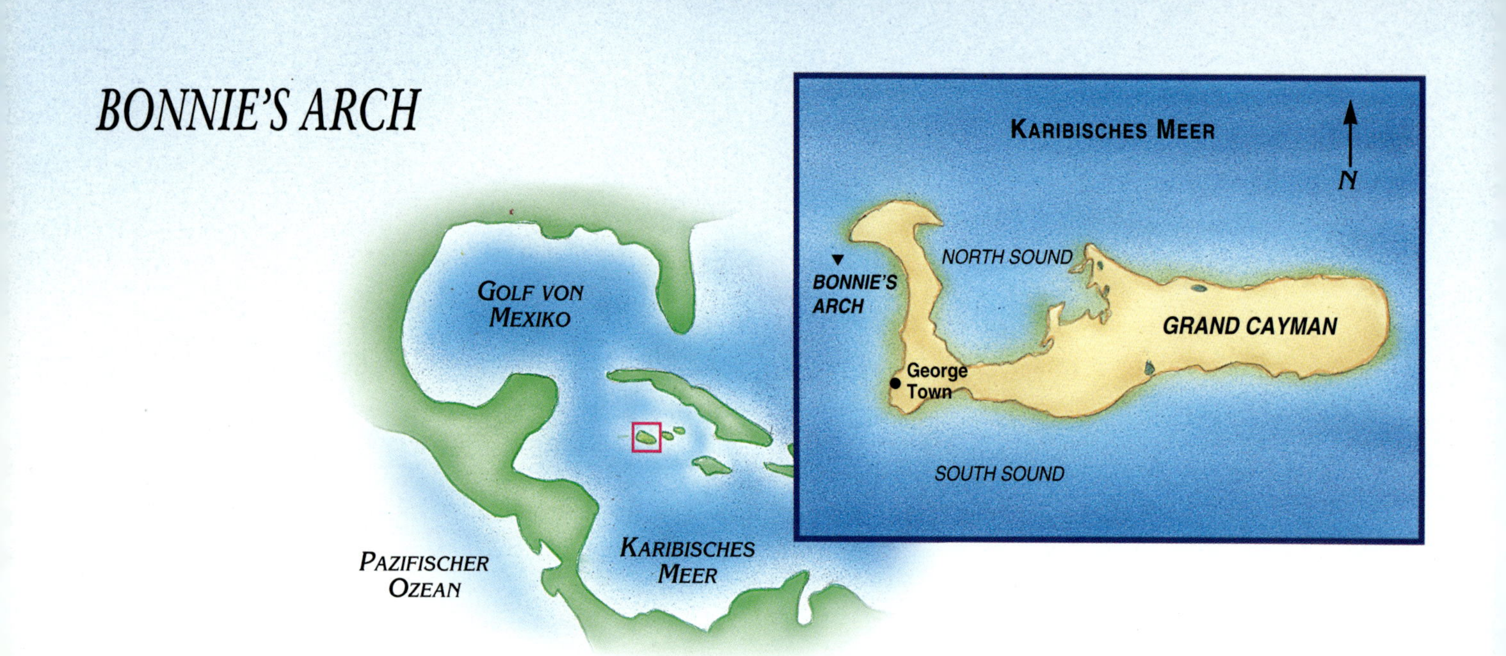

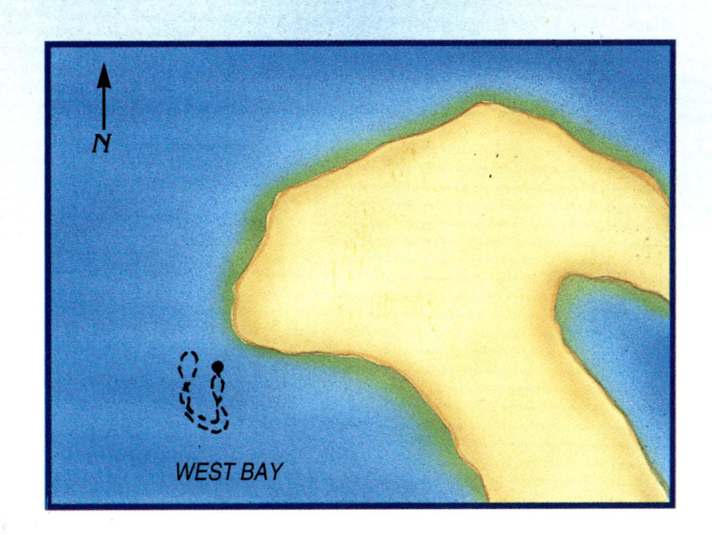
N
WEST BAY

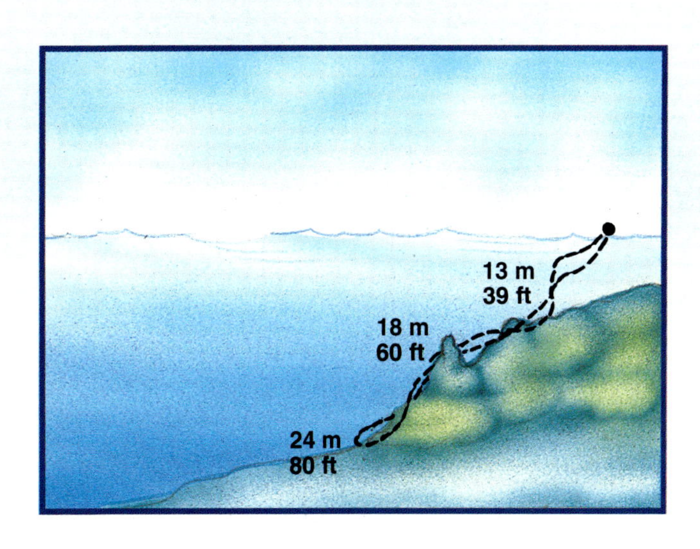
13 m
39 ft
18 m
60 ft
24 m
80 ft

A, D - Der Tarpun **(Megalops atlanticus)** *befindet sich oft in der Nähe des Felsvorsprungs bei Bonnie's Arch.*

Bonnie's Arch ist ein Tauchplatz, der für große Gruppen nicht geeignet ist. Befindet sich jedoch nur ein halbes Dutzend Taucher auf einem Boot, dann ist Bonnie's Arch ein Muß.

Anstatt vom Boot aus kann man auch vom Ufer aus ins Wasser steigen. Allerdings sind die ersten Meter sehr felsig und zerklüftet, so daß diese Variante nur bei gutem Wetter zu empfehlen ist, denn nach einem Strandtauchgang muß man schließlich auch durch die Brandung wieder an das Ufer zurückgelangen. Bonnie's Arch ist nach dem begabten Unterwasser-Fotografen Bonnie Charles benannt, der in den frühen achtziger Jahren bei einem Tauchunfall auf Grand Cayman starb. Dies war einer seiner Lieblingstauchplätze.

Bonnie's Arch ist einer der besten Tauchplätze der Insel. Die Korallenformationen sind bis zu sechs Meter hoch. Eine kleine Riffwand verläuft parallel zur Küste und fällt von zwölf auf 21 Meter ab, doch die größte Attraktion des Tauchplatzes ist ein natürliches, neun Meter breites Korallen-Gewölbe. Normalerweise trifft man dort auf einen Schwarm silberfarbener Tarpune, der sich im Schutze des Gewölbes aufhält. Es scheint fast, als versteckten sie sich vor der Hitze des Tages, aber ich denke, ein Fischspezialist hat sicher eine bessere Erklärung für ihr Verhalten. Aus welchen Gründen auch immer die Tarpune Bonnie's Arch seit Jahrzehnten immer wieder aufsuchen - Sie werden sie wahrscheinlich nicht antreffen, wenn vor Ihnen schon eine Tauchergruppe dagewesen ist. Während die Tarpune nichts dagegen haben, wenn man sich ihnen langsam und vorsichtig nähert, können ihnen zu heftig ausgestoßene Luftblasen einen ganz schönen Schrecken einjagen. Eine große Gruppe Taucher

A

B

C

D

B - Nahe der Riffwände bei Bonnie's Arch sind viele Silberfisch-Schwärme zu beobachten – wie diese Großaugen-Makrelen **(Caranx latus).**

C - Ein Taucher nähert sich einem Grauen Kaiserfisch **(Pomacanthus arcuatus),** *der an einem farbenprächtigen Schwamm vorbeischwimmt.*

E - Bonnie's Arch ist bekannt für seine Unterwassertunnel, seine brillanten Farben und das reiche Meeresleben. Hier kann man farbenprächtige Schwammformationen sehen.

verjagt die Fische sofort, weshalb sich dieser Tauchplatz auch nur für kleine Gruppen eignet. Falls sich die Tarpune nicht in der Nähe des Gewölbes aufhalten, suchen Sie die kleine Riffwand Richtung Norden nach ihnen ab. Am Riffhang gibt es eine kleine Einbuchtung, in der die Fische sich manchmal versammeln. Wenn Taucher sie auch dort verscheucht haben, werden sie sich verteilen und abwarten, bis die Taucher verschwunden sind. Erst dann kehren sie zu ihrem Unterschlupf in der Nähe des Gewölbes zurück. Gewöhnlich kreuzt hier auch ein Schwarm Großaugen-Makrelen umher, so daß Bonnie's Arch auch der richtige Ort ist, um Silberlinge zu

E

erspähen. Im Sommer und im frühen Herbst schwirren oft winzige Ährenfische im Schutze der Vorsprünge und Ritzen umher. Kaiserfische kommen auch häufig vor, und weil sie an Taucher gewöhnt sind, posieren sie jederzeit für Fotos. Die Riffvorderseite ist reich an Putzerstationen. Daher ist es gar nicht ungewöhnlich, einen Tiger-Zackenbarsch dabei zu fotografieren, wie er sich von Grundeln das weitaufgerissene Maul putzen läßt. Putzerstationen befinden sich oft an auffälligen Formationen. Somit sind zahlreiche große Faß-Schwämme und Große Sternkorallen-Kolonien die perfekten Stellen, an denen man nach Putzer-Aktionen Ausschau halten kann.

Im Gewölbe selbst ist größte Vorsicht geboten. Gorgonien und Schwämme wachsen an der Unterseite des Gewölbes noch dichter und farbenfroher, aber durch jahrzehntelangen Kontakt mit Tauchern und starken Luftblasen, die die Taucher ausgestoßen haben, hat sich ihre Zahl verringert. Wer das Gewölbe vor 20 Jahren nicht gesehen hat, weiß nicht, was er verpaßt hat. Zwar schätzt man diesen Tauchplatz noch heute für seine Schönheit – doch an irgendetwas hat er eingebüßt. Es sollte für jeden ein Hinweis sein, daß sogar unsere Luftblasen ihre Spuren hinterlassen. Überließe man die Filtrierer der Natur, würden sie das Gewölbe wieder kolonisieren. Allerdings nur, wenn die Taucher den Schwamm- und Korallen-Sprößlingen die Chance geben, sich festzusetzen und zu wachsen.

F

F - Eine schüchterne Gefleckte Muräne (Gymnothorax moringa) *kommt aus ihrem sicheren Zufluchtsort im Riff langsam zum Vorschein.*

G

G - An Bonnie's Arch lassen sich farbenfrohe Tiere entdecken – wie diese Felsenschönheit (Holocanthus tricolor).

H

H - Schwämme dienen als Wohnstätte für viele Meereslebewesen, von parasitischen Anemonen bis hin zu Riffischen.

ORANGE CANYON

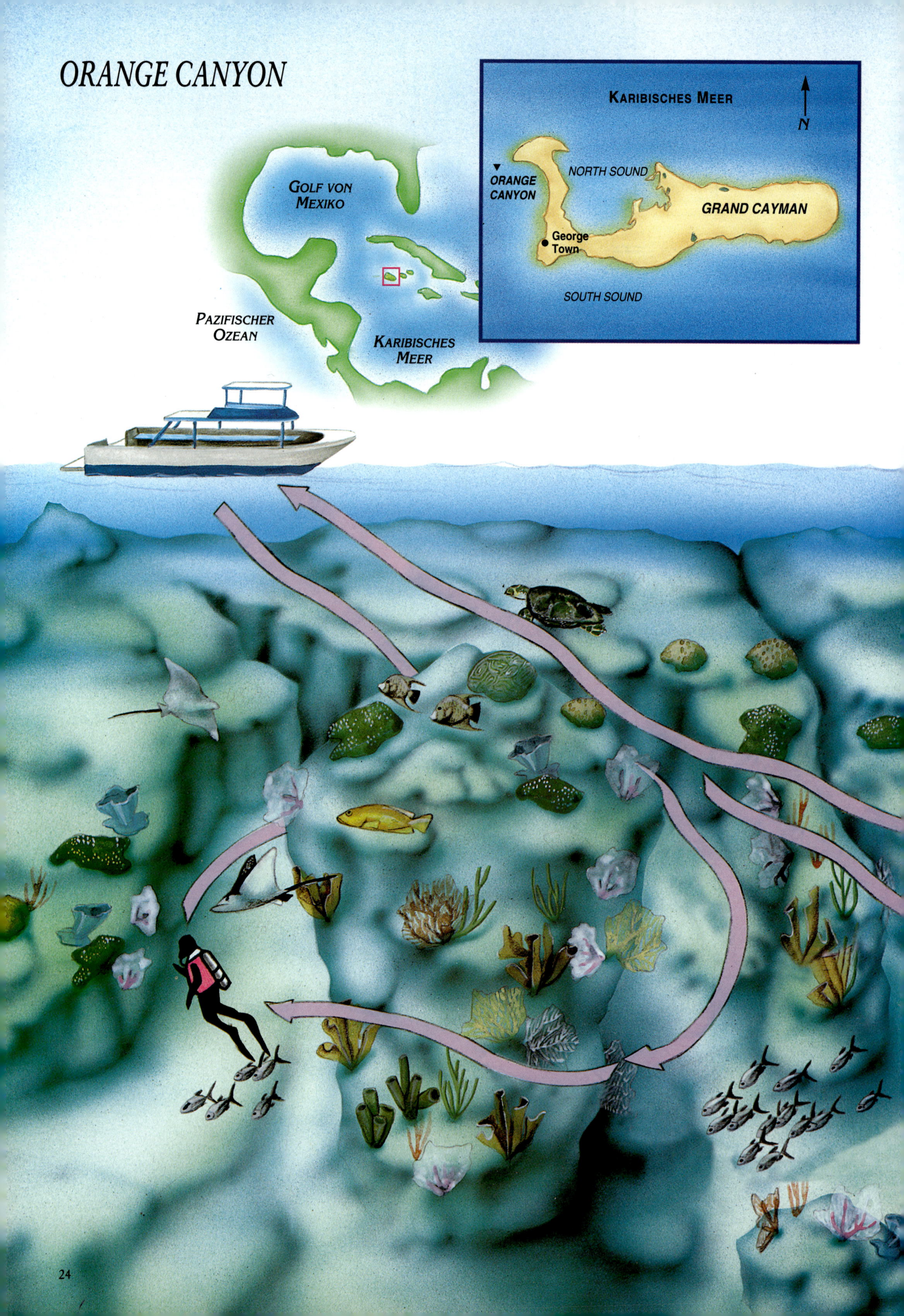

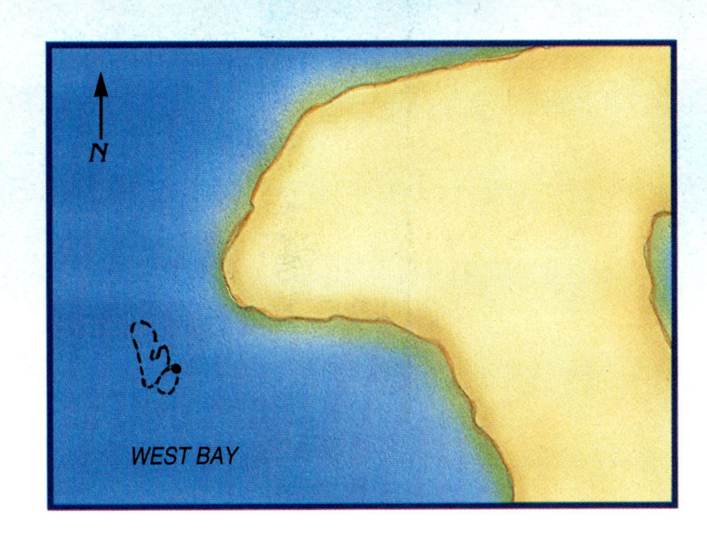
N
WEST BAY

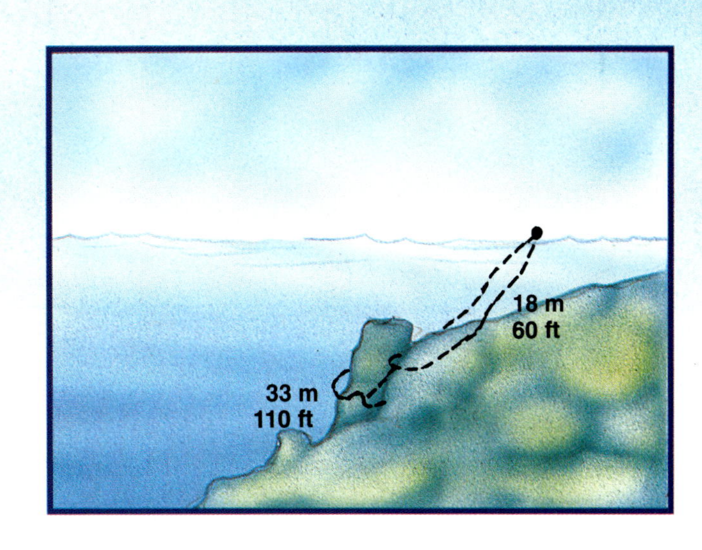
18 m
60 ft
33 m
110 ft

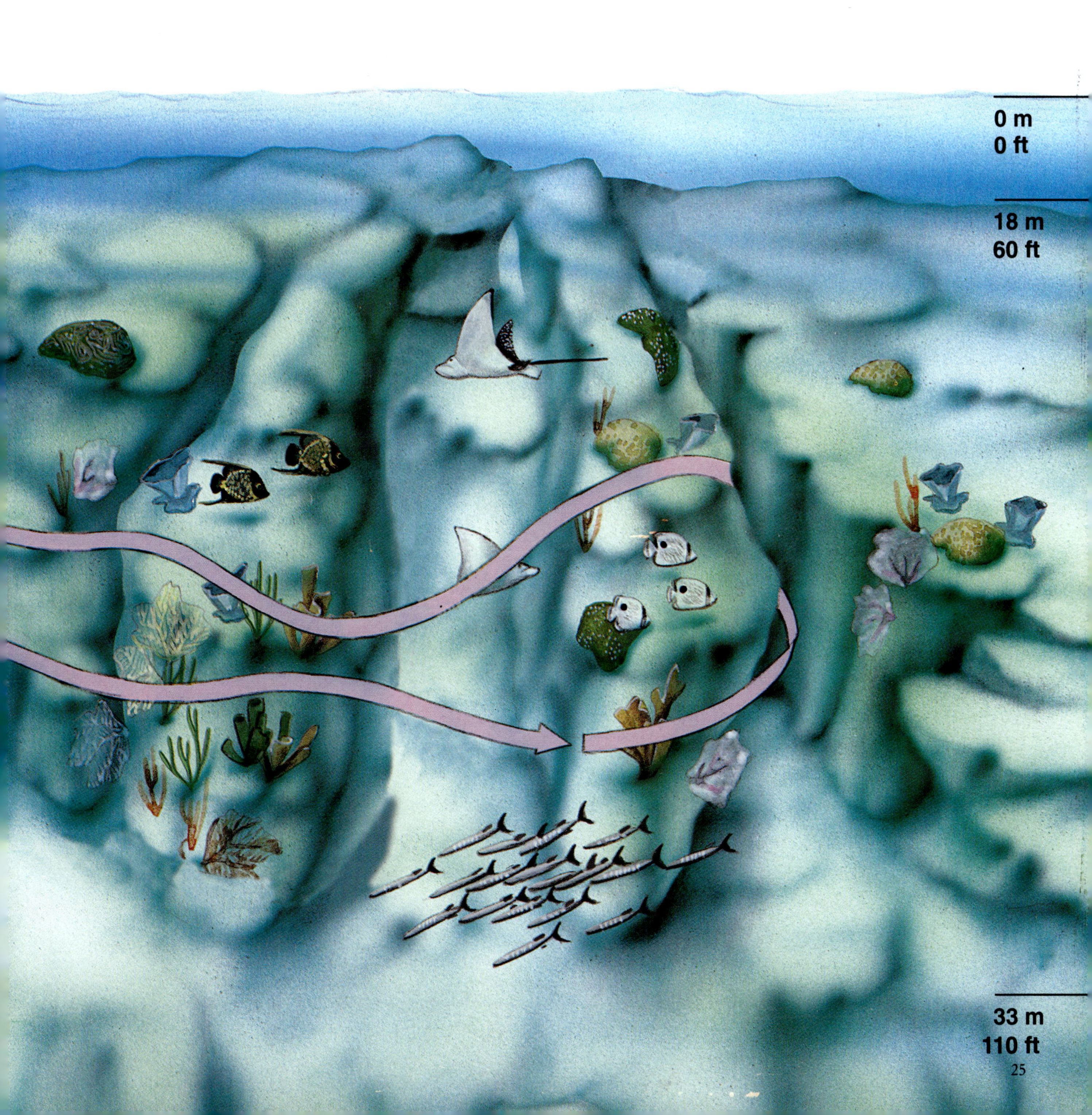
0 m
0 ft
18 m
60 ft
33 m
110 ft

A - Dieses Foto zeigt, welch riesiges Ausmaß die Schwämme am Orange Canyon erreichen können.

Orangefarbene Elefantenohr-Schwämme sind für die plakative Färbung des Orange Canyon verantwortlich und wachsen in großer Fülle an der Vorderseite der Riffwand und in den tiefen Einschnitten an der Seite des Canyons. Die anderen Schwamm-Arten wirken wie Farbtupfer in einem Gemälde. Rotfinger-Schwämme, Azur-Vasen-Schwämme und Grüne Röhrenschwämme finden sich hier reichlich. Mehrere Kolonien Großer Sternkorallen wachsen am Orange Canyon in einem selten leuchtenden Orange, als ob eine matte, grüne Färbung in dieser bunten Umgebung nicht zur Geltung kommen würde. Dieser Tauchplatz befindet sich an der steilsten und tiefsten Stelle der West Bay-Riffwand. Eigentlich ist es eher das Kap innerhalb des Canyons, das die Taucher anzieht, als der Canyon selbst. Steigt man westlich vom Ankerplatz ins Wasser, so stößt man beim Abstieg direkt auf den Riffabfall. Die Vorderseite der Riffwand ist in mehrere Bereiche unterteilt, die interessante Profile haben. Ritzen und Spalten beheimaten empfindliche Schwarze Korallen und Schwämme. Im Gegensatz dazu sind die äußeren Bereiche des Riffhangs von Tiefsee-Gorgonien überwuchert. Die Fächer können einen Durchmesser von 1,5 Meter erreichen und haben dicke bräunliche oder dunkelrote Äste und leuchtend farbige Polypen. Der Fuß die-

B

A

C

D

B - Ein Taucher untersucht eine Sektion der Orange Canyon-Riffwand, die mit verschiedensten Schwämmen und Korallen bedeckt ist.

C - Tiefsee-Gorgonien und Orangefarbene Elefantenohr-Schwämme ringen um Platz am Orange Canyon.

D - Der Taucher bewundert am Orange Canyon einen großen Elefantenohr-Schwamm (Agelas clathrodes) *der von Tiefsee-Gorgonien umgeben ist.*

E - Das künstliche Licht intensiviert die leuchtenden Farben der großen Orangefarbenen Elefantenohr-Schwämme (Agelas clathrodes). *Sie zählen zu den farbenprächtigsten Schwämmen, die dem Orange Canyon auch zu seinem Namen verholfen haben.*

F - Rohrartige, fingerförmige und krustenbildende Schwämme tragen ebenso zu den hellen orangen und roten Farbflecken bei, die dem Orange Canyon seinen Namen geben.

G - Während die Gespensterkrabben tagsüber selten zu sehen sind, kann man sie nachts oft dabei beobachten, wie sie sich von Algen ernähren, die am Riff haften.

H - Viele enge Spalten der Korallenwände sind voll von Ährenfischen, besonders im Spätsommer.

E

F

G

ser Fächer ist oft von Elefantenohr- oder krustigen Schwämmen verdeckt. Die Korallen- und Schwammkolonien bieten vielen verschiedenen Meereslebewesen Schutz und Nahrung. Jeder Tauchplatz am Orange Canyon ist einen längeren Blick wert, sei es nun, um nur das Riff zu bewundern oder auch den perfekten Hintergrund für eine Weitwinkelfotografie zu finden. In den Grund des Riffhangs schneidet sich ein Durchgang mit

H

einer ziemlich engen Öffnung. Zwar ist genug Platz, um vorsichtig hindurchzuschwimmen, aber man sollte sich bewußt sein, welchen Schaden ein einziger unbedachter Flossenschlag verursachen kann. Schwimmt man an einer Seite der Riffwand hinauf, trifft man auf verschiedene unterirdische Bereiche, voll von Meeresleben, darunter eine Sackgasse, in der während der Sommermonate Tausende von Ährenfischen leben. Karett-Schildkröten und Grüne Schildkröten sind oft am Orange Canyon zu beobachten, außerdem Gefleckte Adlerrochen und verschiedene Barsch-Arten.

Der Orange Canyon liegt im Norden der West Bay. Die Sicht hier ist meist sehr gut und liegt zwischen 25 und 35 Meter. Im allgemeinen herrscht dort eine Strömung, die aber nicht sonderlich stark ist.

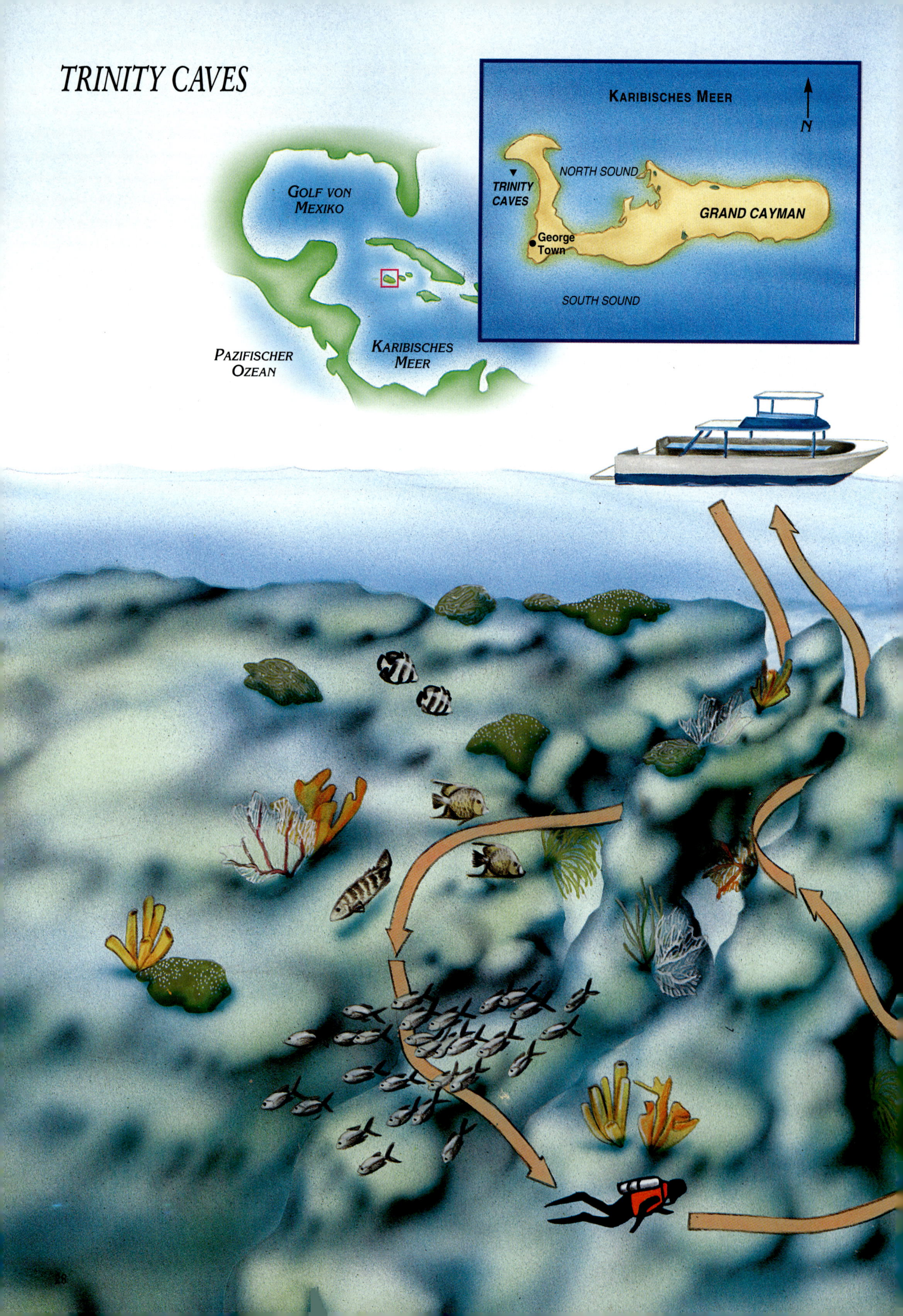
TRINITY CAVES
GOLF VON MEXIKO
PAZIFISCHER OZEAN
KARIBISCHES MEER
KARIBISCHES MEER
N
NORTH SOUND
TRINITY CAVES
GRAND CAYMAN
George Town
SOUTH SOUND

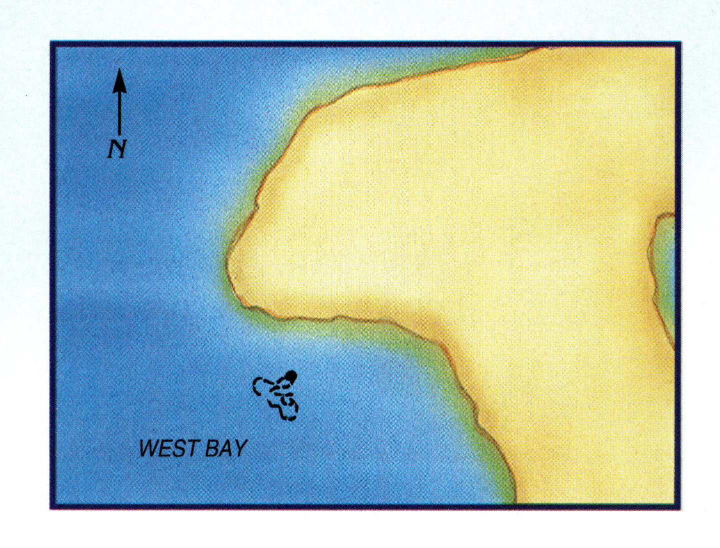
N
WEST BAY

20 m
66 ft
26 m
76 ft
33 m
110 ft

0 m
0 ft
20 m
66 ft
26 m
76 ft
33 m
110 ft

A

Am südlichen Ende der West Wall kann man eine Reihe außergewöhnlicher Riffwandtauchgänge unternehmen, dort liegen die Tauchplätze Orange Canyon, Big Tunnel und die Trinity Caves. Außergewöhnlich sind sie nicht nur wegen ihrer Größe und ihrer Schönheit, sondern auch, weil sie seit 25 Jahren Kultorte des Tauchens auf den Caymans sind. Obwohl mittlerweile Tausende von Tauchern diese Plätze besucht haben, wirken sie immer noch anziehend und inspirativ.

Das Primär-Korallenwachstum beginnt in einer Tiefe von ungefähr 13 Meter. Hier wachsen Sternkorallen und andere Steinkorallen am dichtesten. Seewärts nimmt die Konzentration nach und nach ab. Betrachtet man die Köpfe der Sternkorallen aufmerksam, erkennt man die ganze Bandbreite an Wachtumsmustern, die diese Spezies zu bieten hat. In

B

D

C

A - Ein Taucher schwimmt an einem farbenprächtigen Orangefarbenen Elefantenohr-Schwamm bei Trinity vorbei.

B - In verschwenderischer Fülle schmücken Schwämme jeder Form und Farbe die Wand bei Trinity.

C - Durch die Makro-Fotografie entdecken Taucher eine kleine, aber unglaublich farbenfrohe Welt – zu der auch diese Garnele (**Stenopus hispidus**) *bei Trinity gehört.*

flacheren Bereichen sind die Köpfe groß und wohlgeformt. In tieferem Wasser bilden sie Knoten und Auswüchse, damit sie eine größere Oberfläche zur Licht-Absorption zur Verfügung haben. Die maximale Oberfläche erreichen die Korallen in extremen Tiefen, in denen sie ganz platt sind. Eine Reihe von Schluchten und Schornsteinen bildet eine gewundene Route bis hin zur Steilwand. Die Vorsprünge und Durchgänge sind wegen ihres üppigen Schmucks die beliebtesten Attraktionen der Trinity Caves, obwohl auch die Kaiserfische und Tiger-Barsche faszinierend sind. Es wimmelt nur so von Schwarzen Korallen und Tiefsee-Gorgonien. Elefantenohr-Schwämme und gelbe Röhrenschwämme wetteifern um die Aufmerksamkeit des Fotografen. Der Kontrast zwischen den kräftigen Grundfarben der Schwämme und dem Kobaltblau des Wassers, den man tagsüber bei den Trinity Caves erleben kann, ist ein unvergeßlicher Anblick.

G

D - Eine große Weichkorallenkolonie bei Trinity wird von einem Taucher untersucht. Über Unterwassersprechfunk kommuniziert er mit seinem Tauchpartner.

E - Dieser Taucher betrachtet einen verästelten roten Schwamm bei Trinity.

F - Ein Königs-Feenbarsch (Gramma loreto) *schwimmt an einer Kolonie Großer Sternkorallen* (Montastrea cavernosa) *vorbei.*

E

F

H

G - Der Taucher bewundert einen farbenprächtigen Orangefarbenen Elefantenohrschwamm.

H - Ein Tüpfel-Ritterfisch findet Schutz zwischen Korallen und Schwämmen.

AQUARIUM

Karibisches Meer
N
North Sound
Aquarium
George Town
Grand Cayman
South Sound
Golf von Mexiko
Pazifischer Ozean
Karibisches Meer

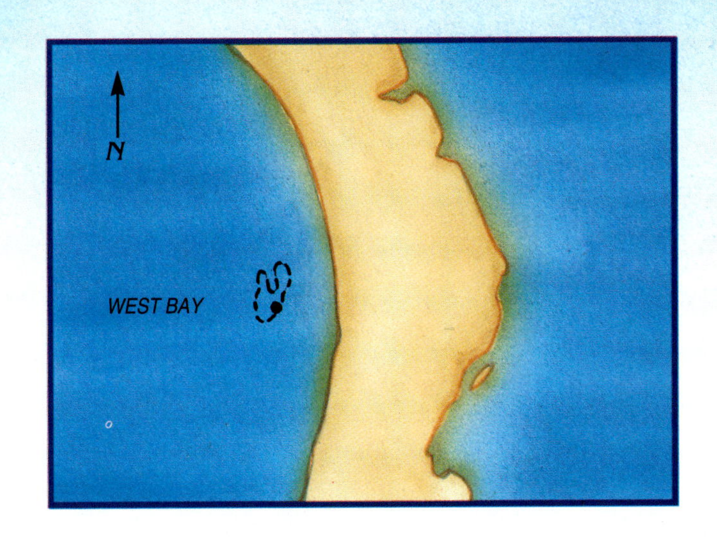
N
WEST BAY

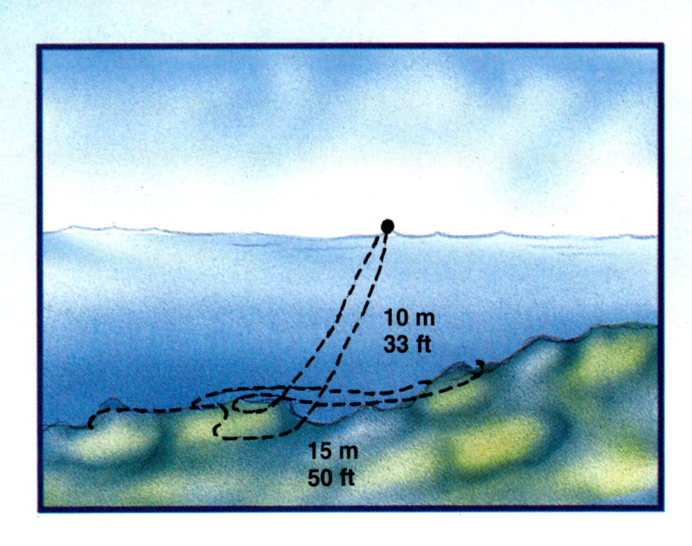
10 m
33 ft
15 m
50 ft

0 m
0 ft
10 m
33 ft
15 m
50 ft

Wer sich für tropische Fische interessiert, sei es, um sie zu fotografieren oder zu beobachten, der wird vom Aquarium begeistert sein und den Namen absolut passend finden. Dieses flache Riff erstreckt sich hauptsächlich in Tiefen zwischen zehn und 15 Meter und steigt seewärts leicht an. Eine Sandebene bei etwa 15 Meter Tiefe zeichnet sich durch hohe zerklüftete Korallenansammlungen aus und wirkt wie ein Vorort des Hauptriffs. Verschiedene Arten von Hartkorallen bevölkern das Riff. Dabei handelt es sich um Stern-, Hirn- und sogar ganz urtümliche Bestände der Säulenkorallen. Bei dieser Korallen-Konzentration ist es unerläßlich, seine Tarierung zu kontrollieren, um Kollisionen zu vermeiden. Das gilt auch und gerade dann, wenn man fotografieren will und sich auf das Motiv konzentriert.

B

A

C

D

A - Ein Taucher schwimmt zusammen mit einer Karett-Schildkröte im Aquarium.

B - Tauchgänge im Aquarium bescheren den Tauchern interessante Begegnungen – wie hier mit einem Großen Barrakuda (Sphyraena barracuda).

C - Eine Schule dicht gedrängter Großflossengrunzer (Haemulon parrai) *kann am Aquarium beobachtet werden.*

D - Diese Grüne Muräne (Gymnothorax funebris) *ist ein typischer Bewohner des Aquariums.*

E - Ein Paar Franzosen-Kaiserfische kreuzt am Riff des Aquariums umher. Dieser Tauchplatz ist nach seiner Vielfalt an Rifffischarten benannt.

F - Eine Schule Blauer Doktorfische (**Acanthurus coelerus**) *schwärmt über das Riff des Aquariums und verweilt immer wieder, um an Algenstücken zu knabbern.*

G - Schwimmt man dicht an Korallenformationen vorbei, so trifft man oft auf farbenprächtige Fische – wie den Vieraugen-Falterfisch (**Chaetodon capistratus**).

H - Ein Schlanker Feilenfisch (**Monacanthus tucken**) *versucht, sich in den Ästen einer Weichkoralle zu verstecken.*

I - Die Karibischen Langusten (**Panulirus argus**) *suchen Schutz unter einem Felsvorsprung im Aquarium.*

Die Säulenkoralle ist besonders leicht zu beschädigen, da sie sehr lange, dünne, aufrechtstehende Arme besitzt. Im Gegensatz zu anderen Hartkorallen ernährt sich die Säulenkoralle tagsüber, so daß ihre Polypen ausgestreckt sind und leicht verletzt werden können.
Die häufigsten Kaiserfische sind die Franzosen- und die Grauen Kaiserfische. Vielleicht sichtet man auch einen Diadem-Kaiserfisch. Der Blaue Kaiserfisch dagegen ist hier eher selten. In den Korallenspalten finden sich Muränen. Weißflecken-Feilenfische sind hier oft paarweise zu sehen. An diesem Platz sollte man einfach nur beobachten. Die

E

Korallenriffe sind gute Verstecke, um nach Fischen Ausschau zu halten. Leuchtend violette und gelbe Königs-Feenbarsche, der Gestreifte Harlekin-Sägebarsch und der lebendige Tabak-Sägebarsch sind in abgelegenen Bereichen des Aquariums zu bewundern.
Sogar die sandigen Bereiche zwischen den Korallenköpfen sind eine Heimstätte für viele Fische. Kleine Löcher im Sand beherbergen Fische wie die Zügel-Grundel, den Goldstirn-Kieferfisch und den Sand-Torpedobarsch. Erstaunlich, wie viele verschiedene Arten man schon auf einem einzigen Tauchgang beobachten kann!

F

G

H

I

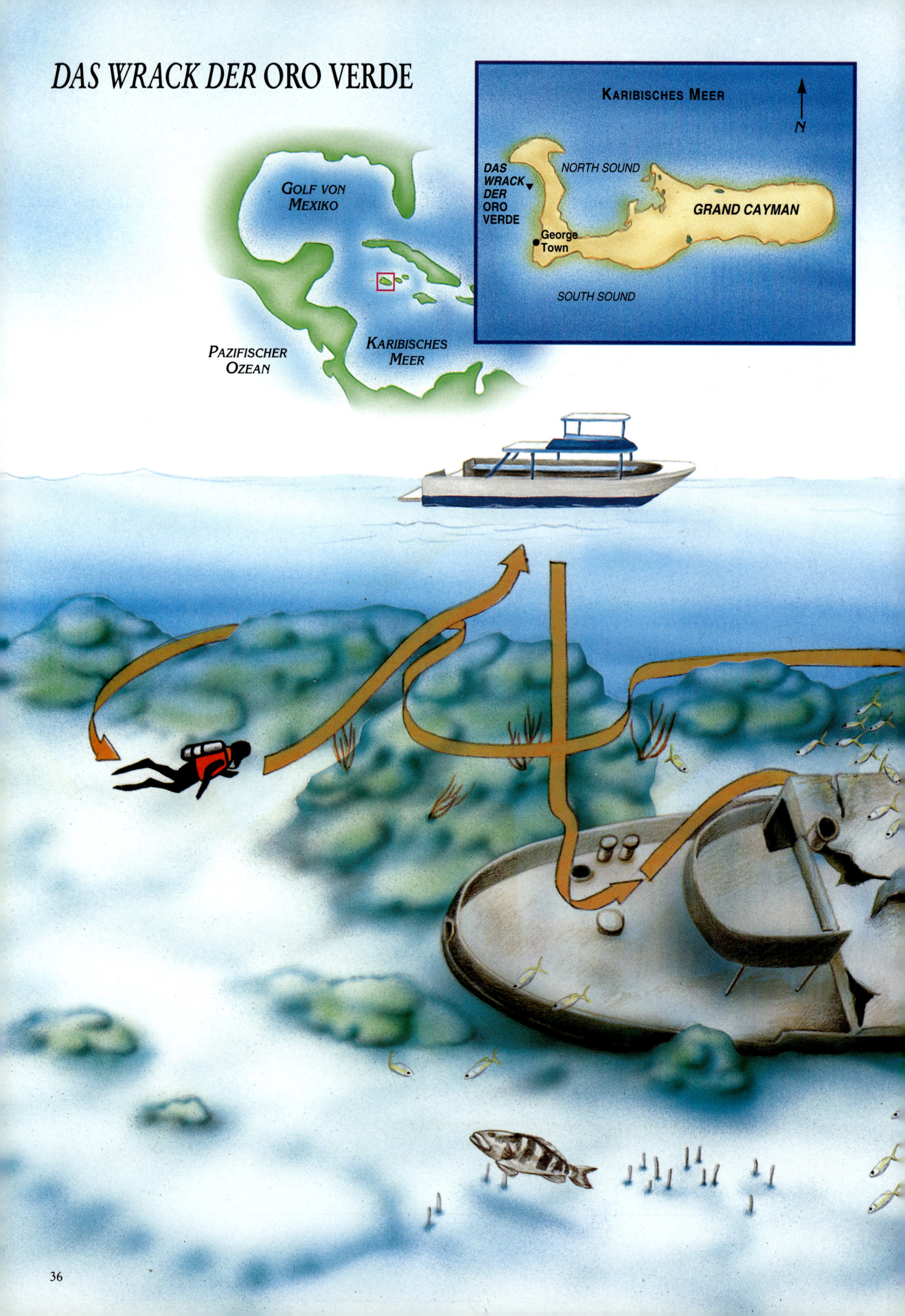
DAS WRACK DER ORO VERDE
KARIBISCHES MEER
N
DAS
WRACK
DER
ORO
VERDE
NORTH SOUND
GRAND CAYMAN
George
Town
SOUTH SOUND
GOLF VON
MEXIKO
PAZIFISCHER
OZEAN
KARIBISCHES
MEER

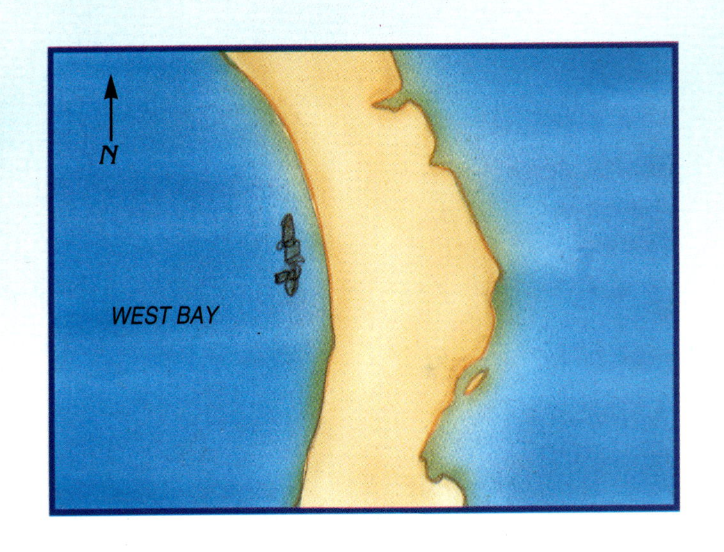
N
WEST BAY

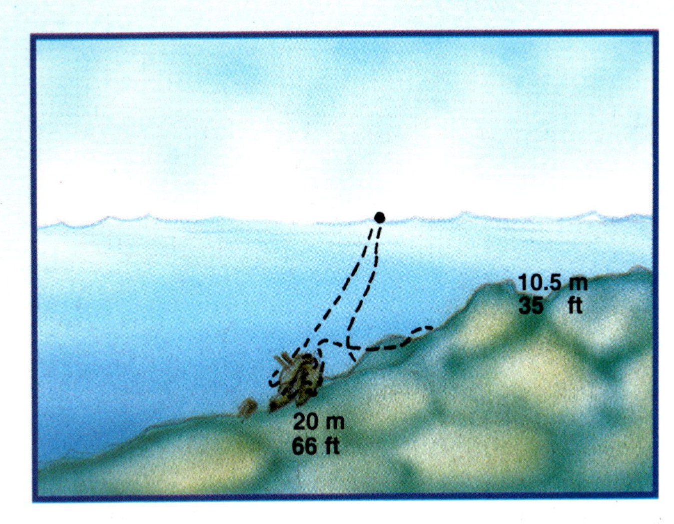
10.5 m
35 ft
20 m
66 ft

0 m
0 ft
10.5 m
35 ft
20 m
66 ft

A - Die Wrackteile der Oro Verde sind über den Grund verstreut.

B - Ein Taucher betrachtet den Bug der **Oro Verde.**

Der Frachter *Oro Verde* in 58 Meter Tiefe wurde von einer Gruppe Tauchveranstalter der Cayman Islands im Jahr 1980 versenkt. Der Zustand des Wracks heute ist jedoch nicht mehr so wie vor zwei Jahrzehnten, als es gerade gesunken war. Starker Wellengang und mehrere schwere Stürme haben das Wrack beschädigt und nur den Bug intakt gelassen. Teile des Rumpfes sind über den Sandgrund zerstreut. Der Motor ist klar erkennbar, große Metallplatten sind kreuz und quer über den Grund verteilt. Die

Schraube ist übel zugerichtet, sie befindet sich in einiger Entfernung vom Schiff und ist zwischen Rumpf und Riff eingeklemmt. Anker und Kette liegen im Sand, weit entfernt vom Heck. An der *Oro Verde* gibt es zwei Ankerplätze, einen am Bug, der andere ist am Heck. Das Schiff liegt auf seiner Steuerbordseite, mit dem Kiel im Fels verkeilt. Das Deck zeigt in Richtung einer breiten Sandfläche voller Sandaale. Obwohl die *Oro Verde* schon beträchtliche Zeit auf Grund liegt, ist sie nur spärlich mit krustigen Meeresorganismen bedeckt.
Trotzdem zieht sie viele Fische an, und viele größere Tiere haben sich zwischen den Metallplatten eingenistet. Oft folgt den Tauchern ein großer Schnapper und beäugt sie mißtrauisch. Normalerweise trifft man im Wrack auf zwei Grüne Muränen, meist im tiefsten Teil in der Mitte. Zahlreiche Tiger-Zackenbarsche lungern mit offenen Mäulern in ihren Lieblingslöchern im

C - Dieses Foto zeigt die **Oro Verde** *in gutem Zustand. Tatsächlich ist das Schiff, das in relativ flachem Wasser liegt, während einer Sturmflut beschädigt worden.*

D

E

D - Große Fische wie der Judenfisch (**Epinephelus itajara**) *wurden von Zeit zu Zeit auf der* **Oro Verde** *gesichtet.*

E - Das Wrack der **Oro Verde** *ist die Heimat verschiedener Fischarten, inklusive der Ährenfische, deren Körper das Licht reflektieren und die Metallteile des Schiffes zum Glitzern bringen.*

Heck herum, während ein Team von Grundeln sie geschäftig von Parasiten befreit. Die Fische wurden hier schon immer gefüttert, früher vielleicht sogar mehr als heute.
Die Sandebene, auf der die *Oro Verde* liegt, befindet sich in etwa 18 Meter Tiefe. Nach der Wrackbesichtigung lohnt sich eine Runde über den Sand. Neben zahlreichen Sandaalen sind meist auch Stechrochen zu beobachten. Weichtiere wie Schnecken oder Tritonshorn-Schnecken findet man, wenn man ihren Spuren im Sand folgt. Die Tauchbedingungen sind fast immer sehr angenehm und ruhig mit wenig oder gar keiner Strömung. Vom Wrack Richtung Land steigt das Riff leicht an. Abwechselnd tauchen Korallenvorsprünge und schmale Sandtunnel auf. Das Riff ist ein wenig karg, eignet sich jedoch gut für Makro-Fotografie, besonders bei Nachttauchgängen. Das Wrack selbst ist nicht besonders groß. Es reicht vom Grund etwa 4,5 Meter in die Höhe. Die Sicht beträgt normalerweise 20 bis 30 Meter.

F - Ein Taucher nähert sich den beschädigten Teilen der **Oro Verde.**

G - Ein Taucher blickt durch das Bullauge am Heck der **Oro Verde.**

F

G

ROYAL PALMS LEDGE

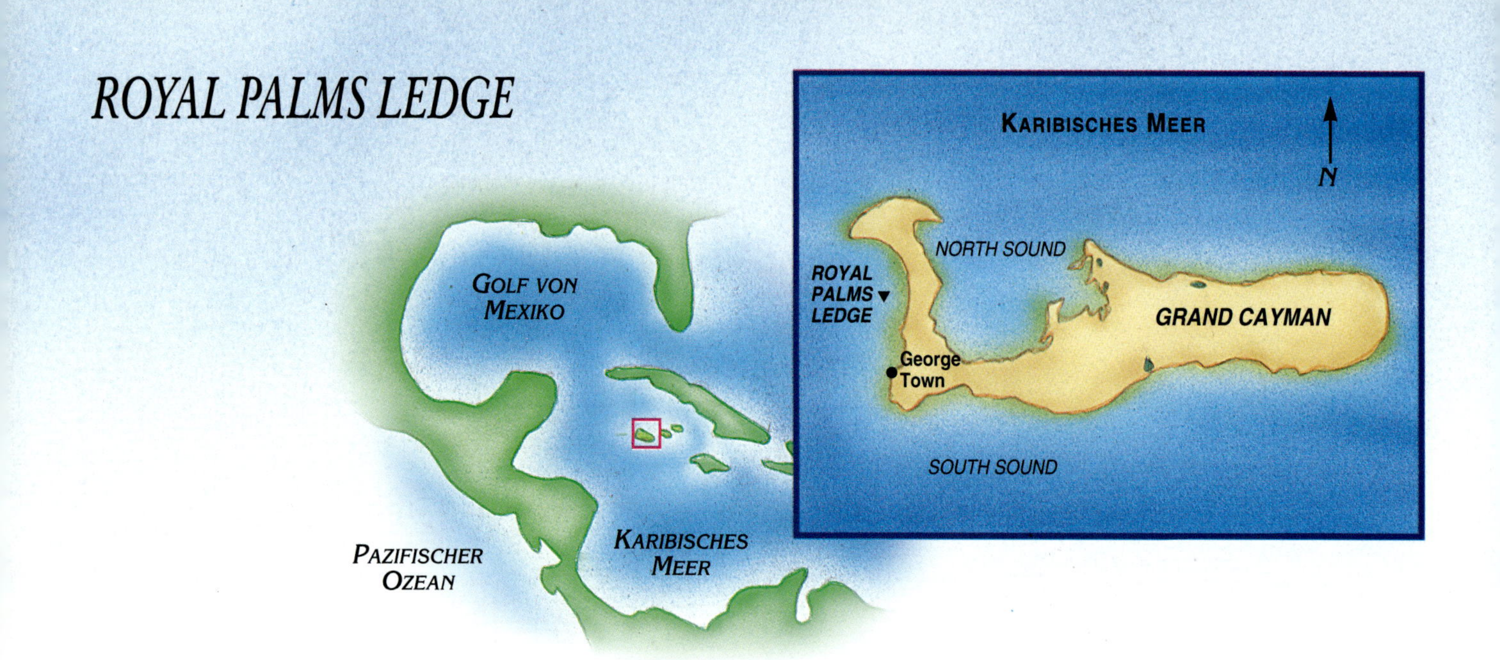

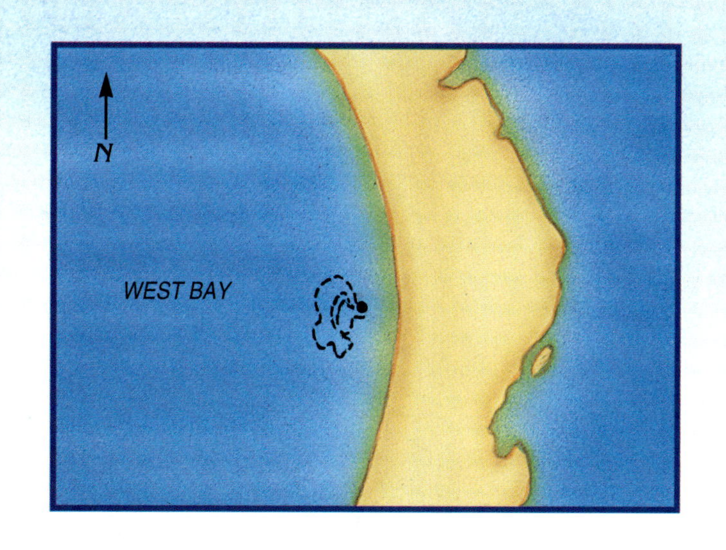
N
WEST BAY

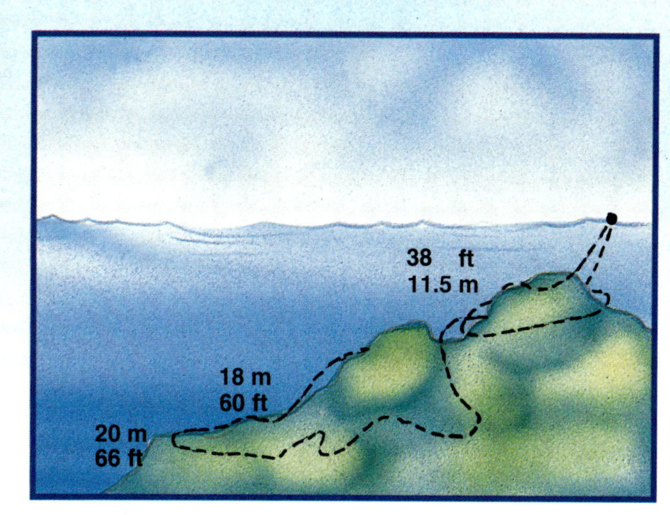
38 ft
11.5 m
18 m
60 ft
20 m
66 ft

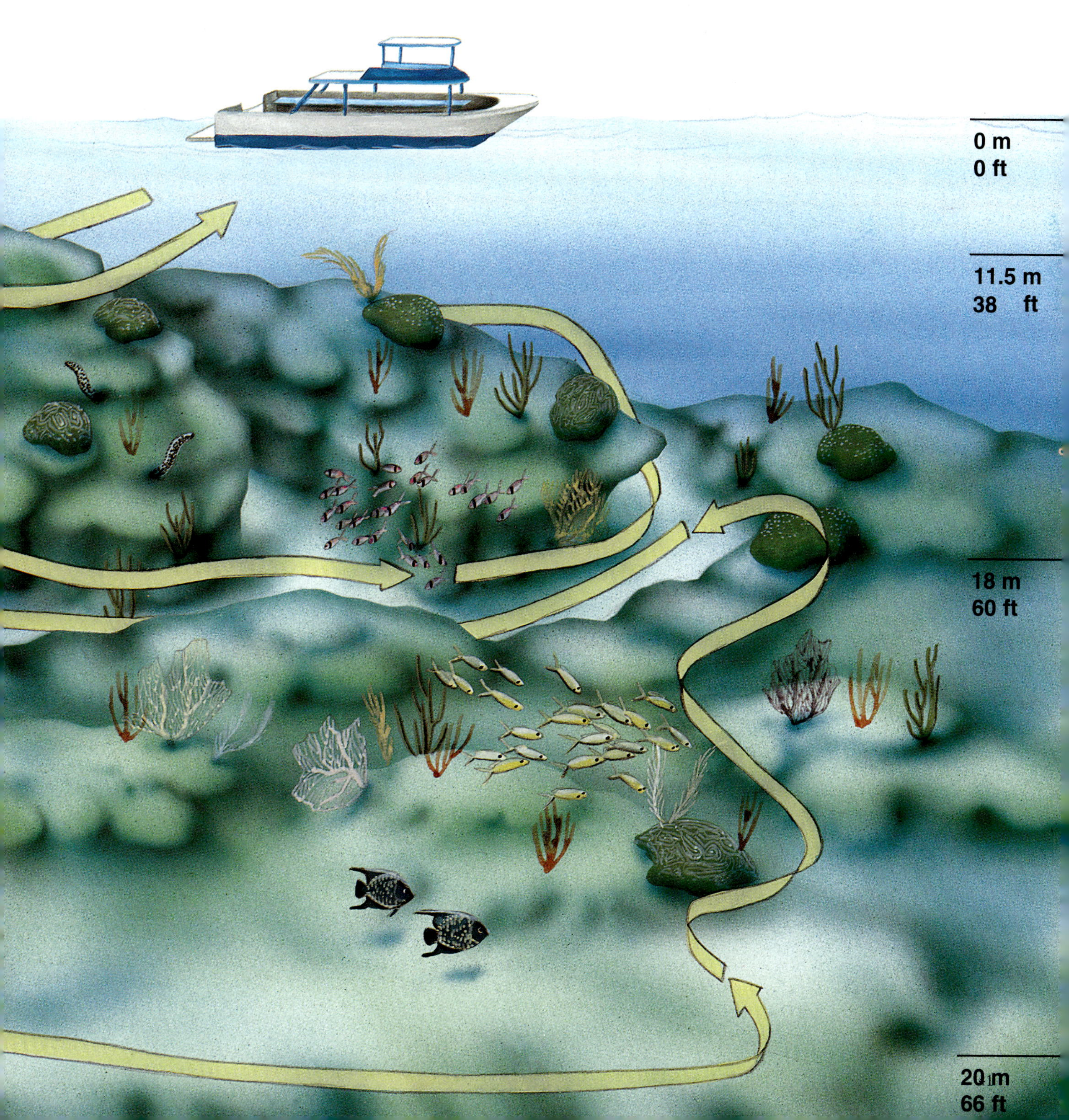
0 m
0 ft
11.5 m
38 ft
18 m
60 ft
20 m
66 ft

Dieser Tauchplatz an der West Bay präsentiert ein ungewöhnlich geformtes Riff: Es sieht aus wie ein Pferdehuf und ist stark unterhöhlt. Der Ort, der nach dem 1987 abgebrannten Royal Palms Hotel benannt ist, ist bei Tag und Nacht ein sehr beliebter Tauchplatz.

Das flache Ende der Formation befindet sich in etwa zehn Meter Tiefe und fällt dann sanft ab, bis es bei einem Knick ungefähr 16 Meter erreicht. Die Unterseite des Einschnitts ist sowohl von krustenbildenden Schwämmen als auch von einem Gewirr Finger-Schwämmen übersät.

Bei Nacht ist dieser Platz gut, um orangefarbene Korallen-Polypen und Langusten zu finden.

Die Korallen-Spuren und -Rillen im Sand am Fuße des Riffs und das Riff selbst verlaufen kreuz und quer und nicht senkrecht zur Küste, wie es normalerweise der Fall ist. Wenn man nah am Einschnitt schwimmt, ist eine einwandfreie Tarierung unerläßlich, um Berührungen mit der Riffwand zu vermeiden. Achten Sie darauf, daß Sie nicht unkontrolliert aufsteigen und keinen Sand mit den Flossen aufwirbeln. Die Korallen bei Royal Palms Ledge sind eine Mischung aus Hart- und Weichkorallen. Seefächer und Seeruten füllen die Lücken zwischen mittelgroßen

C

A

D

B

A - Ein Taucher betrachtet eine breit verästelte Tiefsee-Gorgonie, (Iciligorgia schrammi) *nahe am Felsvorsprung des Royal Palms Ledge.*

B - Ein Karibik-Juwelenbarsch (Cephalopholis fulvus) *brüstet sich am Royal Palms Ledge mit seinen gold leuchtenden Farben, die er bei Nacht phasenweise besitzt.*

C - Möglichkeiten, das Weitwinkelobjektiv zum Einsatz zu bringen, gibt es beim Royal Palms Ledge reichlich. Dieses Riff ist jedoch auch Favorit für Makro-Fotografie.

D - Begegnungen mit dem Grauen Kaiserfisch (Pomacanthus arcuatus) *sind am Royal Palms Ledge sehr häufig.*

Kolonien von Sternkorallen, Großen Sternkorallen und Hirnkorallen.
Eine unglaubliche Zahl an Kleinfischen und Invertebraten bewohnt jeden von Korallen geformten Winkel und erklärt diesen Ort zu einem Favoriten für Makro-Fotografen. Der Gemeine Husar, der Gestreifte Falterfisch, der Jacobus-Soldatenfisch und der Blaukopf-Junker gehören zu den häufigeren Korallenfisch-Arten. Pfeil-Gespensterkrabben, Borstenwürmer und Gestreifte Korallen-Garnelen sind gängige Invertebraten in der West Bay. Die Sichtweite beträgt etwa zwischen 15 und 20 Meter.

G

E

H

F

I

E - Das Foto zeigt eine Languste (Panulirus argus), *die sich hinter einem Riff beim Royal Palms Ledge versteckt.*

F - Ein Goldstirn-Kieferfisch (Opistognathus aurifrons) *am Royal Palms Ledge scheint die Kamera von seiner Höhle im Sand aus zu beobachten.*

G - Die winzigen, aber farbenfrohen Königs-Feenbarsche (Gramma loreto), *kommen hier reichlich vor. Man sieht sie oft in der Nähe von Korallenvorsprüngen. Sie schwimmen meist vertikal oder auf dem Rücken, da sie sich mehr an der Form der Korallen als an der Wasseroberfläche orientieren.*

H - Der Fotograf hat bei Nacht am Royal Palms Ledge einen Vieraugen-Falterfisch (Chaetodon capistratus) *entdeckt.*

I - Diese Masken-Krabbe (Podechela sp.) *liegt bei Nacht auf einem Seefächer am Royal Palms Ledge.*

DAS WRACK DER BALBOA

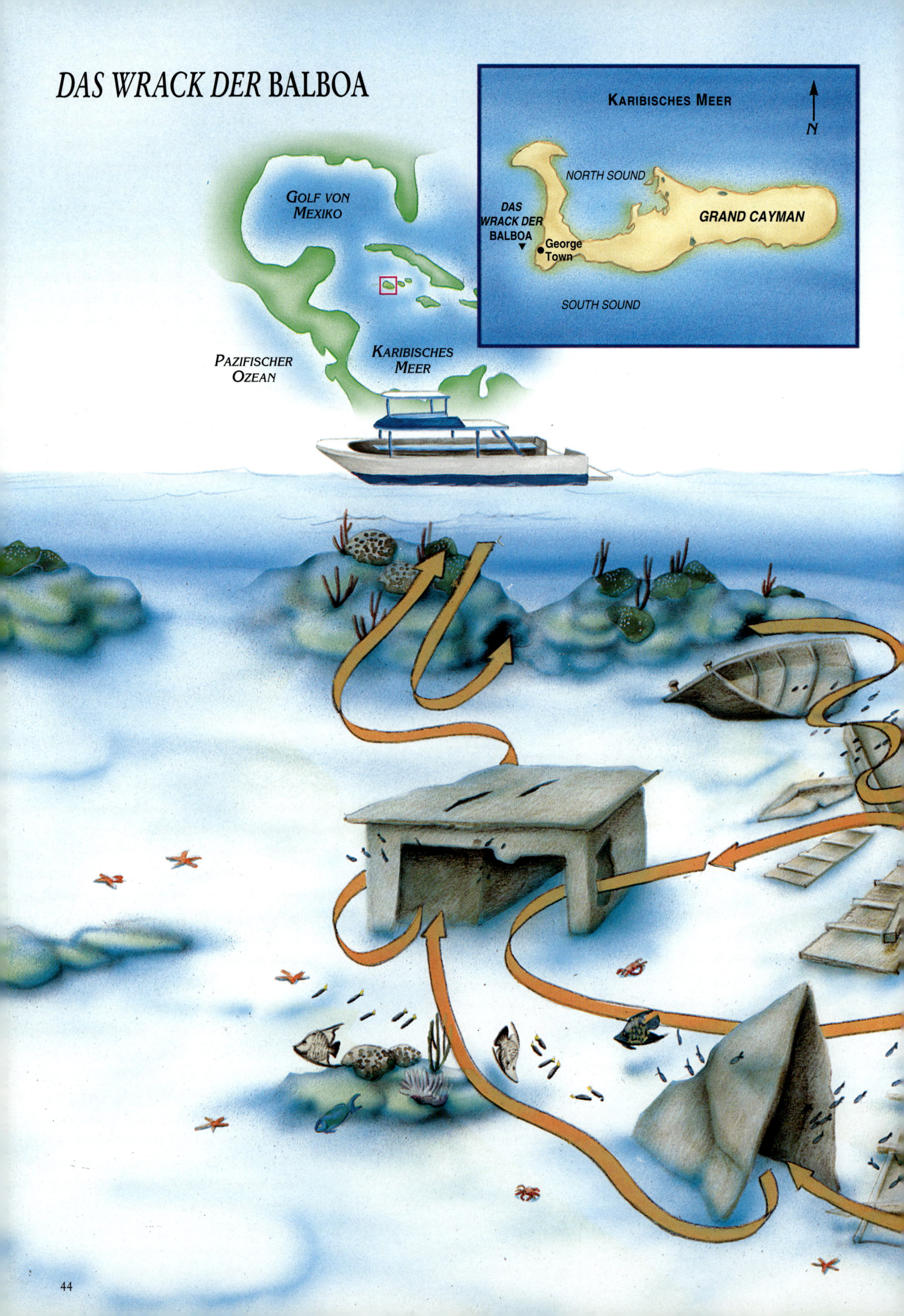

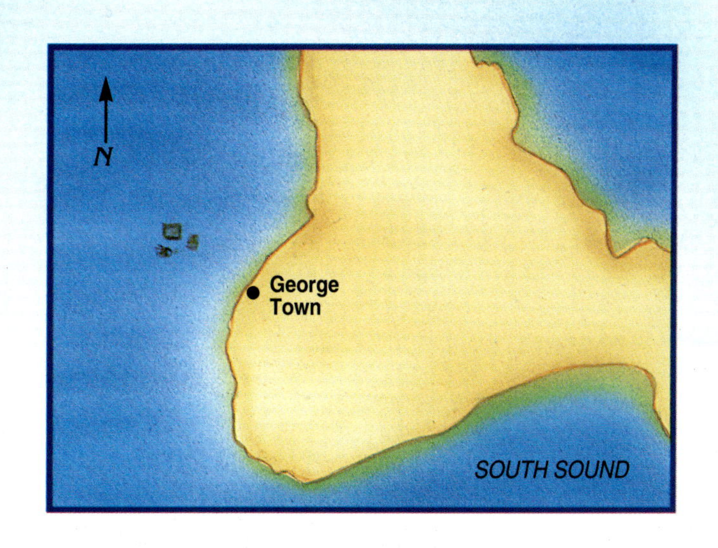
N
George
Town
SOUTH SOUND

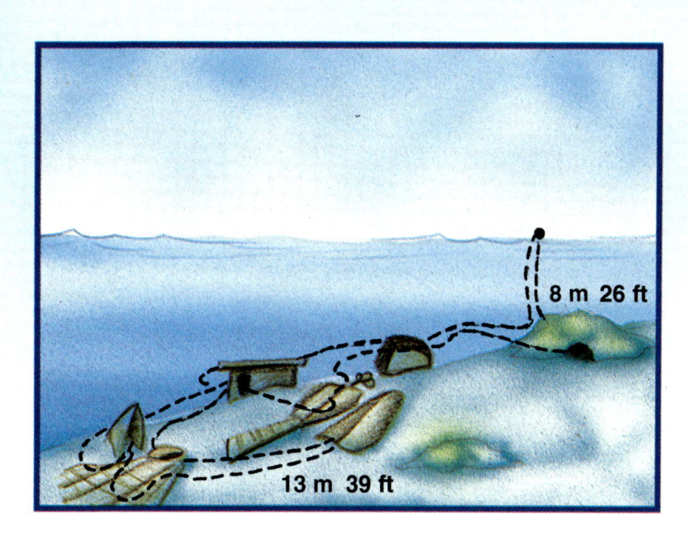
8 m 26 ft
13 m 39 ft

0 m
0 ft
8 m
26 ft
39 ft
13 m

A

Nur 180 Meter vom Hauptpier in George Town entfernt, liegt das Wrack der *Balboa,* das ein beliebtes Ziel für einen Nachttauchgang darstellt. Der Hurrikan, der 1932 die Caymans verwüstete, trieb den 114-Meter-Frachter unvorbereitet in den Hafen, wo er im flachen Wasser sank. Mehrmals wurde der Rumpf gesprengt, um im Hafen eine sichere Navigation garantieren zu können.

Bis heute geblieben sind eine Reihe Metallteile, darunter ein Teil des Kesselraums, die Schraube und ein Stück des Hecks. Den Motorblock sieht man in der Nähe der Schraube liegen. Die Schraube selbst ist leicht zu finden. Sie ragt aus einem Teil des Rumpfs hervor, an dem sie noch befestigt ist. Außer der Schraube ist auch das Heck noch relativ intakt.

Nachts werden Makro-Fotografen zwischen den Wrackteilen jede Menge Motive entdecken. Das Wrack bietet Tausenden von marinen Invertebraten Wohnraum. Da gibt es verschiedene Krabbenarten, Seesterne, Oktopusse, Anemonen und Nacktschnecken.

Dies ist ein guter Ort, um orangefarbene Korallen-Polypen zu finden, aber geben Sie acht, daß Sie sie nicht direkt mit der Taucherlampe anstrahlen, denn sie sind sehr lichtempfindlich und ziehen sich sofort zurück. Sollte das passieren, entgeht Ihnen ein Foto, und die Korallen-Polypen sind gestreßt, weil sie Energie verschwendet und Futtermöglichkeiten verpaßt haben.

Auch kleine Fische wie Grundeln und Schleimfische leben rund um das Wrack der *Balboa.* Ziemlich oft trifft man hier auf Fischpaare. Weißflecken-Feilenfische gehen beispielsweise gemeinsam auf Futtersuche. Der Vieraugen-Falterfisch, der Gestreifte Falterfisch und der Franzosen-Kaiserfisch sind weitere Riffische, die paarweise zu finden sind. Die Metallplatten des Wracks bieten auch vielen Jungfischen Nahrung und Unterkunft – besonders dem Kaiserfisch, dem Papageifisch und

B

C

D

E

A - Ein Taucher erforscht den Innenraum des Wracks der Balboa, *Grand Cayman. Das Schiff liegt nur etwa 180 Meter vom Hauptpier in George Town entfernt.*

B - Der Frachter ist ein sehr beliebter Tauchplatz auf Grand Cayman. In der Balboa *kann man viele Tiere entdecken, auch farbenprächtige Schwämme.*

C - Innerhalb von Wracks zu tauchen, empfiehlt sich nur sehr erfahrenen Tauchern.

D - Die Balboa *ist 1932 nach einem heftigen Orkan gesunken. Der Sturm hatte das Schiff unvorbereitet in den Hafen getrieben.*

F

der Makrele. Um diese kleinen Fische auszumachen, bedarf es Geduld, denn sie halten sich im Schutze der Metallplatten auf, flitzen hinaus und kehren schnell wieder zurück.
Die Tiefen variieren zwischen acht und zwölf Meter. Aufgrund der Nähe zum Hafen ist die Sichtweite hier geringer als sonst auf Grand Cayman und liegt meist zwischen neun und 18 Meter. Außerdem hängt sie vom Wetter und den Gezeiten ab. Die Strömung ist normalerweise schwach. Wegen des intensiven Schiffsverkehrs ist ein spezieller Tauchschein für Hafentauchgänge vorzuweisen, bevor man an der *Balboa* tauchen darf.

G

I

H

E - Die Schraube des Wracks der Balboa *wird von einem Taucher untersucht.*

F - Der Taucher nähert sich der Balboa, *einem der beliebtesten Wracks auf Grand Cayman. Nachttauchgänge zur* Balboa *werden sehr häufig unternommen.*

G - Nachttauchgänge ermöglichen viele interessante Begegnungen – wie diese mit dem Karibischen Oktopus (Octopus briareus).

H - Diese Borstenwürmer (Hermodice caruncalata) *wurden auf dem Wrack der* Balboa *beobachtet.*

I - Die Metallplatten der Balboa, *wie die sandige Umgebung auch, bieten Lebensraum für viele Fische – wie diesem Blaugestreiften Eidechsenfisch* (Synodus saurus).

DEVIL'S GROTTO

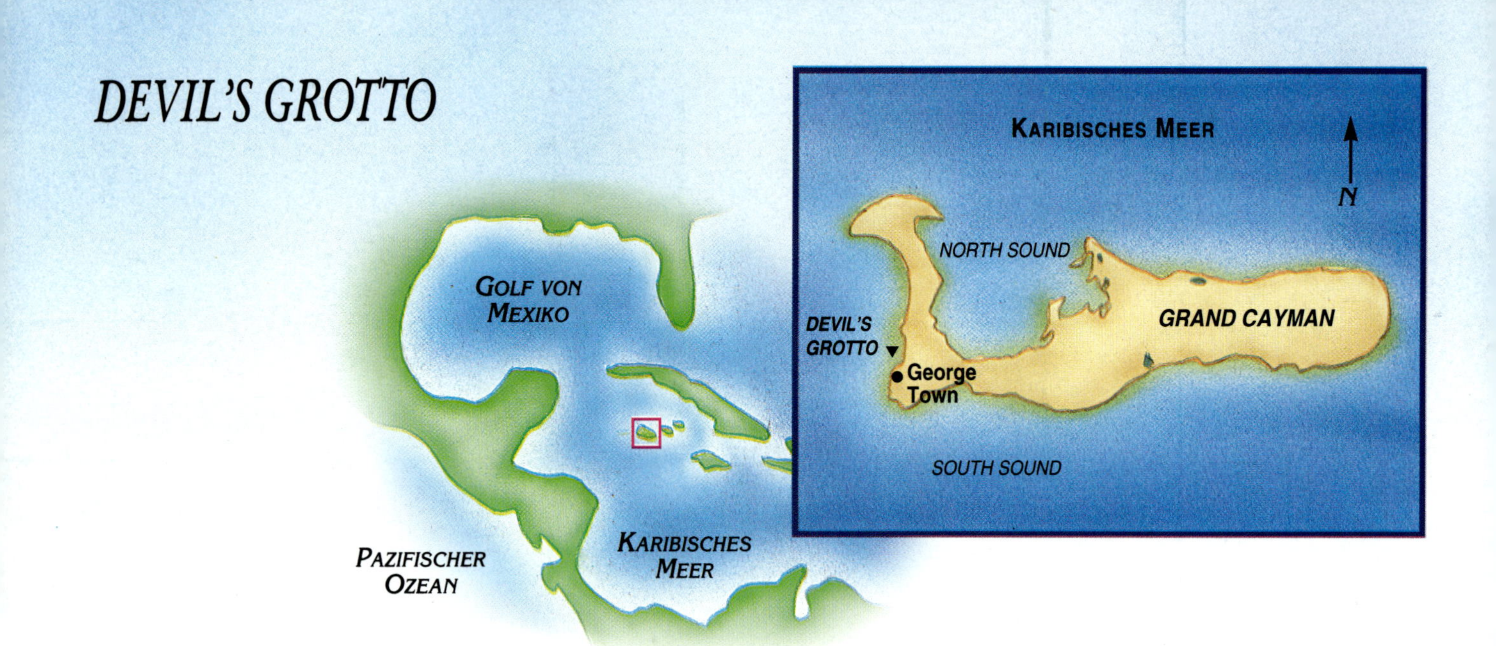

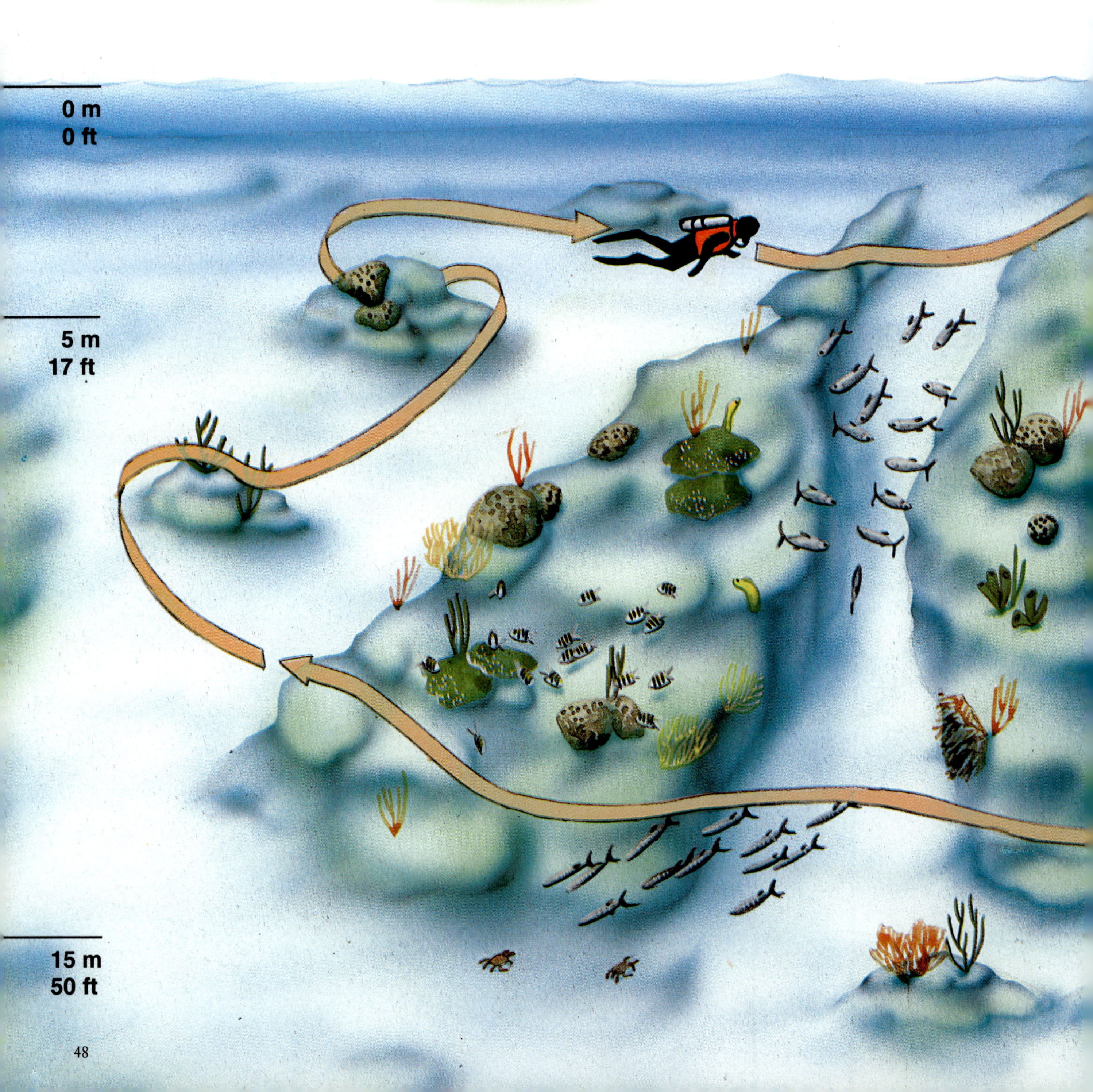

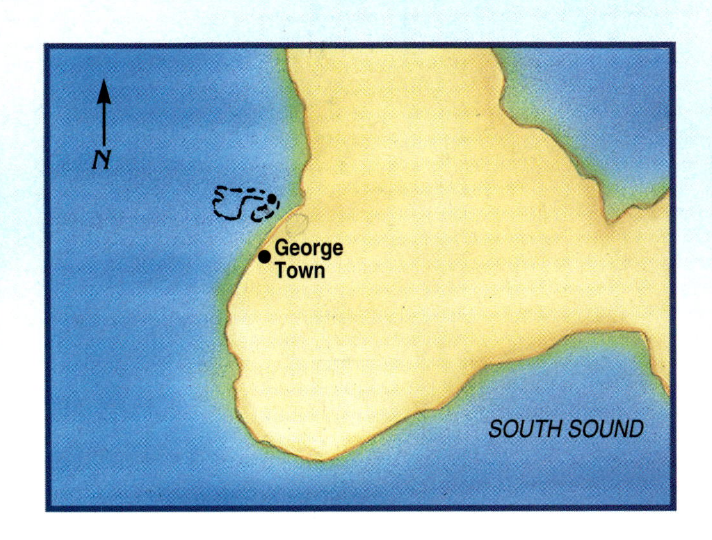
N
George
Town
SOUTH SOUND

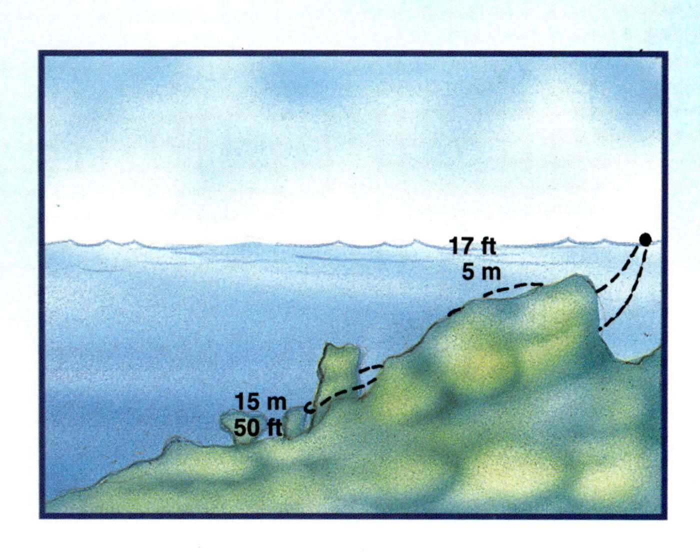
17 ft
5 m
15 m
50 ft

Bringen Sie eine Handlampe zu Devil's Grotto mit, auch wenn Sie mittags tauchen möchten. Die Höhlen und Tunnel sind zwar nicht so lang und geschlossen, daß man unbedingt Licht bräuchte, jedoch lassen sich Ritzen und Spalten mit Hilfe einer Lampe besser erkunden. Sie blieben sonst im Dunkel versteckt.

Aale, Hummer, Krabben, Garnelen und verschiedene am Grund lebende Fische kann man in den Nischen von Devil's Grotto finden. Dieser Tauchplatz ist ein Labyrinth aus Durchgängen, Höhlen, Gewölben und Tunneln, die kreuz und quer durch das Fundament des Riffs

A

B

C

D

E

führen. Die gesamte Struktur ist ein Produkt aus der Vergangenheit. Es handelt sich um das fossilisierte Skelett eines Korallenriffs, das vor Tausenden von Jahren nach der letzten Eiszeit zu wachsen begann. Natürlich sitzen außen am Riff auch lebende Korallen-Kolonien, doch das Fundament selbst setzt sich aus Kalziumkarbonat-Resten zusammen, die sich über Jahrhunderte hinweg aufgebaut haben.

Im Spätsommer sind die Tunnel voll von schimmernden Ährenfischen. Diese wiederum locken Tarpune an, die sich von den Ährenfischen ernähren. Schwimmt man durch die Passagen und trifft auf Ährenfische, so öffnen sich die Schwärme, wenn man sich nähert, und schließen sich hinter einem – wie eine lebendige Wolke. Das Schwarmverhalten von Fischen – wie der Ährenfische – soll ihnen Sicherheit bieten. Einerseits erregt ein Fischschwarm zwar mehr Aufmerksamkeit und zieht die Blicke auf sich. Andererseits kann eine große Zahl von Fischen auch Räuber ablenken, so daß er sich nicht auf einen einzelnes Ziel konzentrieren kann. Eine interessante Erkenntnis über Schwärme wie die der Ährenfische ist, daß die einzelnen Fische nicht nur in einer Formation schwimmen: Sie ernähren sich sogar gleichzeitig von Mikro-Plankton aus dem Wasser.

Achten Sie auf die Tiefenveränderungen, wenn Sie den Tunneln folgen. Dies ist zwar ein flacher Tauchgang, aber es empfiehlt sich, wie für jeden anderen Tauchgang auch, von der tiefsten Stelle ausgehend langsam zur Oberfläche hochzusteigen. Sollten Sie in dem dreidimensionalen Irrgarten von Devil's Grotto einmal die Orientierung verlieren, können Sie den Weg am einfachsten wiederfinden, wenn Sie in einem Zickzack-Kurs tauchen.

Devil's Grotto liegt in Küstennähe zwischen Eden Rock und Parrots Landing und kann sowohl als Küsten- als auch als Bootstauchgang

A - Devil's Grotto ist ein Labyrinth aus Gewölben, Höhlen und Tunneln.

B - Da Devil's Grotto durchlöchert ist von Höhlen und Tunneln, dringt das Licht in fast alle Bereiche vor.

C - Auch große silberfarbene Tarpune halten sich in Devil's Grotto auf.

D - Ein Taucher steht in der Öffnung eines tiefen Spalts in einem Berg versteinerter Korallenkolonien. Sie bilden ein Wirrwarr aus Tunneln und Höhlen in Devil's Grotto.

geplant werden. Die Wassertiefen liegen zwischen drei und 13 Meter. Die Sichtweite beträgt neun bis 18 Meter und ist von Gezeiten und Wetterbedingungen abhängig. Die Strömungen sind normalerweise schwach oder gar nicht vorhanden.

G

F

H

I

E - Im Sommer halten sich Tausende von Ährenfische in Devil's Grotto auf.

F - Ein Sepia-Schwarm (Sepioteuthis sepioidea) *im seichten Wasser über den Riffstrukturen bei Devil's Grotto.*

G - Die engen Riff-öffnungen an Devil's Grotto bieten vielen Fischen Schutz und Unterschlupf – wie diesem Waben-Kofferfisch (Lactophrys polygonia).

H - Die Meerbarben (Mulloidichthys martinicus) *leben in der Obhut des Riffs. Sie bilden Schulen, um sich zusätzlich zu schützen.*

I - Während eines Tauchgangs in Devil's Grotto kann man manchmal dem Schrift-Feilenfisch (Aluterus scriptus) *begegnen.*

HIGH ROCK CAVES

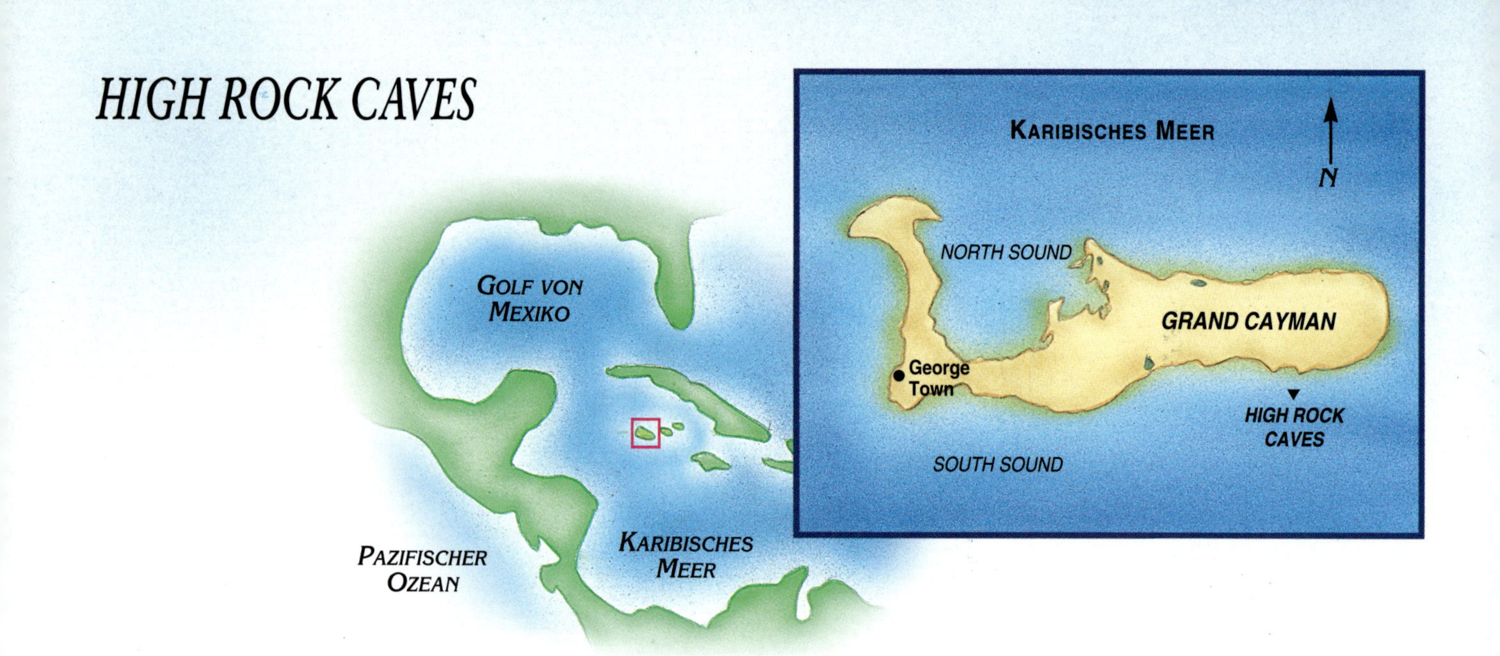

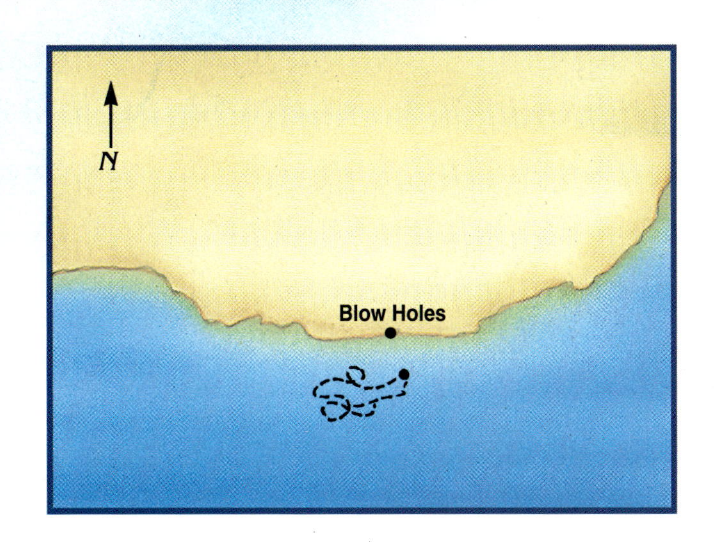
N
Blow Holes

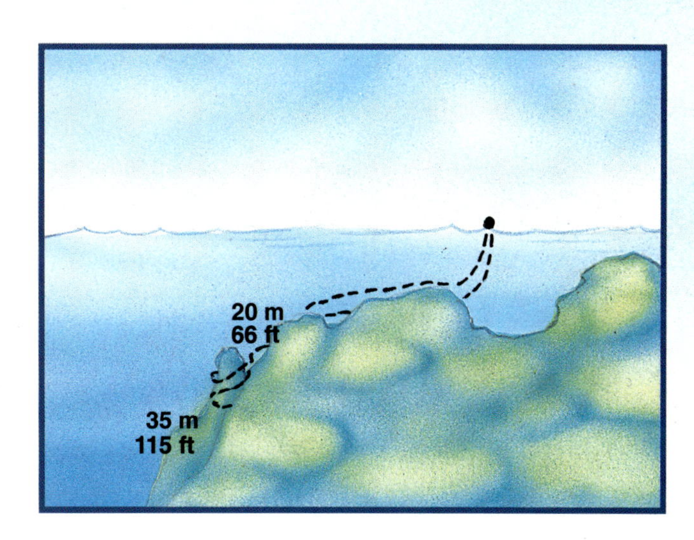
20 m
66 ft
35 m
115 ft

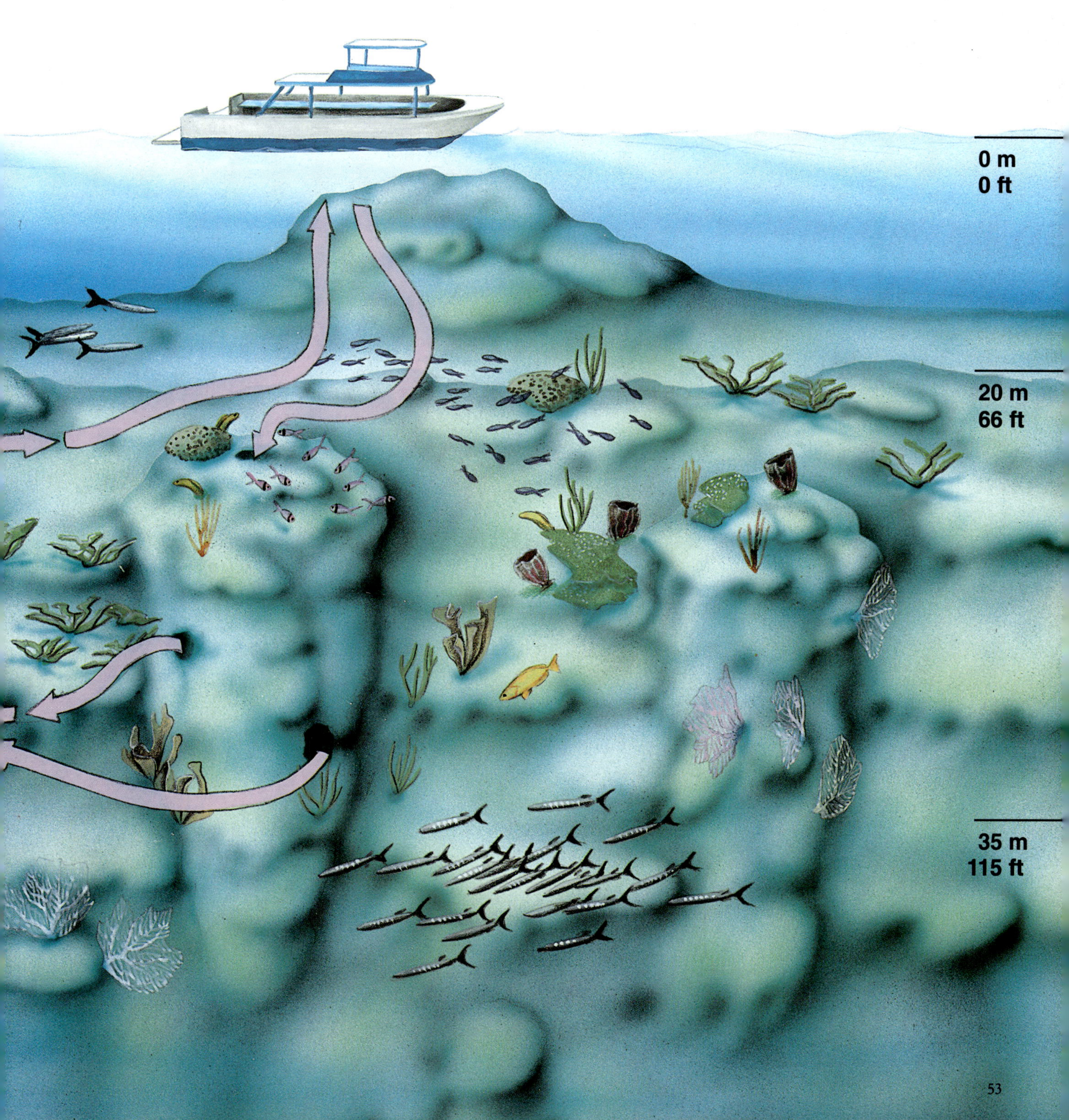
0 m
0 ft
20 m
66 ft
35 m
115 ft

A - Mit dem Strahl seiner Taschenlampe bringt der Fotograf die farbigen Röhrenschwämme am Riffhang der High Rock Caves zum Leuchten.

Das Wasser über der Riffwand ist von Bermuda-Ruderfischen, Kreolen-Lippfischen, Blaurücken-Stachelmakrelen und Grauen Chromis bevölkert.
Wenn Sie sich der Oberseite des Riffhangs nähern, dann halten Sie Ausschau nach einem großen Hirnkorallen-Felsen in der Nähe eines sehr auffälligen Finger-Schwamms. Ein schmaler Einschnitt nahe der Hirnkoralle markiert den engen Schornstein, der einen aufregenden Einstieg zu diesem Tauchplatz darstellt. Dieser Schacht fällt steil ab und hat an beiden Enden einen Ausgang. Westlich verläßt man den Schacht in einer Tiefe von 25 Metern mitten in einem Gewirr aus Finger- und Elch-Schwämmen, der östliche Ausstieg bei 32 Meter Tiefe ist von Korallen und Finger-Schwämmen bewachsen.
Nachdem man sich entschieden hat, ob man an der tiefen oder an der flachen Seite herauskommen möchte, empfiehlt es sich, kopfüber in den Schornstein einzusteigen. Wenn Sie sich westlich an der Riffwand entlangbewegen, werden Sie bald an einen knollenartigen Vorsprung gelangen. Gegenüber von diesem Vorsprung sticht eine Felsspitze empor, die beinahe die Riffwand berührt. Die meerwärts gerichtete Seite des Riffhangs ist fast schwarz. In etwa 30 Meter Tiefe zwischen Irrgarten und Vorsprung liegen am Riffhang zwei Höhleneingänge. Der rechte – wenn Sie auf die Riffwand blicken –

B

A

C

D

B - Die nahrungsreichen Gewässer ermöglichen farbenfrohen Lebensformen – wie diesen Schwämmen – ein umfangreiches Wachstum.

C, D - Zwei Taucher sausen auf Farallon-Scooter durch die Korallenformationen. Dank des klaren Wassers an den High Rock Caves ist es möglich, diese Art von Fotos zu machen: mit komplettem Blick über den sandigen Grund, die Riffwand und die farbenprächtigen Schwämme.

E - Ein einsamer Großer Barrakuda (Sphyraena barracuda) *kreuzt im dunklen Blau des Meeres an den High Rock Caves.*

F - Die plakative Färbung eines Diadem-Kaiserfisches (Holacantus ciliaris) *sticht auf diesem Foto hervor.*

G - Dieser Königin-Papageienfisch (Scarus vetula), *wurde bei Nacht fotografiert. Das Schleimnetz soll ihn vor Angriffen durch Raubfische schützen.*

H - Dieser Pfauen-Butt (Bothus lunatus), *hat seinen sicheren Zufluchtsort im sandigen Grund verlassen und schwimmt in der Nacht an den High Rock Caves entlang.*

I - Die Stroboskoplampe des Fotografen beleuchtet eine runde Korallenformation in den dunklen Gewässern der High Rock Caves.

E

F

G

H

ist eine Sackgasse. Der Eingang zum linken führt in einen langen Tunnel, der schließlich am Riffrand bei 20 Metern endet und ins Freie führt. Weil der Tunnel tief und beengend wirkt, neigt man dazu, schnell hindurchzujagen. Passen Sie trotzdem auf, daß Sie die Sicherheitsgeschwindigkeit für den Aufstieg nicht überschreiten. In vielen Seitenarmen des Tunnels ist Meeresleben versteckt, das Sie entdecken können, wenn Sie sich die Zeit dazu nehmen.
Es gibt drei Sandflächen, die jeweils von einer drei Meter hohen Korallen-Riffwand eingerahmt sind.

I

High Rock Caves hat seinen Namen von der hohen Felsenkette gegenüber dem Tauchplatz. Der obere Rand des Riffhangs befindet sich bei etwa 30 Meter und die drei großen Sandflächen zwischen 15 und 18 Meter. Die küstennächsten Korallenriffe reichen bis zu drei Meter an die Wasseroberfläche. Nur einige wenige Tauchveranstalter steuern diesen Platz regelmäßig an, denn er ist den vorherrschenden Winden ausgesetzt und liegt recht weit von den meisten Anlegestellen entfernt. Die Sichtweite schwankt zwischen 20 und 30 Metern, es sei denn, der Wind bläst aus Ost oder Südost.

BABYLON

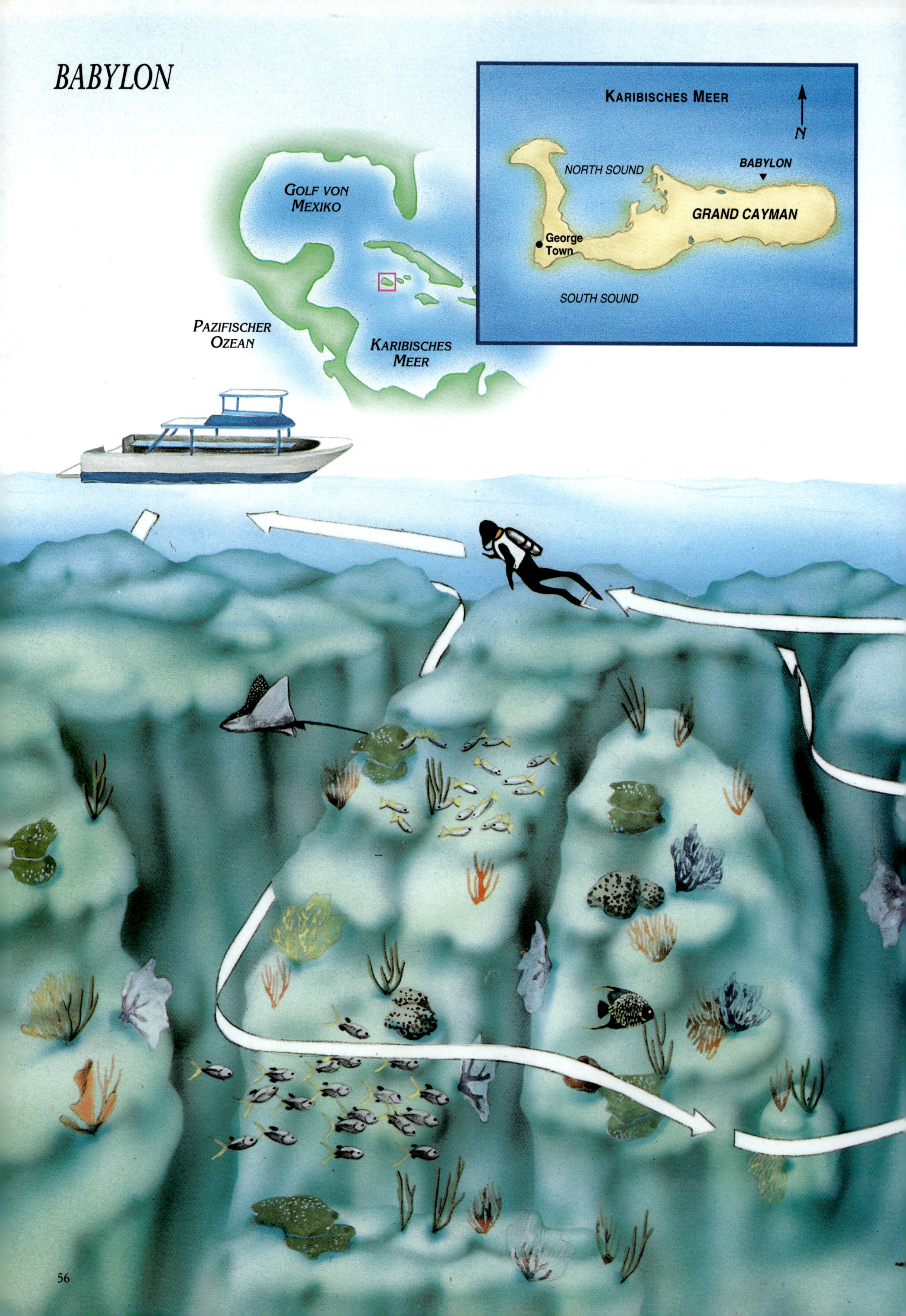
KARIBISCHES MEER
N
NORTH SOUND
BABYLON
GRAND CAYMAN
George Town
SOUTH SOUND
GOLF VON MEXIKO
PAZIFISCHER OZEAN
KARIBISCHES MEER

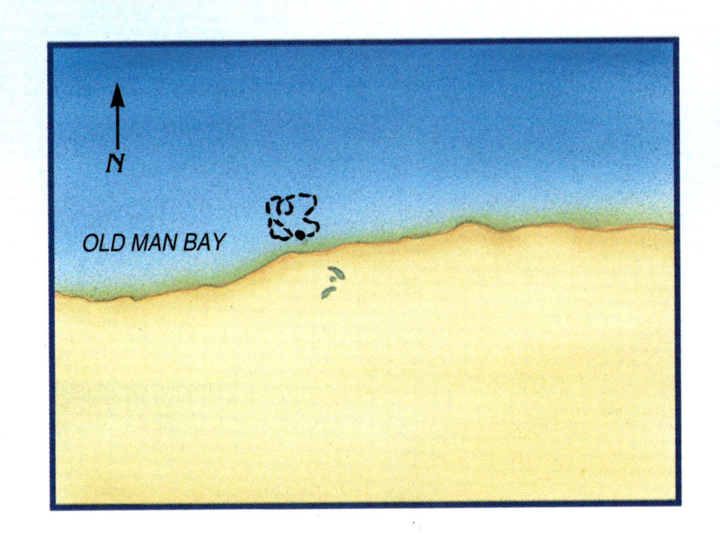
N
OLD MAN BAY

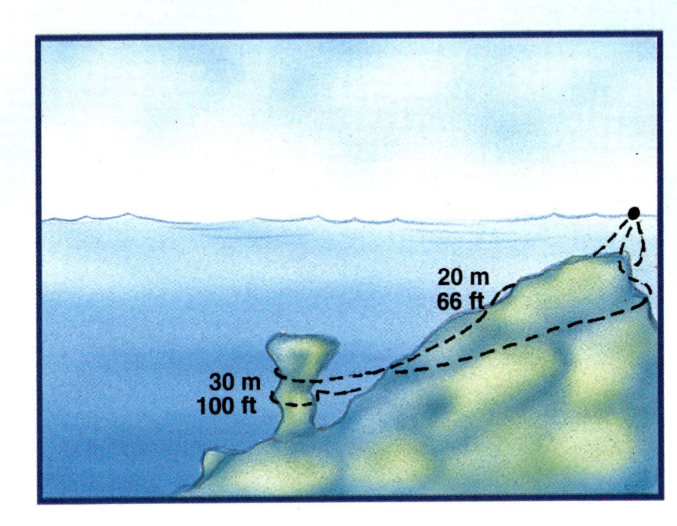
20 m
66 ft
30 m
100 ft

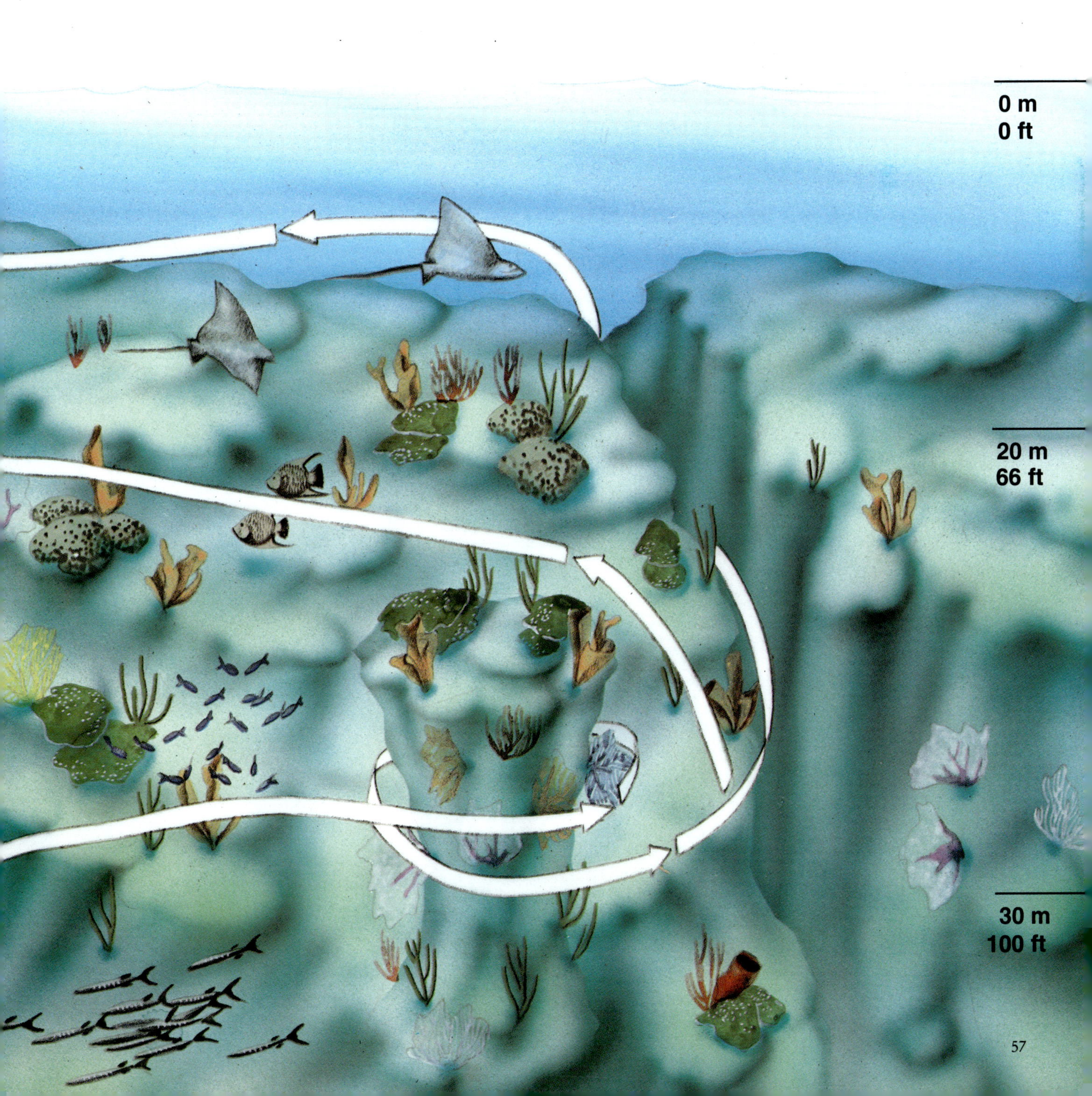
0 m
0 ft
20 m
66 ft
30 m
100 ft

A - Eine ungewöhnliche Kombination aus Azur-Vasen-Schwämmen (Callyspongia plicifera) *und Erdbeer-Vasen-Schwämmen* (Mycale laxissima), *leuchtet mit einer Kolonie Großer Sternkorallen* (Montastrea cavernosa) *bei Babylon, Grand Cayman, um die Wette.*

Eigentlich bietet die gesamte North Wall interessante Tauchmöglichkeiten, doch konzentriert sich das Tauchen auf die 45 mit Namen versehenen Tauchplätze. Ein Favorit vieler Taucher ist Babylon. Der Platz liegt im Nordosten der Insel und wird oft von Tauchbooten wie der *Cayman Aggressor IV* angefahren, auf der man mehrere Tage oder Wochen leben kann. Nur eine Handvoll Tages-Tauchboote fährt Babylon an. Meist starten sie vom nahe gelegenen East End der Insel, oder es handelt sich um Schiffe, die seetüchtig genug sind, um den Weg auch von weiter entfernten Häfen aus zu nehmen.

Das Highlight von Babylon ist ein Labyrinth in der Nähe der Steilwand. Eine große Kluft erreicht die Talsohle bei 27 Meter und hebt sich bis 18 Meter. In dieser unterseeischen Spalte sind die meisten Filtrierer zu finden. Überall stehen große Schwarze Korallen und Tiefsee-Gorgonien. Orangefarbene Elefantenohr- und Röhren-Schwämme erscheinen in den wildesten Farben. Die Versuchung, durch diesen schön geschmückten Spalt zu schwimmen, ist groß. Doch widerstehen Sie! Ein einziger unvorsichtiger Flossenschlag oder sogar heftig ausgestoßene Luftblasen könnten diesen Ort seiner empfindlichen Schönheit berauben, denn Tausende von Tauchern besuchen jedes Jahr diesen Tauchplatz.

An der Riffwand finden sich noch

B

A

C

B - Ein Taucher untersucht einen der leuchtend roten Erdbeerschwämme bei Babylon.

C - Ein Wirrwarr aus Seilschwämmen entlang der Riffwand von Babylon.

D

E

G

F

H

D - Blickt man aus nächster Nähe auf die Korallenformationen, sieht man winzige Lebensformen – wie diese Pfefferminz-Grundel (Coryphopterus lipernes) *– auf einer Hirnkoralle.*

E - Eine Schule Großaugen-Makrelen (Caranx latus) *kreist im blauen Wasser über der Riffwand von Babylon.*

F - Während der Tauchgänge bei Babylon kann man auch diesen Schwarm Karibik-Spatenfische (Chaetodipterus faber) *beobachten.*

G - Bei einem Blick ins offene Meer kann man manchmal einen Gefleckten Adlerrochen (Aetobatus narinari) *entdecken.*

H - Der Nassau-Zackenbarsch (Epinephelus striatus) *ist oft hier zu sehen.*

viele andere Attraktionen. Kluge Taucher richten ihren Blick immer wieder ins offene Meer, um möglicherweise einen Adlerrochen zu entdecken. Falls Sie einen erspäht haben, tun Sie sich und den anderen Tauchern einen Gefallen damit, ihm nicht nachzuschwimmen. Sie werden ohnehin nicht mithalten können, und außerdem schlagen Sie das Tier damit in die Flucht. Statt dessen stehen Sie einfach still. Kontrollieren Sie Ihre Atmung, und warten Sie ab. Wenn Sie sich so verhalten, besteht die Chance, daß der Adlerrochen auf Sie zuschwimmt. Sollte das nicht klappen, seien Sie nicht enttäuscht. Da ist noch immer der Riffhang zu erkunden, der durch seine Größe und leuchtenden Farben beeindruckt. Schauen nach den Erdbeer-Vasen-Schwämmen. Sie erscheinen fast schwarz und sind doppelt so groß wie eine geballte Faust. Werden sie mit einer Handlampe angestrahlt, offenbaren sie ihre wundervolle dunkelrote Färbung.

FANTASY ISLAND

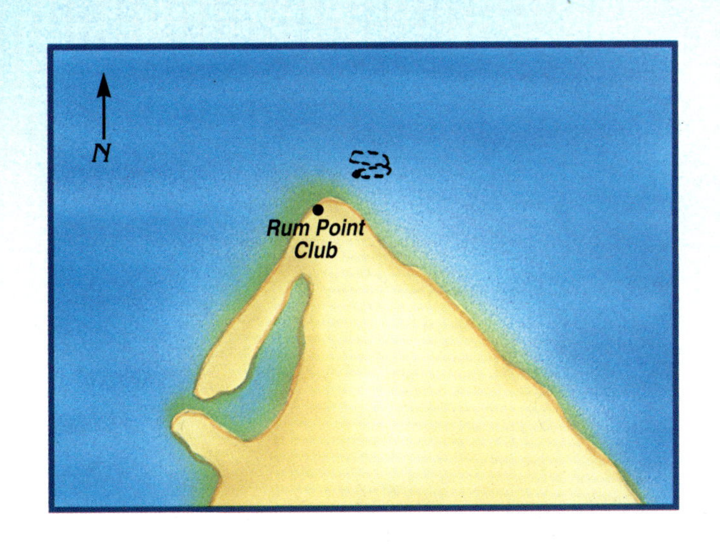
N
Rum Point
Club

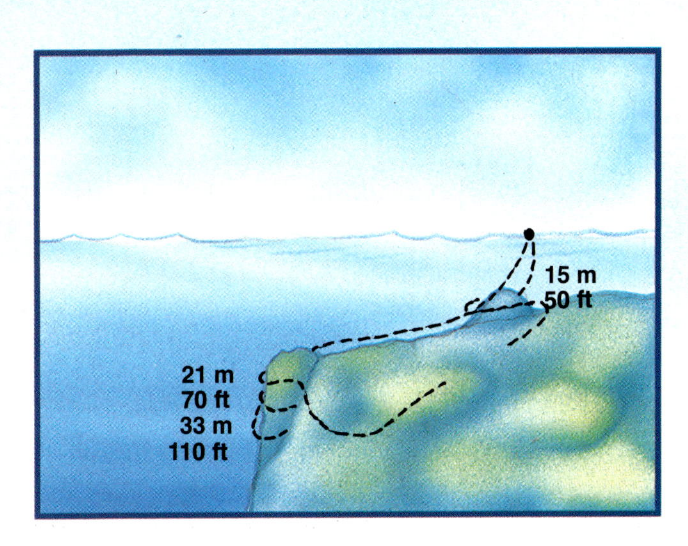
15 m
50 ft
21 m
70 ft
33 m
110 ft

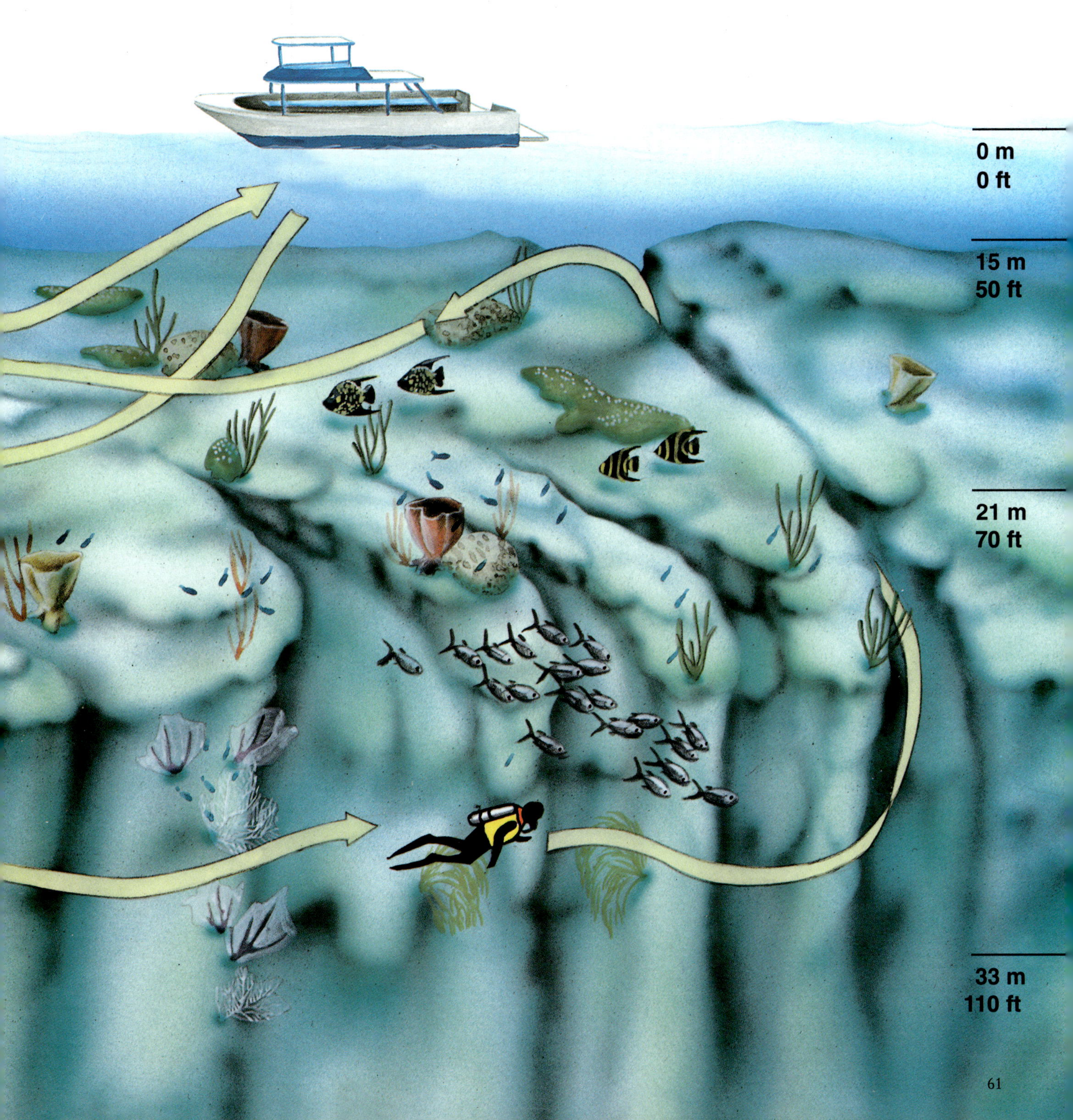
0 m
0 ft
15 m
50 ft
21 m
70 ft
33 m
110 ft

A - Nahe einer Kolonie Großer Sternkorallen (Montastrea cavernosa) *bei Fantasy Island legt ein Taucher eine kleine Pause ein.*

B - Ein Atlantik-Trompetenfisch (Aulostomus maculatus) *verharrt dicht an einer Korallenformation, um sich zu tarnen.*

Fantasy Island ist ein besonders interessanter Abschnitt der Nordwand von Grand Cayman, denn dort gibt es eine Reihe Vorsprünge, eine tiefe Schlucht und sogar eine Felsspitze. Die Schlucht befindet sich am West End des Tauchplatzes, oben am Riffhang bei 20 Meter. Sie beginnt als schmaler Schlitz und öffnet sich schließlich als senkrechtes blaues Fenster hinter der Riffwand. Die Felsspitze ist am entgegengesetzten Ende von Fantasy Island zu finden. Die Oberseite liegt auch bei 20 Meter, obwohl die Tiefe des Riffhangs zwischen Felsspitze und Schlucht erheblich variiert. Zunächst übersieht man die Felsspitze, da sie sehr nah bei der Riffwand steht und daher wie irgendein Felsvorsprung aussieht. Aber Sie werden sehen, daß Sie ganz um sie herumschwimmen können, wobei Sie natürlich an der schmalen Passage vorsichtig sein müssen. Die Felsspitze ist einer der am stärksten bewachsenen Teile des Riffhangs. Die Seiten sind mit Schwämmen, Plattenkorallen, Seilkorallen und Tiefsee-Gorgonien bedeckt. Auf dem oberen Rand der Riffwand wandelt sich der Bewuchs. Hier sieht man ganze Blöcke voller Stern- und Hirnkorallen, gespickt mit buschigen Hartkorallen. Große Faß-Schwämme und Grüne Röhren-Schwämme füllen den Raum zwischen den Korallenköpfen aus. Wenn Sie diese Schwämme während der Spätsommermonate einmal „rauchen“ sehen sollten, dann ha-

B

A

C

C - Ein Taucher nähert sich einem Schwammbüschel an der Riffwand von Fantasy Island.

D - Die Karett-Schildkröte ist auch vor Fantasy Island beheimatet. Hier schwimmt ein Taucher mit einem besonders schönen Exemplar.

E - In den Schluchten und Riffvorsprüngen leben viele Fische ganz versteckt – wie dieser Karibik-Juwelenbarsch (Cephalopholis fulvus) *mit einem parasitischen Isopoden.*

F - Ein Pfauen-Butt (Bothus lunatus) *versteckt sich im Sand bei Fantasy Island.*

G - Dieser Trauerrand-Zackenbarsch (Epinephelus guttatus) *stoppt an einer Putzerstation bei Fantasy Island.*

D

E

F

ben Sie das seltene Glück, Zeuge eines Massen-Laichens geworden zu sein. Was wie Rauch aussieht, sind eigentlich Eier, Spermien oder bereits befruchtete Eier. Wenn man bis zum Schacht schwimmt, kommt man an einem breiten Abhang vorbei, dem drei auffällige Vorsprünge folgen. Über dem Abhang befindet sich eine große Sandfläche, die sich gut als Landmarke eignet. Gewöhnlich werfen die Tauchboote hier ihren Anker aus. Fantasy Island befindet sich an der Nordwand von Grand Cayman, ungefähr eineinhalb Kilometer östlich des östlichsten Kanals, der Richtung North Sound führt. Die Sandstelle befindet

G

sich bei etwa 21 Meter Tiefe, und der Gipfel der Felsspitze liegt bei 19 Meter. Der flachste Teil des Tauchgangs ist ein geneigter Korallenhügel auf der Küstenseite der Sandfläche. Der Hügel reicht bis etwa 14 Meter. Wie auch an anderen Tauchplätzen der Nordwand kann man vor Fantasy Island nicht tauchen, wenn der Wind aus Norden kommt. Trotzdem sind die Bedingungen an der Oberfläche meistens gut. Die Sichtweite beträgt im Freiwasser etwa 30 Meter. Weil Fantasy Island durch keine Ankerboje gekennzeichnet ist, wird dieser Tauchplatz nicht von allen Tauchveranstaltern angelaufen.

EAGLE RAY PASS

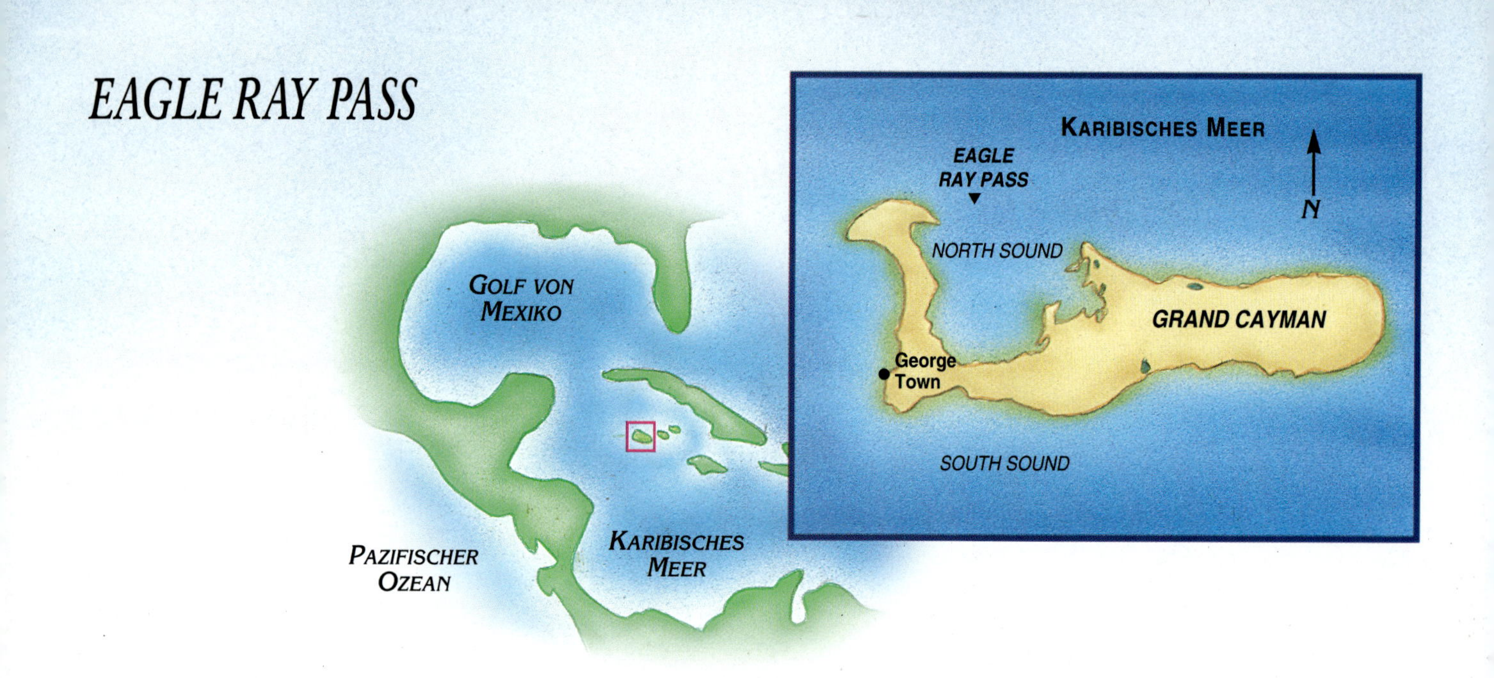

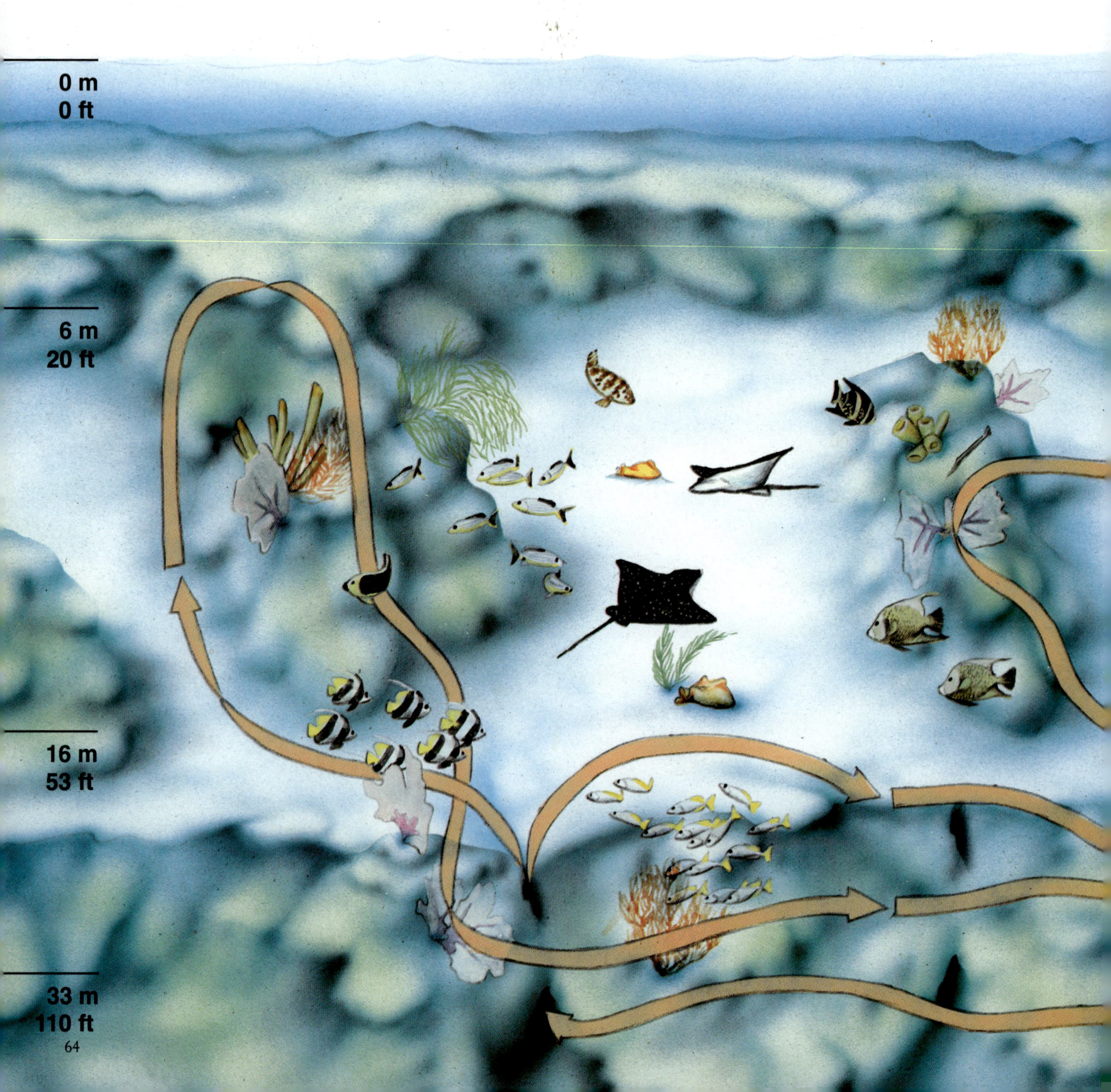

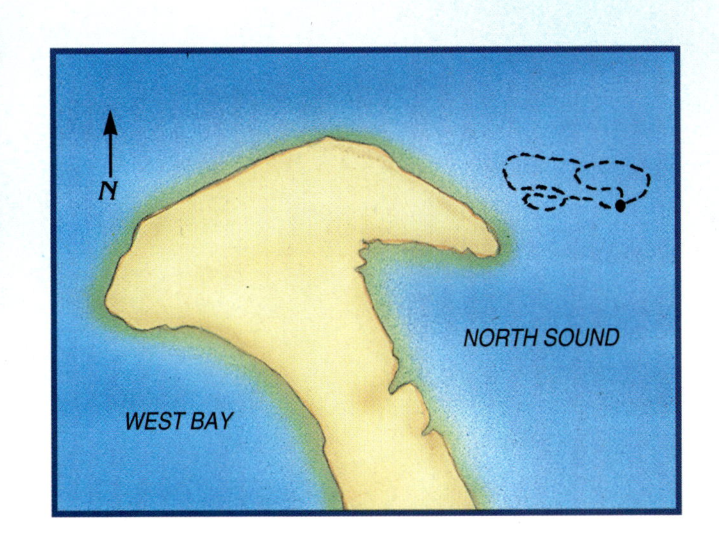
N
NORTH SOUND
WEST BAY

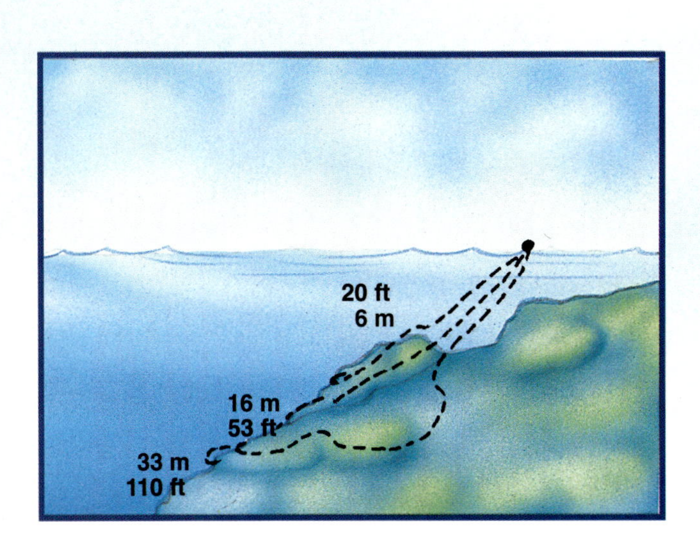
20 ft
6 m
16 m
53 ft
33 m
110 ft

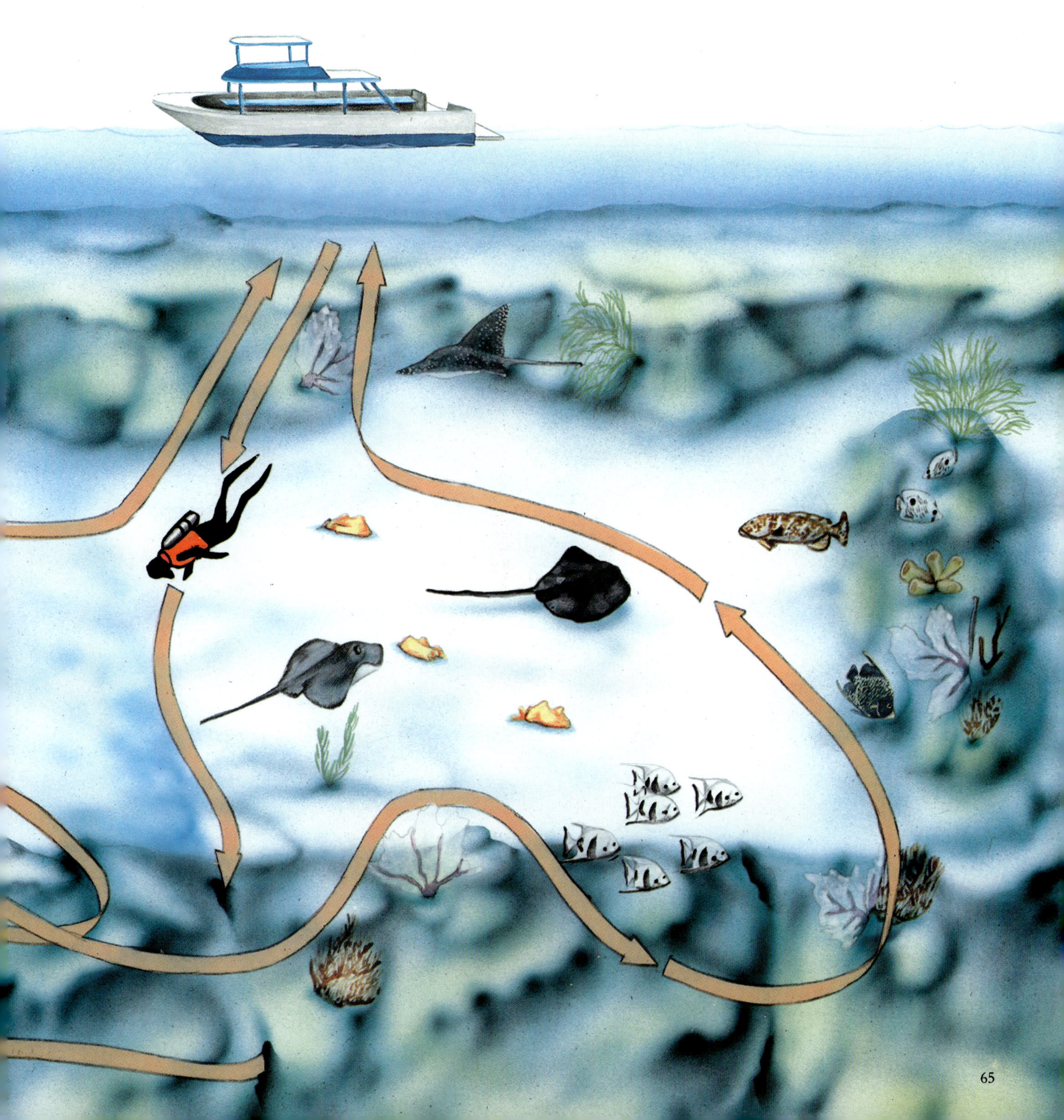

Der Eagle Ray Pass zählt sicherlich zu den interessantesten Tauchplätzen der Inseln. Fast immer herrscht ausgezeichnete Sicht. In dem Moment, in dem man vom Boot springt, sind bereits Details der Riffwand erkennbar. Man sieht das gedämpfte Grün der Stern- und Hirnkorallen-Blöcke am Rande der Riffwand und die Braunen Faß-Schwämme. Um die Vorderseite der Riffwand führt eine Art natürliche „Rifftreppe", deren letzte „Stufe" an ein Gewölbe grenzt. Eine große Sandfläche breitet sich unter dem Gewölbe aus und stellt eine unverfehlbare Erkennungspunktmarke dar. Zu beiden Seiten der Sandfläche erstrecken sich Korallenformationen nach oben, nur durch kleinere Einschnitte unterbrochen. Egal, ob Sie sich nach links oder nach rechts begeben, Sie werden eine Menge interessanter Riffgebiete entdecken. Natürlich gibt es keine Garantie dafür, auf einen Adlerrochen zu treffen - aber er wird an dieser Stelle häufig gesichtet. Am frühen Morgen oder späten Nachmittag könnten Sie Glück haben und dem Adlerrochen beim Fressen zuschauen. Manchmal beobachten Taucher dann, wie sie mit der Schnauze in den Grund stoßen und nach Weich- und Schalentieren suchen. Beliebte Futterplätze sind

A

B

C

A - Außergewöhnlich klares Wasser ist am Eagle Ray Pass die Regel. Hier sieht man, wie sich ein Taucher dem Tauchboot an der Oberfläche nähert, am Grund sieht man einen Röhrenschwamm.

B - Ein Taucher beobachtet ein Paar Franzosen-Kaiserfische (**Pomacanthus paru**)*, das sich bei einem Korallenhügel am Eagle Ray Pass aufhält.*

C - Ein Gemeiner Husar (**Holocentrus adscensionis**) *schwebt über einem Schwamm am Eagle Ray Pass.*

breite Sandtunnel, in die man vom tieferen Wasser aus gelangen kann. Während der Mahlzeit lassen Rochen die Taucher nur selten näher an sich heran, aber sie fühlen sich nicht gestört, wenn man sie aus der Entfernung betrachtet. Die Tiere hinterlassen etwa 15 Zentimeter tiefe Krater im Sand. Der Eagle Ray Pass grenzt an den mittleren Kanal zwischen North Wall und North Sound. Die Tiefe schwankt zwischen zwölf Meter an der Oberseite der Riffwand und extremen Tiefen abseits des Riffhangs. Die Sichtweite liegt normalerweise zwischen 30 und 35 Meter.

E

D

F

G

D - Ein Taucher bewundert einen Büschel Gelber Röhrenschwämme (Aplysina fistularis) *am Eagle Ray Pass.*

E - Dicht gedrängt erhellt ein Schwarm Gelbstreifen-Barrakudas (Sphyraena picudilla) *die blauen Tiefen am Eagle Ray Pass.*

F, G - Den Gefleckten Adlerrochen (Aetobatus narinari) *sieht man oft durchs tiefblaue Wasser kreuzen. Diese Aufnahme stammt vom Eagle Ray Pass.*

TARPON ALLEY

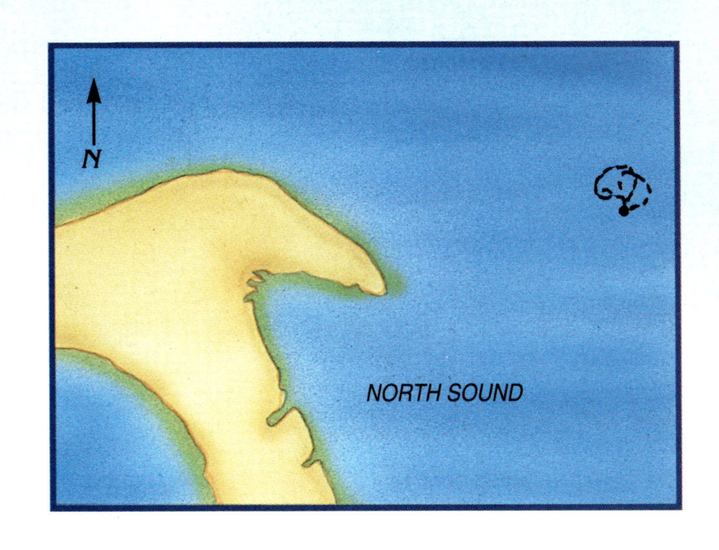
N
NORTH SOUND

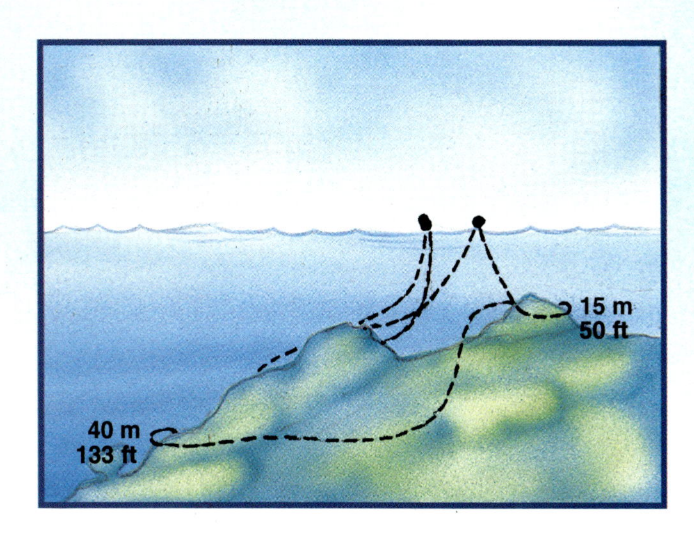
15 m
50 ft
40 m
133 ft

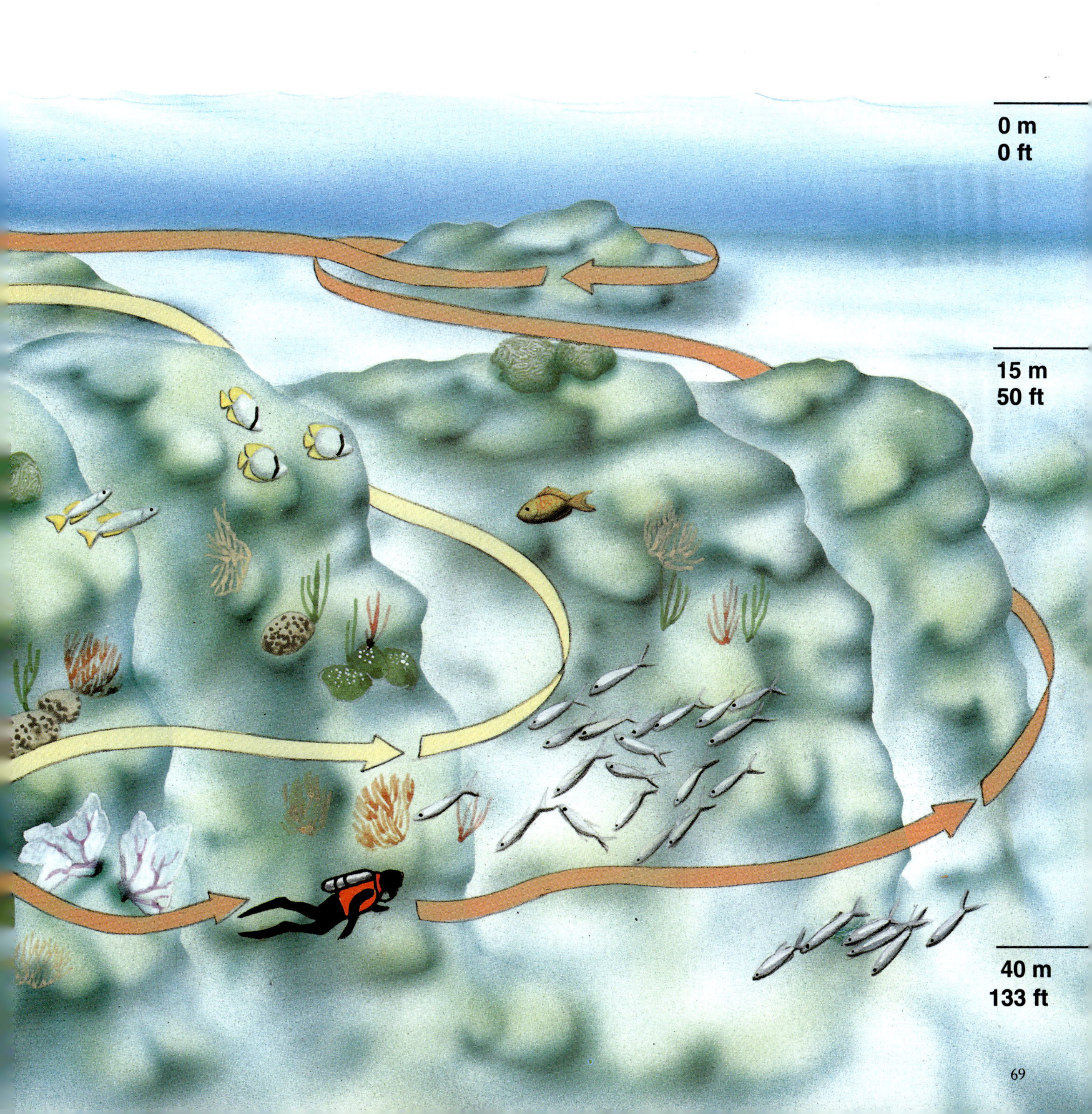
0 m
0 ft
15 m
50 ft
40 m
133 ft

Bei Tarpon Alley können Sie tatsächlich mit Tarpunen rechnen! Ihre Zahl schwankt zwar beträchtlich von Tag zu Tag, aber es wurden hier bereits 100 Exemplare auf einmal gesichtet. Tagsüber sind sie in Gruppen im Schutze von Korallen-Schluchten oder Felsvorsprüngen unterwegs. Bewegt man sich langsam und bedächtig, kommt man sehr nah an sie heran. Wurden die Tarpune einmal von ihren Lieblingsplätzen aufgescheucht, so schwimmen sie – einer hinter dem anderen – um das Riff herum und ziehen sich schließlich in eine sichere Sackgasse oder unter einen Überhang zurück. Tarpune

B

A

C

D

A - Die Tarpune **(Megalops Atlanticus)** *versammeln sich in Gruppen in den schützenden Sackgassen von Tarpon Alley.*

B - Tarpune verbringen den ganzen Tag unter den Felsvorsprüngen von Tarpon Alley.

C - Ein Taucher untersucht eine farbig schimmernde Gruppe Erdbeer-Schwämme an der Riffwand von Tarpon Alley.

D - Der Graue Kaiserfisch **(Pomacanthus arcuatus)** *ist ein regelmäßiger Besucher am Tarpon Alley.*

sind extrem gefräßige Räuber, die sich sowohl bei Tag als auch bei Nacht auf Futtersuche begeben. Sie sind dafür bekannt, daß sie Tauchern nachts folgen und plötzlich über deren Schultern huschen, um sich dann die angeleuchteten Fische zu schnappen und zu fressen. Zwar wurden schon ganze Tarpun-Schwärme dabei beobachtet, wie sie sich in koordinierten Gruppen ihrer Beute näherten, doch generell sind diese Fische eher Einzeljäger.
Der Name „Tarpun" stammt aus dem Griechischen und bedeutet „großes Auge". Die Bezeichnung ist zutreffend, wenn man ihre großen, schwarzen, mit einem silbernen Ring umrandeten Augen sieht. Obwohl sie eine Länge von bis zu zwei Meter erreichen können, sind die meisten erwachsenen Fische zwischen 90 und 150 Zentimeter lang und wiegen 22 bis 36 Kilogramm. Die leuchtend silberfarbenen Schuppen machen es sehr schwer, diese Fische zu fotografieren. Deshalb sollte man den Tarpun aus einem Winkel aufnehmen, bei dem keine Überbelichtung durch einen Blitz stattfindet.
Die interessante Unterwassertopografie erhöht den Reiz noch, bei Tarpon Alley zu tauchen. Im Sand steht ein großer Korallenhügel, um den sich drei Korallenfinger ziehen, deren Enden strahlenförmig abstehen. Dieses Gewirr von Korallenschluchten ist ein ideales Gebiet zum Entdecken und Erforschen. Natürlich werden auch viele Fische angezogen, darunter befinden sich Kaiser- und Papageifische, die sich von Korallen und Schwämmen ernähren.
Tarpon Alley liegt westlich vom Hauptkanal zwischen North Wall und North Sound.
Die Tiefe schwankt zwischen 15 Meter an der Oberseite der Riffwand und bis zu 40 Meter abseits des Riffhangs. Die Sichtweite beträgt 30 bis 35 Meter. Die Strömungen variieren und können von Zeit zu Zeit sehr stark sein.

E

F

G

E - Ein Trompetenfisch (Aulostomus maculatus), *tarnt sich in den tanzenden Armen einer Seefeder.*

F - Ein Weißflecken-Feilenfisch (Cantherhines macroceros) *am Tarpon Alley. Der Weißflecken-Feilenfisch kann blitzschnell seine Farbe wechseln: entweder indem er die weißen Punkte zur Schau stellt, sie versteckt oder den Farbton seines orangefarbenen Körpers variiert.*

G - In den flacheren und seichteren Regionen von Tarpon Alley gibt es zahlreiche Gestreiften Serganten (Abudefduf saxatilis).

STINGRAY CITY UND THE SANDBAR

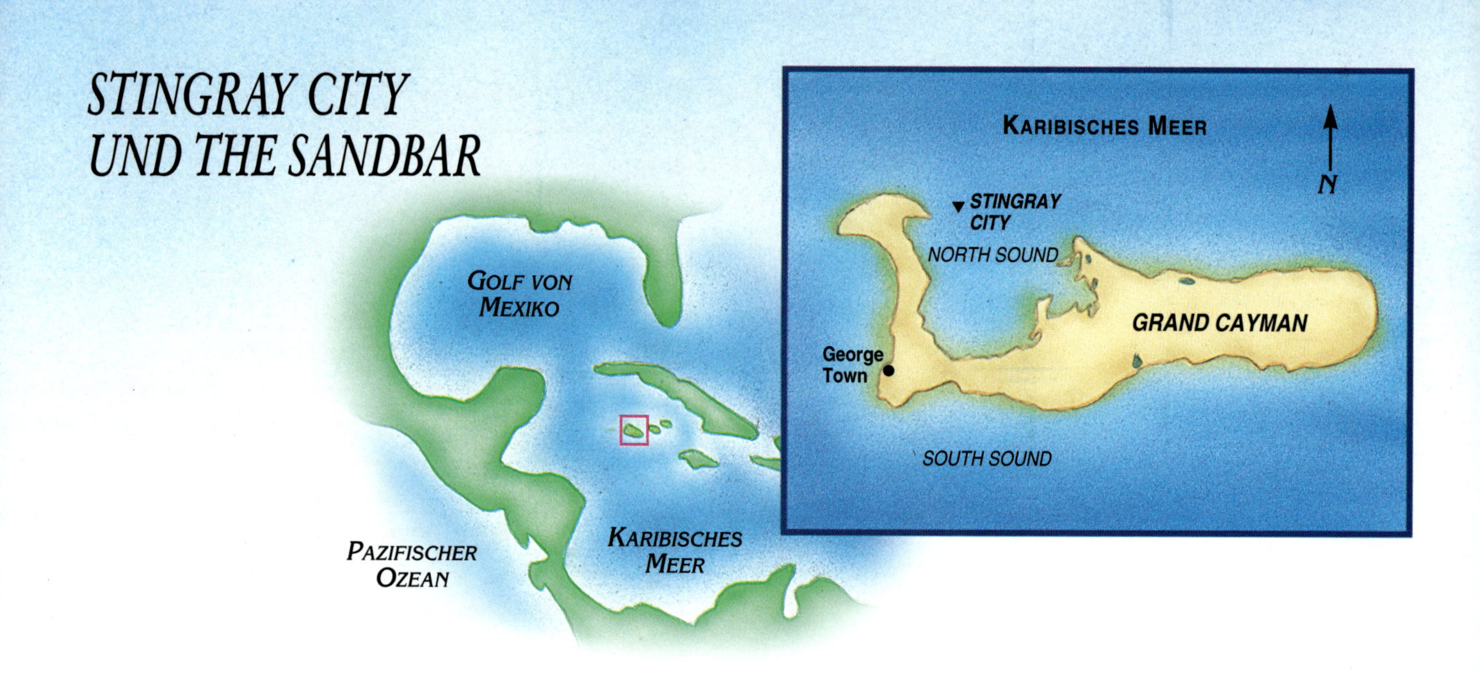

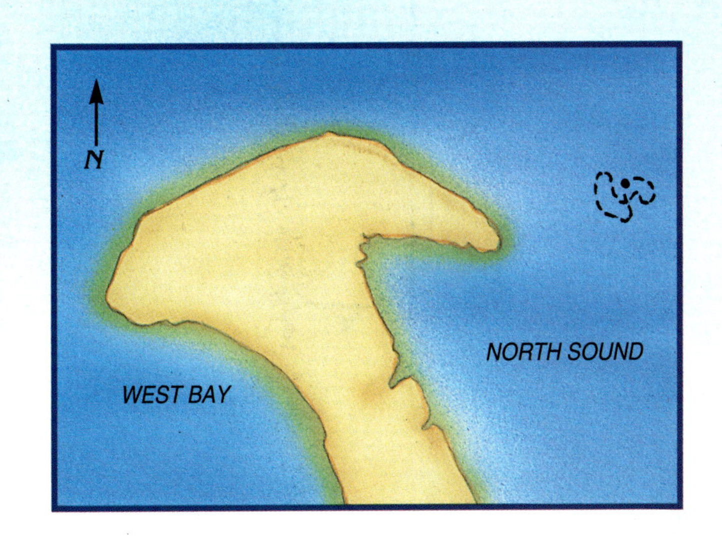
N
WEST BAY
NORTH SOUND

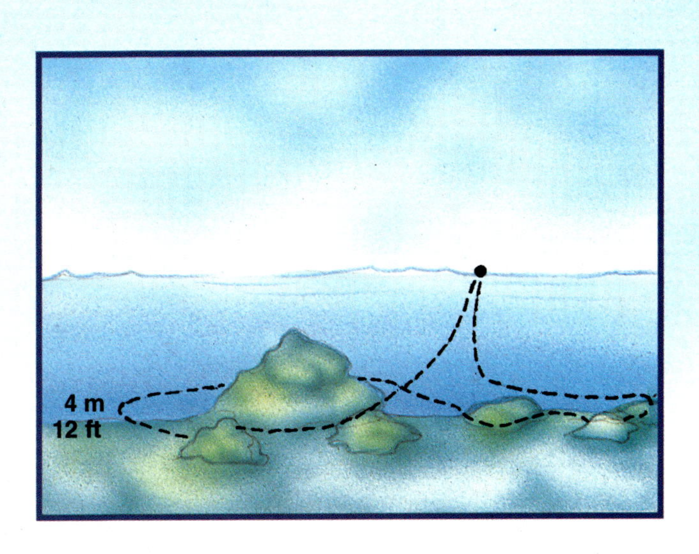
4 m
12 ft

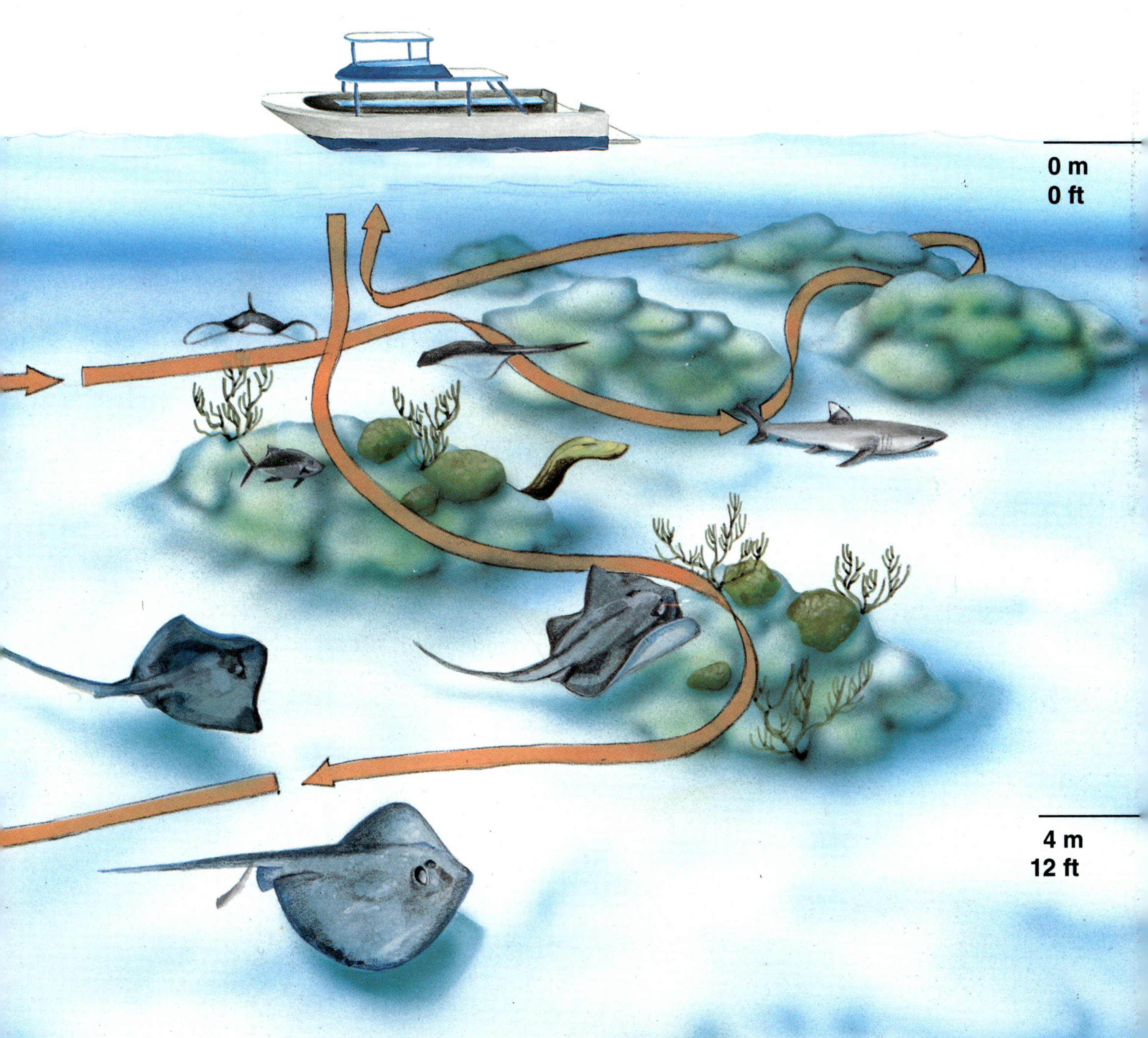
0 m
0 ft
4 m
12 ft

Fast jeder Taucher und Schnorchler, der Grand Cayman besucht, möchte auch Stingray City in seinem Logbuch vermerken – und das aus gutem Grund: Dies ist der berühmteste Flachwasser-Tauchplatz der Welt! Und zwar aufgrund einer wilden Bande Amerikanischer Stechrochen, die sich tagtäglich scharenweise um die Taucher drängeln und sich von ihnen mit ihrer Lieblingsspeise – Tintenfisch – füttern lassen. Dieses berühmte Unterwasser-Spektakel war ursprünglich gar nicht so geplant. Viele Jahre gab es an dieser Stelle Schnorchelboote und solche, die eine Glasplatte an der Unterseite installiert hatten, um

A

neue Tauchplätze außerhalb von North Sound zu erkunden. Sie brachten ihre Kunden nach Stingray City, damit sie im nahegelegenen flachen Riff umherschwimmen konnten. Oft ging man während des Mittagessens innerhalb des Riffs vor Anker. Die Bootscrew warf oft die biologisch abbaubaren Essensreste über Bord. Mit der Zeit entdeckte eine Gruppe Stechrochen, daß man an diesem Ort ein paar Leckerbissen ergattern konnte. Schnorchler hatten schon lange von den freundlichen Stechrochen geschwärmt, und seit 1987 hat sich Stingray City auch zu einer Tauchattraktion entwickelt. Leider kommen immer

B

C

D

A - Das Bild, auf dem ein Taucher Stechrochen füttert, zeigt deutlich, wie flach das Wasser dieser Gegend ist.

B - Für ein Foto wagt sich der Taucher bei Stingray City nah an den Amerikanischen Stechrochen (Dasyatis americana) *heran.*

C - Ein Amerikanischer Stechrochen (Dasyatis americana) *stellt seine Unterseite zur Schau und gewährt damit freien Blick auf Maul und Kiemen. Die Flügelspannweite dieser Stechrochen schwankt zwischen knapp 30 Zentimeter bei Jungtieren und fast 180 Zentimeter bei ausgewachsenen Tieren.*

D - Ein Amerikanischer Stechrochen (Dasyatis americana) *inspiziert den sandigen Grund. Wahrscheinlich ist er auf Nahrungssuche.*

E - Der Taucher ist von ein paar der vielen Fische umringt, die Stingray City bewohnen.

F - Um ihn fotografieren zu können, wird dieser Rochen von dem Taucher gefüttert.

G - Diese Grüne Moräne (Gymnothorax funebris) *scheint für das Foto bei Stingray City zu posieren.*

mehr Boote an diesen Platz, die immer mehr Futter für die Rochen ins Wasser werfen. Eine gute Alternative ist die Sandbank, die in einiger Entfernung von Stingray City entfernt liegt. Bis einige Zentimeter unter die Wasseroberfläche erhebt sich hier eine Sandbank, die sich perfekt für die klassischen Auf-und-Ab-Vorstöße der Stechrochen auf Futtersuche eignet. Vorteilhaft fürs Fotografieren ist der grobkörnigere Sand, der schneller wieder herabfällt, wenn er aufgewirbelt worden ist. Stechrochen zu füttern produziert natürlich auch Partikel, die im Wasser herumschwirren. Die als Schnee bezeichneten Partikelreflexionen sind ein Problem bei Stingray City-Aufnahmen. Andere Tauchplätze sind unter den Namen „Stingray Alley“ und „Valley of the Rays“ bekannt. Welchen der Plätze Ihr Tauchboot anfährt, hängt davon ab, an welchem in der Vergangenheit die meisten Rochen gesichtet wurden und heute die wenigsten Boote sind. Sie können sicher sein, daß die Stechrochen Ihnen folgen werden, gleichgültig an welchem Platz Sie schließlich landen – vorausgesetzt, Sie haben ausreichend Tintenfische dabei. Diese Rochen verfügen über eine ausgezeichnete Kondition. Wenn das Boot anhält, haben sich die Rochen schon längst unten eingefunden. Sie assoziieren das Geräusch des Bootsmotors mit Nahrung, aber so lange kein Köder ins Wasser geworfen wird, schwimmen sie ruhig umher. Sobald die Kiste mit den Ködern geöffnet wird, ändert sich die Lage völlig. Die Rochen sind unglaublich gierig und tummeln sich um denjenigen, der sie füttert. Die örtlichen Tauchlehrer sind sehr geschickt darin, diese Begegnung zu etwas Besonderem zu machen. Sie können das Ereignis hinauszögern, indem sie den Rochen nur kleine Appetitanreger reichen. Dabei müssen sie jedoch vorsichtig sein, denn die Rochen schnappen sonst nach ihnen.

F

E

G

CAYMAN BRAC

A

B

C

A - Dieses Flugzeug am Gerrard Smith International Airport auf Cayman Brac pendelt zwischen den Inseln.

B - Peter's Cave: Hierher flüchteten die Bewohner der Inseln unter anderem während des verwüstenden Hurrikans im Jahr 1932.

C - Taucher informieren sich, für welches Tauchboot sie eingeteilt sind.

Cayman Brac besitzt einen der schönsten Strände der Caymans und ist auch gleichzeitig die modernste der drei Inseln. Es gibt einen modernen Flughafen, gut ausgebaute Straßen und ein modernes Krankenhaus. Cayman Brac liegt 144 Kilometer von Grand Cayman entfernt und ist bei einer Länge von 19 Kilometer nur 1,6 Kilimeter breit. Topografisch betrachtet, ist der westliche Teil der Insel ziemlich flach. Dagegen erheben sich im Osten der Insel eindrucksvolle Kalksteinfelsen, in denen sich mehrere kleine Höhlen befinden.
Cayman Brac hat ungefähr 2200 Einwohner, und bei der kleinen Zahl an Resorts und Appartments befinden sich selbst zur Tourismus-Hochsaison weniger als 3000 Menschen auf der Insel. Glücklicherweise tut Brac sehr viel dafür, daß die wirtschaftliche Entwicklung das Leben hier nicht negativ beeinflußt und hat sich damit seinen alten karibischen Charme bewahrt. Brac ist sicher, ruhig, sehr freundlich und bietet außergewöhnliche Tauchmöglichkeiten. Die Tauchplätze von Cayman Brac sind, verglichen mit denen auf Grand Cayman oder Little Cayman, weniger besucht. Das bedeutet, daß man bei der Auswahl der Plätze immer freie Wahl hat! Auch die Tatsache, daß nur zwei richtige Tauchhotels, eine Handvoll Appartments und Gästehäuser auf Cayman Brac liegen, macht diese Insel als wenig überlaufenes Weltklasse-Tauchgebiet in der Karibik so kostbar.
Die ganze Südküste besteht aus beeindruckenden Steilwänden, von denen nur wenige mit Ankerbojen markiert sind. Viele Orte verfügen über keine Ankerplätze und sind nur sehr wenig erforscht.

D - Das smaragdgrüne Wasser bildet einen eindrucksvollen Kontrast zum weißen Sand vor dem DIVI Tiara Beach Resort.

E - Taucher erforschen das Wrack der Cayman Mariner, *Cayman Brac.*

F - Am Ende der Insel trifft man auf mehrere große Korallenkolonien (Dendrogyra cylindrus). *Anders als die meisten Hartkorallen geht diese Spezies tagsüber auf Planktonfang, und zwar mit ihren Polypen, die sie dazu maximal verlängert.*

D

E

F

GREEN HOUSE REEF

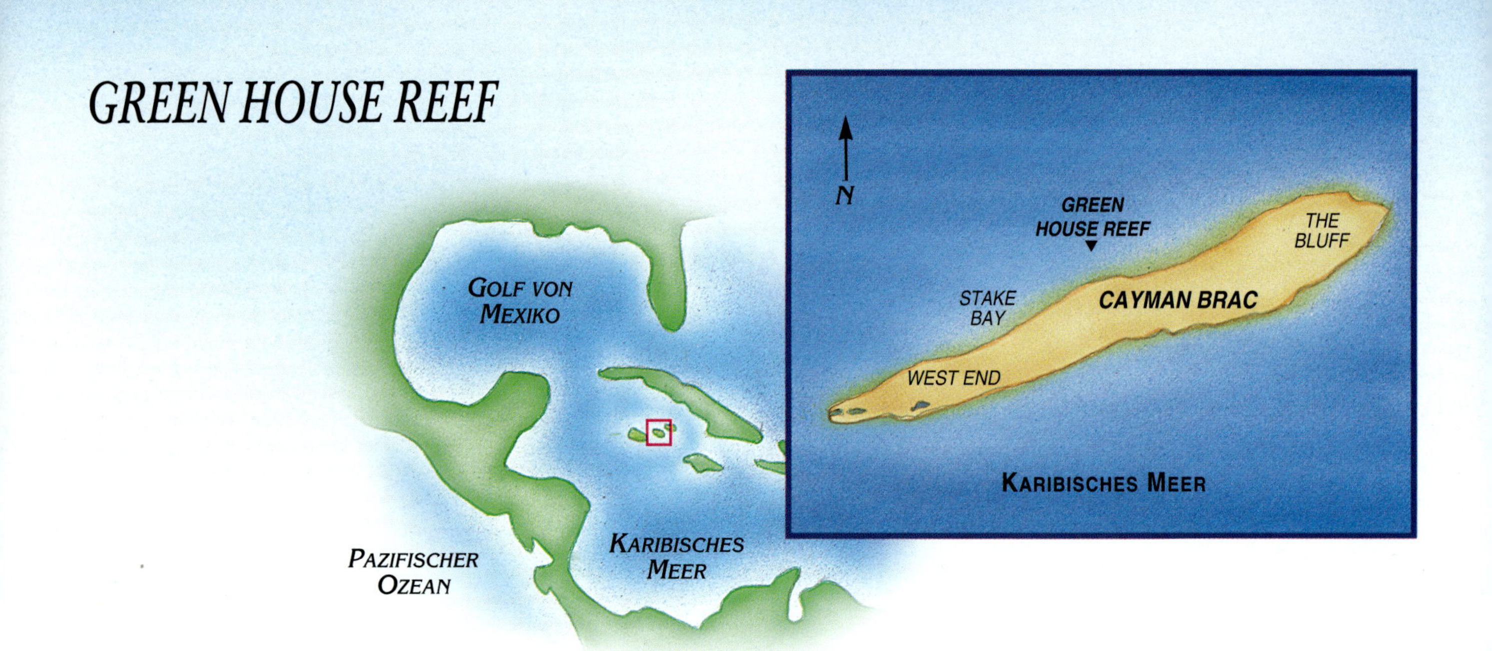

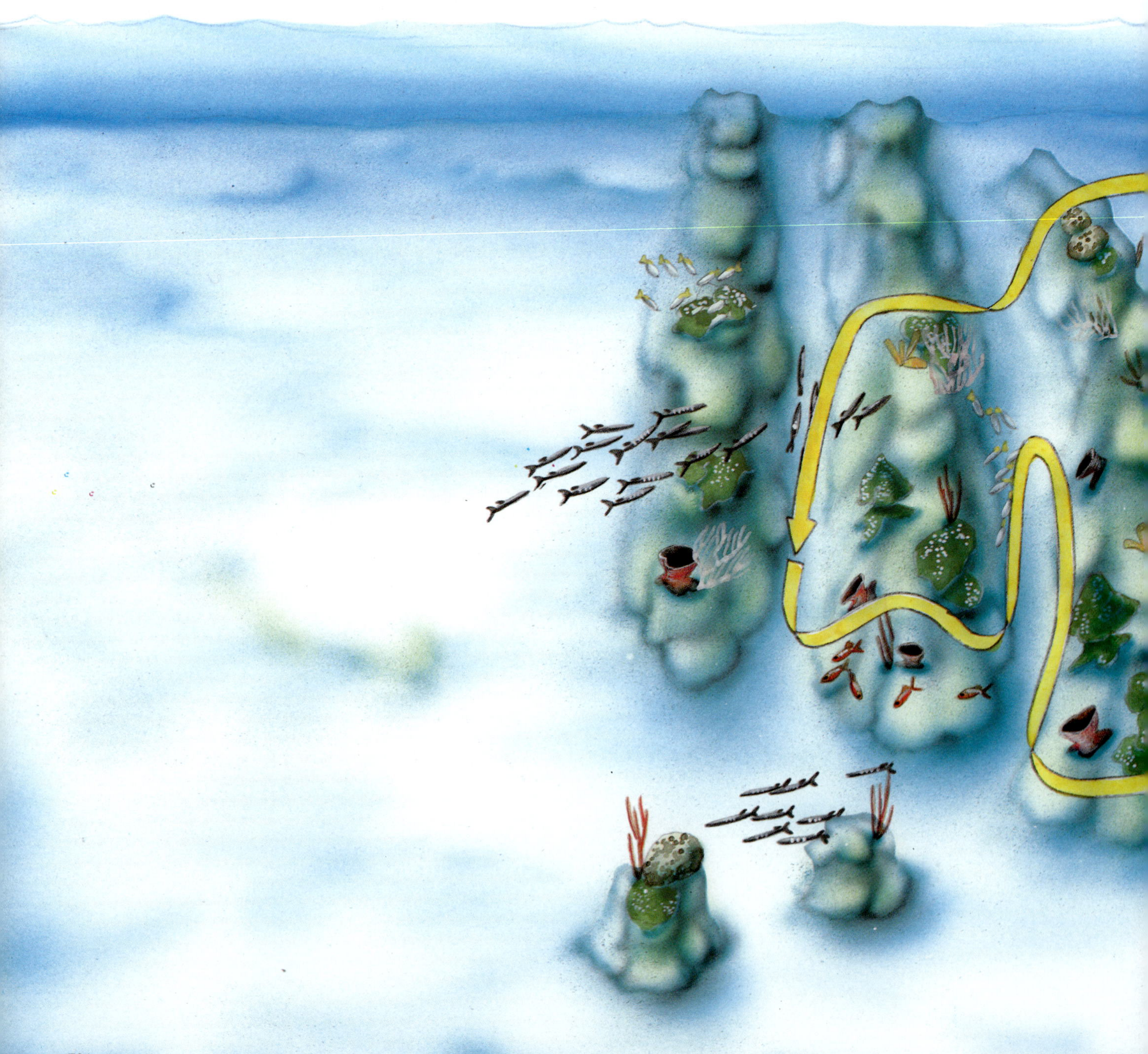

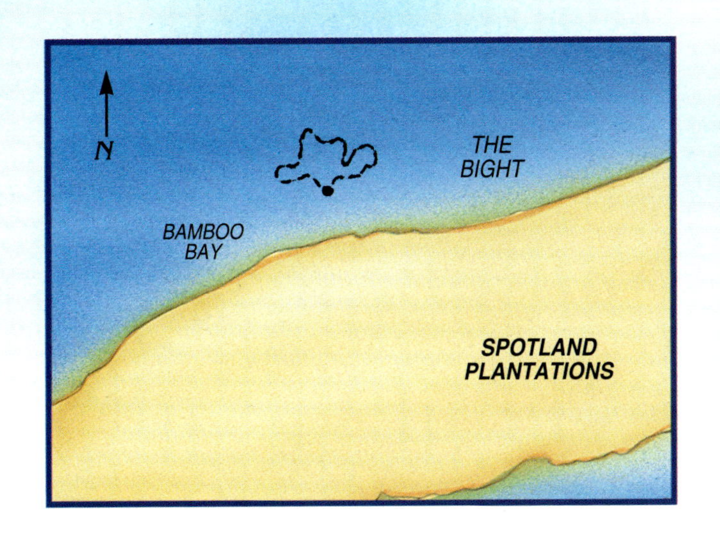
N
THE
BIGHT
BAMBOO
BAY
SPOTLAND
PLANTATIONS

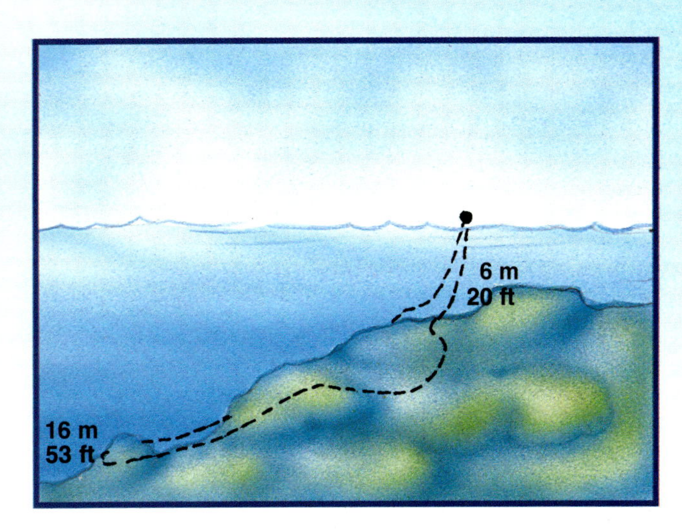
6 m
20 ft
16 m
53 ft

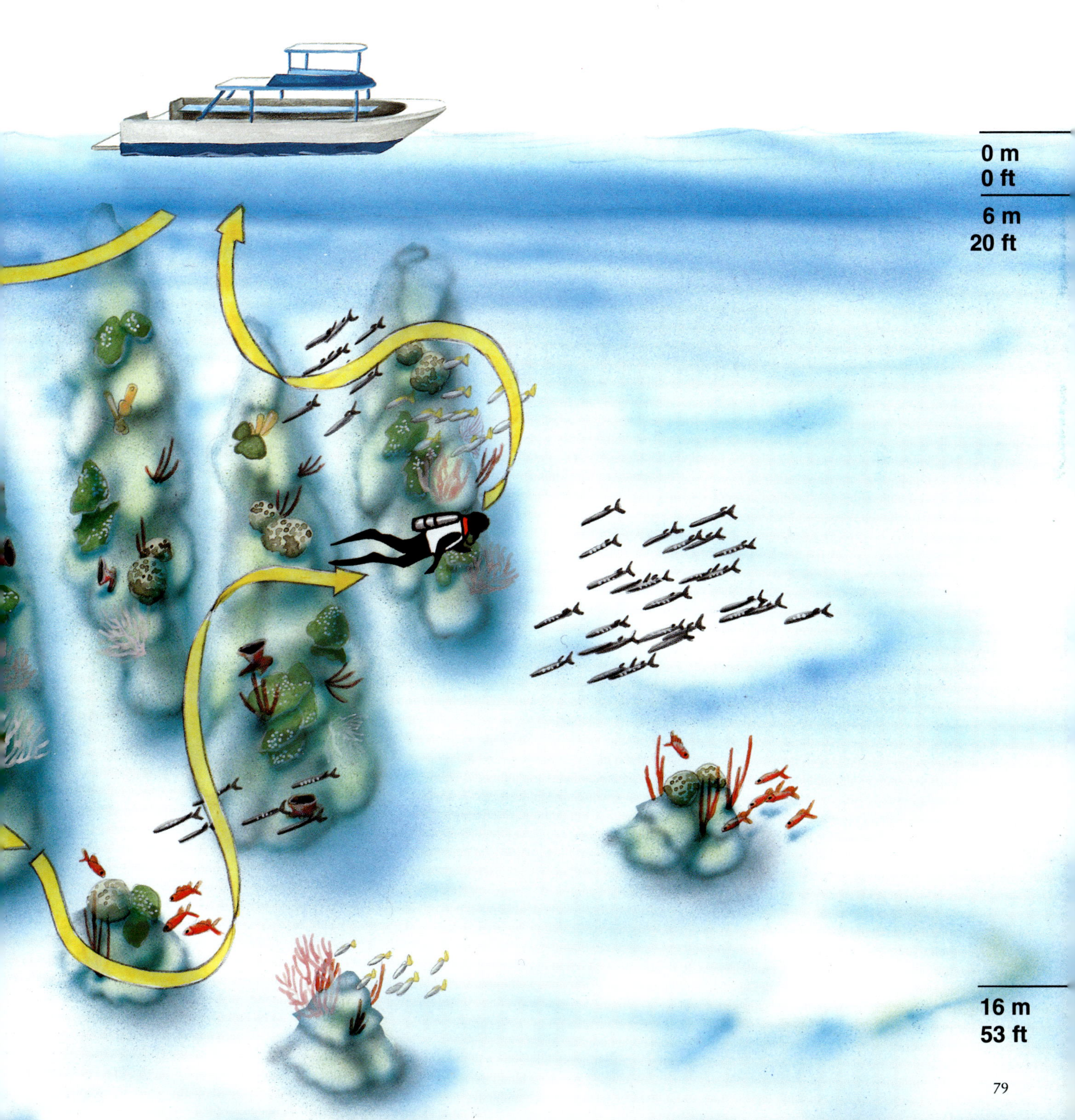
0 m
0 ft
6 m
20 ft
16 m
53 ft

Wie so viele Namen der Tauchplätze hat auch dieser einen ganz einfachen Ursprung: An der Küste, direkt gegenüber dem Tauchplatz, steht ein grünes Haus. Also heißt dieser Platz Green House. Falls irgendjemand beschließen sollte, das Haus in einer anderen Farbe zu streichen, ändert sich vielleicht auch der Name des Tauchplatzes.

Die Topografie dieses Spots besteht aus sandigen Kanälen und den bekannten parallel verlaufenden Felsvorsprüngen, auf deren Oberseite große Korallenformationen wachsen. Einige der Sternkorallen sind so alt, daß sie die Form von Pilzen angenommen haben - mit einem

A

breiten flachen Hut und einem schmalen Fuß. Orangefarbene krustenbildende Schwämme markieren die Unterseiten der Kolonie wie Altersflecken. Diese Korallenköpfe stammen aus der Zeit, als Blackbeard und seine Crew die Karibik in Angst und Schrecken versetzten. Die Kanäle zwischen den Korallenfelsen am Green House sind tief ausgehöhlt, so daß hier mittlerweile Canyons mit bis zu sechs Meter hohen Wänden entstanden sind.

Die lebenden Korallen sitzen hauptsächlich oben auf den Felsen, wohin das meiste Licht gelangt. Die Seiten sind mit krustigen Korallen und Schwämmen übersät, beson-

B

C

D

A - Große Seefächer am Green House Reef ziehen das Interesse des Fotografen auf sich. Die Polypen des linken Fächers sind verlängert und fangen Nahrung auf. Die des rechten sind eingezogen und offenbaren ihr lilafarbenes elastisches Skelett.

B - Ein Grunzer-Schwarm versteckt sich zwischen den Korallen am Green House Reef.

C - Den Karibik-Ammenhai (Ginglymostoma cirratum) *kann man in seinem Unterschlupf am Green House Reef beobachten.*

D - Ein Karibik-Ammenhai (Ginglymostoma cirratum) *schwimmt über dem Grund am Green House Reef, der reich mit Korallen und Schwämmen bewachsen ist.*

E - Massige Blöcke Sternkorallen (Monastrea annularis) *prägen das Green House Reef.*

F - Die Sonnenstrahlen durchdringen das Wasser, so daß sich die Silhouette von Tauchboot und Taucher deutlich abzeichnen.

ders mit Faßschwämmen. Die Spalten in der Canyon-Riffwand sind die Lieblingsplätze von Schulmeistern und Gemeinen Husaren. Oft sieht man, wie Barrakudas vom einen Ende des Canyons zum anderen patrouillieren.

Die Oberkanten der flachen Felsen befinden sich bei etwa sechs Meter und der Sand der seewärts gerichteten Felsen in 15 Meter Tiefe.

Eine Reihe Korallenhügel, von denen jeder etwa vier Meter vom Grund in die Höhe reicht, verteilt

G

E

F

H

sich willkürlich über die sandige Stelle. Green House ist ein wunderbares Riff, an dem man einfach umherschwimmt und das erkundet, was einem begegnet. Die relativ geringe Tiefe erlaubt eine lange Grundzeit, und aufgrund der parallel verlaufenden Felslinien kann man sich leicht orientieren. Am Green House hat man generell eine Sichtweite zwischen 18 und 30 Meter. Das Wasser ist grün, weil der Tauchplatz in Küstennähe liegt.

G - Ein Paar Gestreifter Falterfische (Chatodon striatus) *streift durch die Korallen.*

H - Verästelte Elchhornkorallen-Kolonien (Acropora palmata) *wachsen am Green House Reef hauptsächlich auf Flachriffen.*

CEMETERY WALL

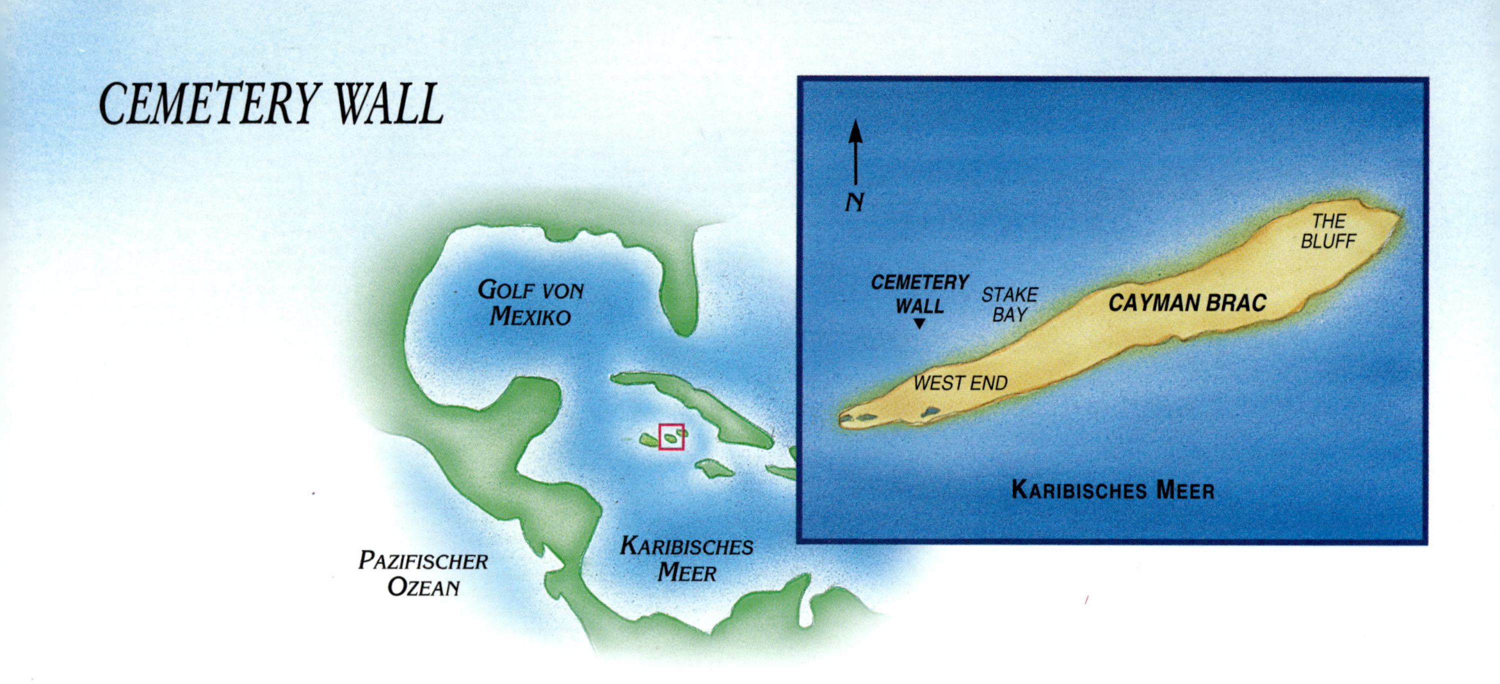

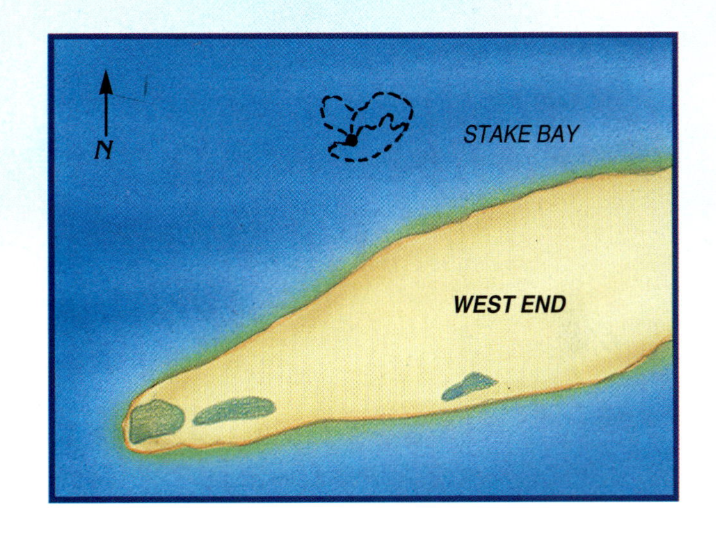
N
STAKE BAY
WEST END

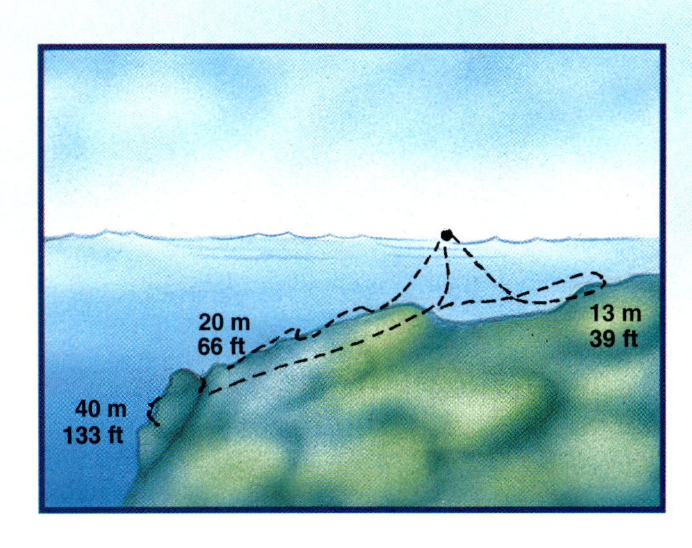
20 m
66 ft
13 m
39 ft
40 m
133 ft

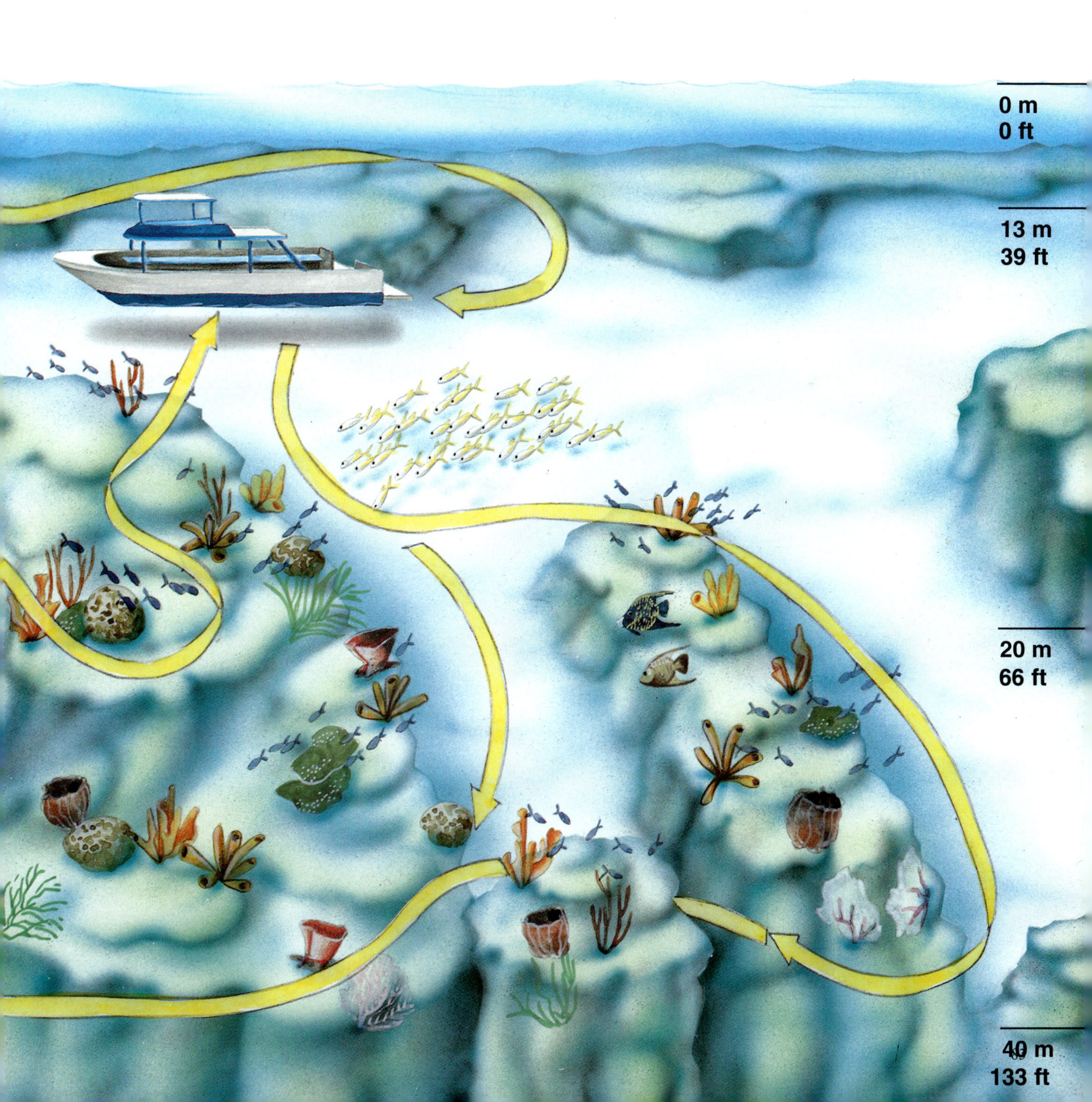
0 m
0 ft
13 m
39 ft
20 m
66 ft
40 m
133 ft

A - Der Große Zylinderschwamm (Xestospongia muta) *ragt in einer Tiefe von 23 Meter aus der Seite der Cemetery Wall hervor.*

B - Ein Taucher nähert sich einem riesigen Seefächer (Gorgonia ventalina) *und einem hellen Rotfinger-Schwamm an der Cemetery Wall.*

C - Stark verästelte Röhrenschwämme an der Cemetery Wall bilden eine fantastische Kulisse für Unterwasser-Fotografen.

D - Dieser massige Schwamm – Stinkender Ankerschwamm (Geodia neptuni) *– ringt mit einer Kolonie Großer Sternkorallen* (Montastrea cavernosa) *um Lebensraum.*

E - Der Karibische Riff-Oktopus (Octopus briareus) *kann bei Nacht an der Cemetery Wall beobachtet werden.*

F - Braune Röhrenschwämme wachsen in großer Fülle am Hang der Cemetery Wall.

G - Besonders bei Nachttauchgängen ist der Rotschwanz-Papageifisch (Sparisoma chrysopterum) *anzutreffen.*

H - Der Fotograf hat an der Cemetery Wall einen zwischen Korallenformationen gut getarnten Gestreiften Skorpionsfisch (Scorpaena plumieri) *entdeckt.*

A

B

Ein kurzer Tunnel zieht sich von der Oberseite der Riffwand sechs Meter in die Tiefe und öffnet sich am östlichen Ende des Tauchplatzes wieder. An dieser Stelle drehen die meisten Taucher um und erkunden den Riffhang in Richtung Westen. Dabei arbeiten sie sich langsam ins flache Wasser zurück. Orangefarbene Elefantenohr-, Rotfinger- und Grüne Röhrenschwämme sind für die vielen Königin- und Franzosen-Kaiserfische eine wichtige Nahrungsquelle. Der Riffhang ist von tellerförmigen Hartkorallen-Kolonien bedeckt. Darunter befinden sich Plattenkorallen und einige Sternkorallen, die

C

eher knotenartig und in Blöcken wachsen. Anhand der Polypen sind die Arten identifizierbar. Die Polypen der Plattenkorallen sind länglich, die der Sternkorallen rund und spärlicher. Im tiefen Wasser an der Vorderseite der Riffwand sind oft schnelle pelagische Fische, wie die Schwarze Stachelmakrele und die Schwarzspitzen-Stachelmakrele, zu sehen. Die Riffische schwimmen gewöhnlich über dem Riffhang. Große Schwärme Gelber Meerbarben streifen mit ihren Barteln durch den Sand, und in der Wassersäule über dem Riff wimmelt es von Kreolen-Lippfischen, Schwarzen Drückerfischen und Blauen Chro-

D

F

E

G

mis. Außerdem kann man verschiedene Arten Karibischer Papageifische, wie den Stoplicht- und den Regenbogen-Papageifisch, entdecken. Papageifische sind mit für die Erosion am Riff verantwortlich, denn mit ihren scharfen Zähnen beißen sie die Algen von versteinerten Korallen und die Polypen von den noch lebenden Korallenkolonien ab. Das Skelett der Korallen aus Kalziumkarbonat zerfällt dann zu Sand.

Ein paar Kaktuskorallen haben sich auf Vorsprüngen angesiedelt. Stern-, Große Stern- und Hirnkorallen bilden oberhalb des Riffhangs ein flächiges Korallenriff. An der Südseite des Riffs verlaufen Kanäle und Korallenkämme in Richtung der Insel. Um zum Ankerplatz zurückzugelangen, müssen Sie sich nach und nach durchs Korallenriff durcharbeiten. Weichkorallen und Becherschwämme bevölkern die Riffoberseiten. Nur hier und da sind die Hügel mit flachen Hartkorallen gespickt.

Die Cemetery Wall befindet sich im Norden von Cayman Brac. Benannt wurde der Tauchplatz nach einem Friedhof am Ufer, der bereits vom Wasser aus erkennbar ist.

Die Oberseite der Riffwand liegt bei 20 Meter. Die Sichtweite im tiefblauen Wasser beträgt normalerweise etwa 30 Meter.

H

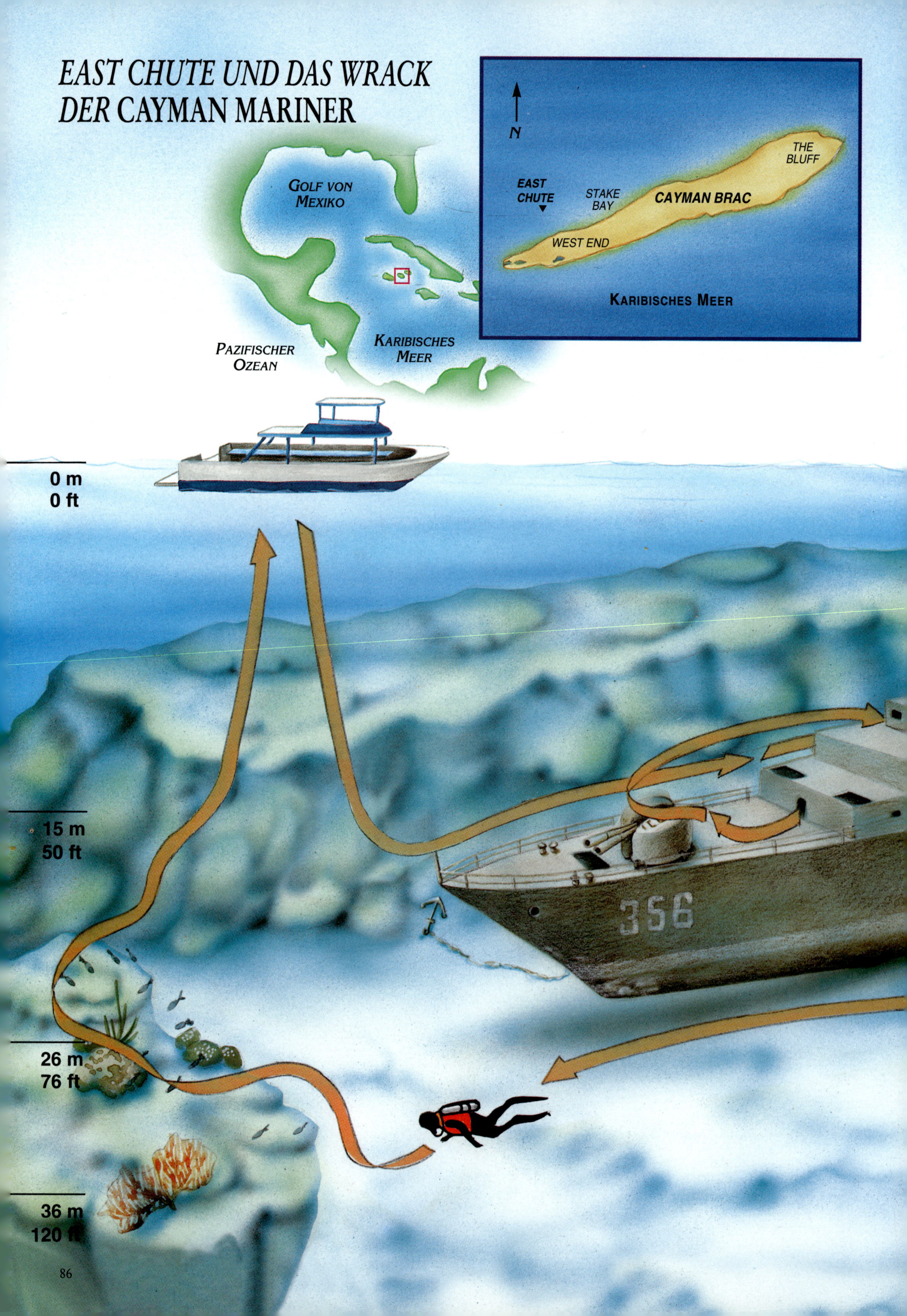
EAST CHUTE UND DAS WRACK
DER CAYMAN MARINER
GOLF VON MEXIKO
PAZIFISCHER OZEAN
KARIBISCHES MEER
N
EAST CHUTE
STAKE BAY
CAYMAN BRAC
THE BLUFF
WEST END
KARIBISCHES MEER
0 m
0 ft
15 m
50 ft
26 m
76 ft
36 m
120 ft
356

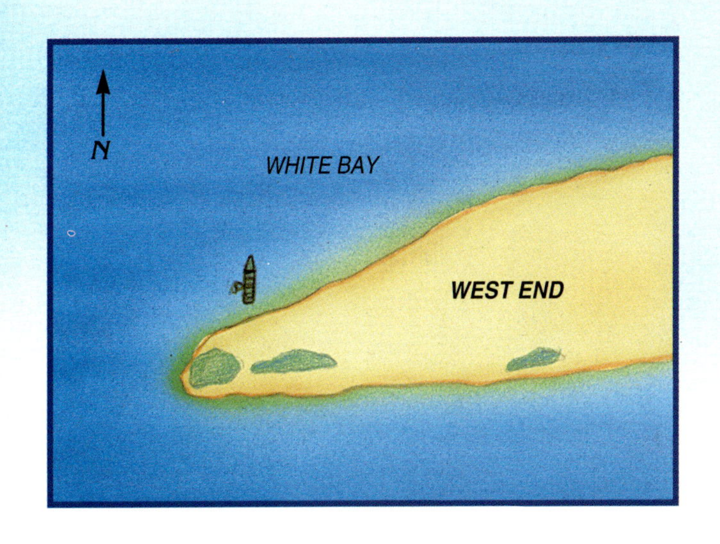
N
WHITE BAY
WEST END

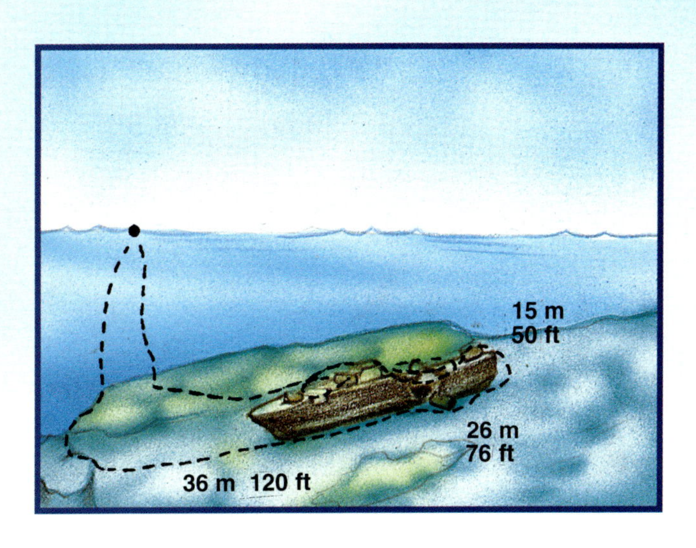
15 m
50 ft
26 m
76 ft
36 m 120 ft

Am 17. September 1996 wurde der russische Zerstörer *M.V. Captain Keith Tibbetts* versenkt, um damit eine zusätzliche Tauchattraktion zu schaffen. Kein anderes Wrack der Welt liegt spektakulärer als das bei Cayman Brac. Das Schiff ruht auf der Nordwand, und der Bug zeigt in die blauen Tiefen. Der große schlanke Bug wirkt gewaltig, wenn sich seine Silhouette gegen die helle Morgensonne abzeichnet. Das Doppelrohr der Bugkanone reicht über das Deck hinaus und errinnert daran, daß dies einmal ein stolzes Kriegsschiff gewesen ist. Eine ähnliche Kanone befindet sich unversehrt auf dem Achterdeck. Der Zerstörer wurde 1984 in Nakhodka/Rußland gebaut. Er trug die offizielle Registrierungsnummer 356, die an einigen Stellen des Rumpfes noch deutlich zu erkennen ist. Das Schiff hat eine Länge von 95 Meter, eine Breite von 13 Meter und ein Raummaß von 1590 BRT. Das ist wenig für die Größe des Schiffes. Für den Rumpf verwendete man damals zwar Stahl, für die Aufbauten jedoch das leichtere Aluminium. Für normale Manöver wurde der Zerstörer mit zwei Dieselmotoren von 8000 PS angetrieben, höhere Geschwindigkeiten von etwa 30 Knoten erreichte man mit zwei zusätzlichen 10.000-PS-Turbinen. Eigner des Schiffes war seinerzeit die kubanische Regierung, für die Versenkung waren hingegen das Cayman Islands Department of the Environment und freiwillige einheimische Helfer verantwortlich. Das Schiff wurde nach einem einflußreichen lokalen Geschäftsmann benannt und heißt *M.V. Captain Keith Tibbetts*. Die Tauchlehrer nennen das Wrack nur „Keith Tibbetts", die „356" oder einfach den „Zerstörer". Am Heck und am Bug wurden je eine Ankerboje befestigt. Taucher schwimmen meist direkt zum Bug, die tiefste Stelle des Wracks. Beim Kiel ist es 25 Meter tief. Direkt an der Bugspitze, an der immer wieder

A

B

D

C

Sand wegrutscht, beträgt die Tiefe sogar 34 Meter. Der vordere Teil des Hauptdecks befindet sich in 15 Meter Tiefe, das Hinterdeck liegt 14 Meter tief. Am Heck hat sich eine Menge Sand angesammelt, meist ist es hier etwa 18 Meter tief. Stürme und Korrosion haben das Schiff an einigen Stellen einbrechen lassen. Während eines Sturms im Winter 1997/98 ist ein großer Teil der mittleren Aufbauten eingestürzt und zur Seite gefallen. Damit sind Einstiege freigelegt worden, die vorher versperrt gewesen waren. Beim Erkunden dieser Bereiche sollte man sehr vorsichtig sein, weil überall Haken und Spitzen hervorragen.

G

A - Der schlanke Bug des russischen Zerstörers schneidet wie ein Messer durch das blaue Wasser.

B - Dramatisch schwebt der Bug des russischen Zerstörers über dem Rand der Cemetery Wall.

C - An einigen Stellen war die Registrierungsnummer 356 des russischen Zerstörers noch deutlich erkennbar, als das Schiff im September 1996 gerade gesunken war. Mittlerweile ist es dicht bewachsen.

D - Die Doppelrohrkanone des vorderen Geschützes ragt über das blanke Deck.

E - Ein Taucher blickt in den Steuerraum des russischen Zerstörers.

F - Die Schraube des russischen Zerstörers hat sich langsam in den Sand hineingegraben, denn das Schiff senkt sich.

E

H

F

Um die neu zugänglichen Bereiche sicher erkunden zu können, sind Erfahrung im Wracktauchen und eine entsprechende Ausrüstung notwendig. Obwohl das Schiff im klaren Wasser und in der geringen Tiefe sehr groß erscheint, gibt es keinen Grund zur Eile. Die meisten Taucher nehmen sich die Zeit, wenigstens einmal um das Schiff herumzutauchen, die Brücke hochzuklettern und noch einige Bereiche im Innenraum zu besichtigen. Die Kanonen ziehen zwar immer sehr viel Interesse auf sich, aber die meisten Fische sind an der Radaranlage zu finden. Nur sechs Meter unter der Wasseroberfläche befindet sich der flachste Bereich des Schiffes, der noch völlig intakt ist. Zwar können starke Winde oder sogar Stürme im Norden den Grund aufwühlen, aber meist beträgt die Sichtweite 30 Meter oder mehr.

G - Bei den ersten Tauchgängen scheint das Wrack alles um sich herum in den Hintergrund zu drängen, aber auch die Umgebung ist interessant und reich an Leben – wie dieser Pfauenaugen-Butt beweist.

H - Teilweise ist der Innenraum des russischen Zerstörers geöffnet worden, um Tauchern einen leichteren Zugang zu verschaffen.

DAS WRACK DES RUSSISCHEN ZERSTÖRERS M.V. CAPTAIN KEITH TIBBETTS

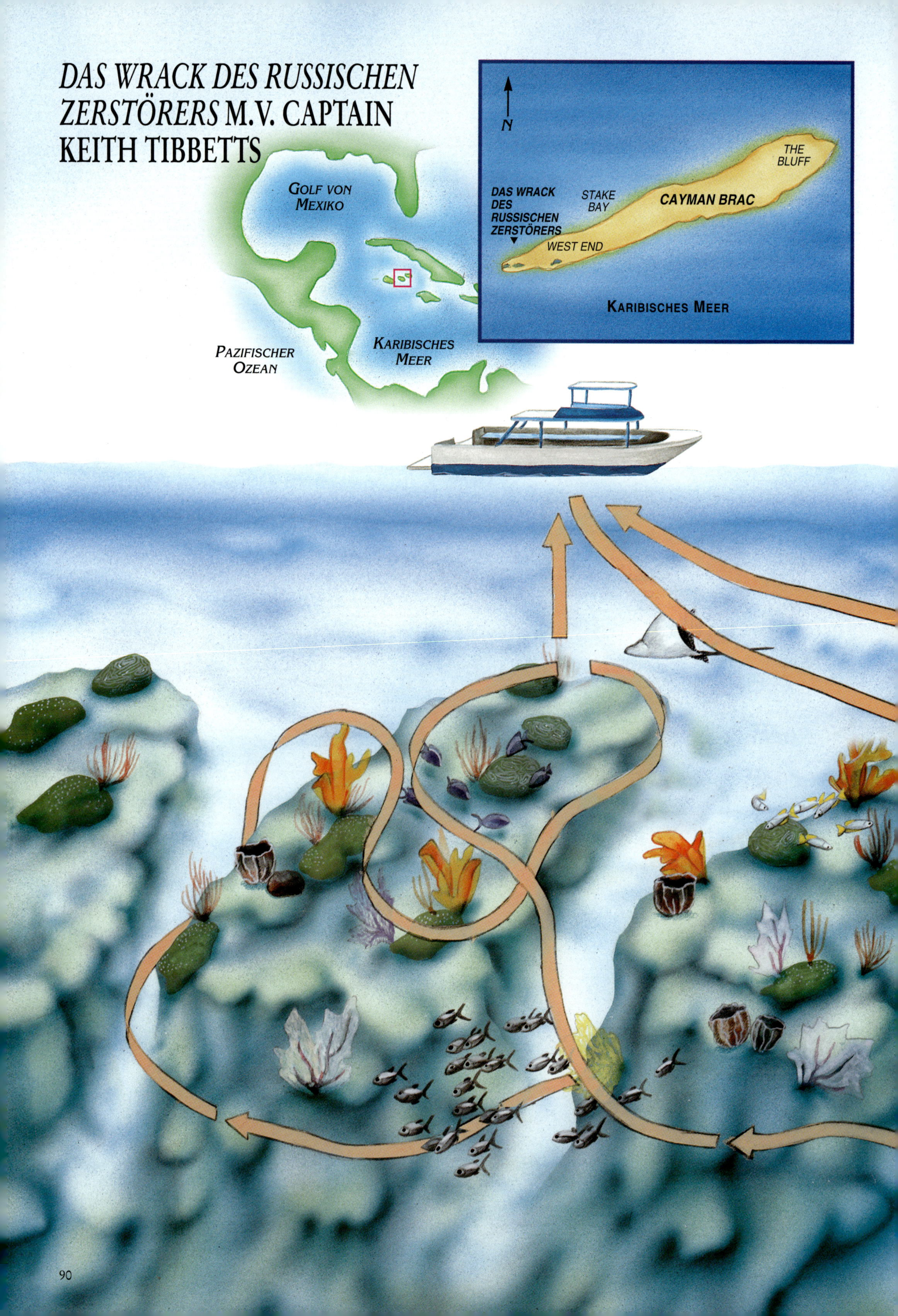

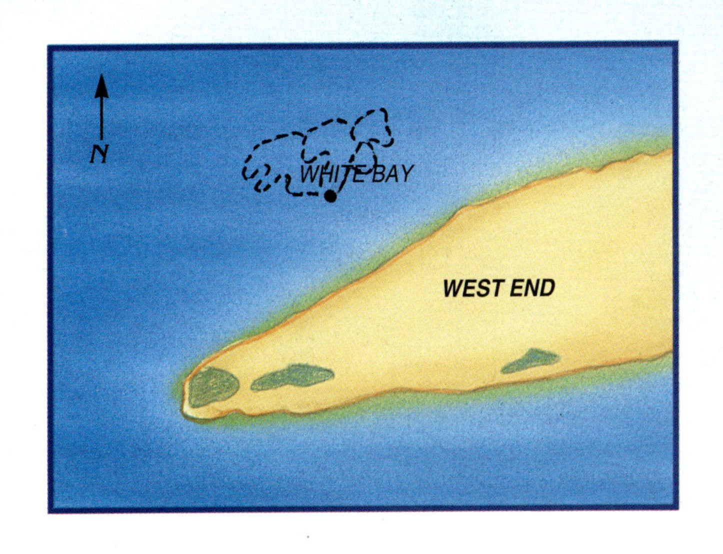
N
WHITE BAY
WEST END

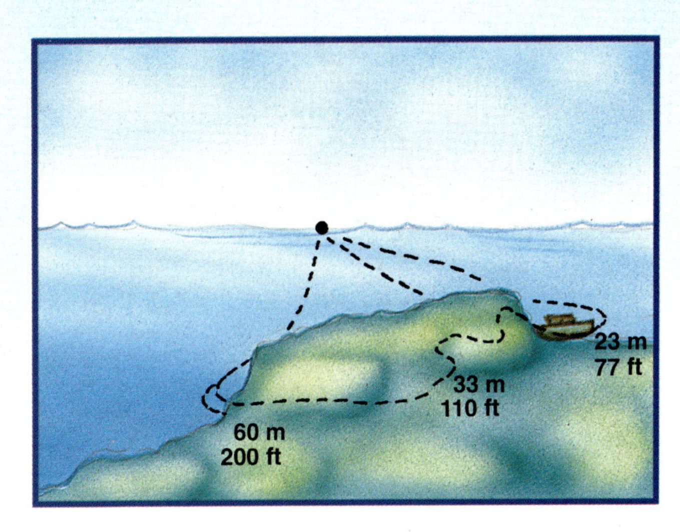
23 m
77 ft
33 m
110 ft
60 m
200 ft

0 m
0 ft
23 m
77 ft
33 m
110 ft
60 m
200 ft

Das Wort „chute“ (Rutsche) weist auf einen Sandfluß hin, der langsam von der Riffwand abrutscht und dann Körnchen für Körnchen in die Tiefe fällt. Einem Taucher erscheint die Rutsche eher wie eine tiefe, sandige Niederung, die den Riffhang in zwei Hälften teilt. East Chute ist eine von drei Rutschen in dieser Gegend. Die anderen heißen West und Middle Chute. Zu beiden Seiten der Rutsche stehen große Korallenblöcke. Diese bestehen hauptsächlich aus altem Kalkstein, dem Vermächtnis jahrtausendelangen Korallenwachstums. Die Oberfläche der Hügel ist aber auch mit lebendigen Korallenkolonien übersät, darunter viele mittelgroße kugelige Hirn- und Sternkorallen. Diese Hartkorallen wechseln sich mit sanft in der Strömung hin- und herschwankenden Seepeitschen und buschigen Hornkorallen ab. Die Steilwand ist üppig mit Grünen Röhrenschwämmen, Orangefarbenen Elefantenohr-Schwämmen und Tiefsee-Gorgonien bedeckt. East Chute liegt an der Nordwand von Cayman Brac und ist ein relativ tiefer Tauchplatz. Das Ende der Sandrutsche befindet sich in 34 Meter Tiefe. Bei einer Tiefe von 21 Meter rutscht der Sand sanft von der Riffwand herunter. Zwischen 14 und 17 Meter unter

A

B

C

D

A - Das Wrack der **Cayman Mariner** *wird gewöhnlich in der zweiten Hälfte des Tauchgangs erforscht, da es dort flacher ist als an der Riffaußenwand.*

B - Das aufrechte Heck der **Cayman Mariner** *ist von krustenbildenden Korallen und Schwämmen überzogen.*

C - Eine Gruppe Taucher betrachtet die **Cayman Mariner** *von oben.*

D - Dieser Taucher schwimmt am Wrack der **Cayman Mariner** *entlang. Die Umrisse des Schiffes lassen sich wegen des weißen Sandgrundes sehr gut erkennen.*

E

hatte. Drei riesige aufeinanderfolgende Wellen hatten sein Elternhaus völlig verwüstet. Während dieses Sturms wurde Willie Ebanks fast weggespült, glücklicherweise konnte er sich mit einigen anderen Inselbewohnern nach Peter's Cave flüchten, das auf einer Erhöhung im Norden der Insel liegt. Großvater Willies Boot liegt in 17 Meter Tiefe aufrecht im Sand und ist mit Schwämmen und krustenbildenden Korallen bedeckt. Wenn man aus den Tiefen des Riffs wieder hoch kommt, bietet es sich an, den zweiten Teil des Tauchgangs im flachen Wasser bei der *Cayman Mariner* zu verbringen und das Wrack zu erkunden. Von oben kann man in das Schiff einsteigen. Es wird von vielen verschiedenen Riffischen und Invertebraten bewohnt. Tiger-Zackenbarsche und Pferde-Stachelmakrelen findet man häufig im Rumpf des Schiffes an Putzerstationen, die von Neon-Grundeln und jungen Spanischen Schweinslippfischen unterhalten werden. Verschiedene Seeanemonen haben sich in Ritzen und Spalten am Wrackboden angesiedelt. Die Große Karibische Anemone hat dicke grüne Tentakel mit einem hell rosafarbenen oder violetten Ring. Korkenzieher-Anemonen sind etwas kleiner und an ihren verdrehten Tentakeln zu erkennen.

F

G

der Wasseroberfläche liegen die Korallenblöcke. Die Sichtweite im leuchtend blauen Wasser, das für Bracs Norden charakteristisch ist, beträgt ungefähr 30 Meter.
Auf der Sandfläche gleich hinter den Korallenhügeln liegt das Wrack der *Cayman Mariner.* Das Schiff aus Louisiana fungierte als Shuttle-Service für die Beschäftigten der Ölförderinseln im Golf von Mexiko. Willie Ebanks, den die meisten Leute nur als Großvater Willie kennen, brachte die *Cayman Mariner* auf die Cayman Islands. Ebanks überlebte als Kind den schrecklichen Hurrikan von 1932, der fast jedes Haus auf den Inseln zerstört

H

E - Ein Tiger-Zackenbarsch (Mycteroperca tigris) *wird an einer Putzerstation im Wrack der* Cayman Mariner *von Ectoparasiten befreit.*

F - Ein Taucher pausiert bei einem der vielen farbigen Schwamm-Gewächse an der Wand des East Chute.

G - Die Kabine der Cayman Mariner *gewährt Tauchern freien Zugang.*

H - Für die Riffe nahe der Cayman Mariner *sind große Schwämme und prächtige Korallenformationen charakteristisch.*

END OF ISLAND

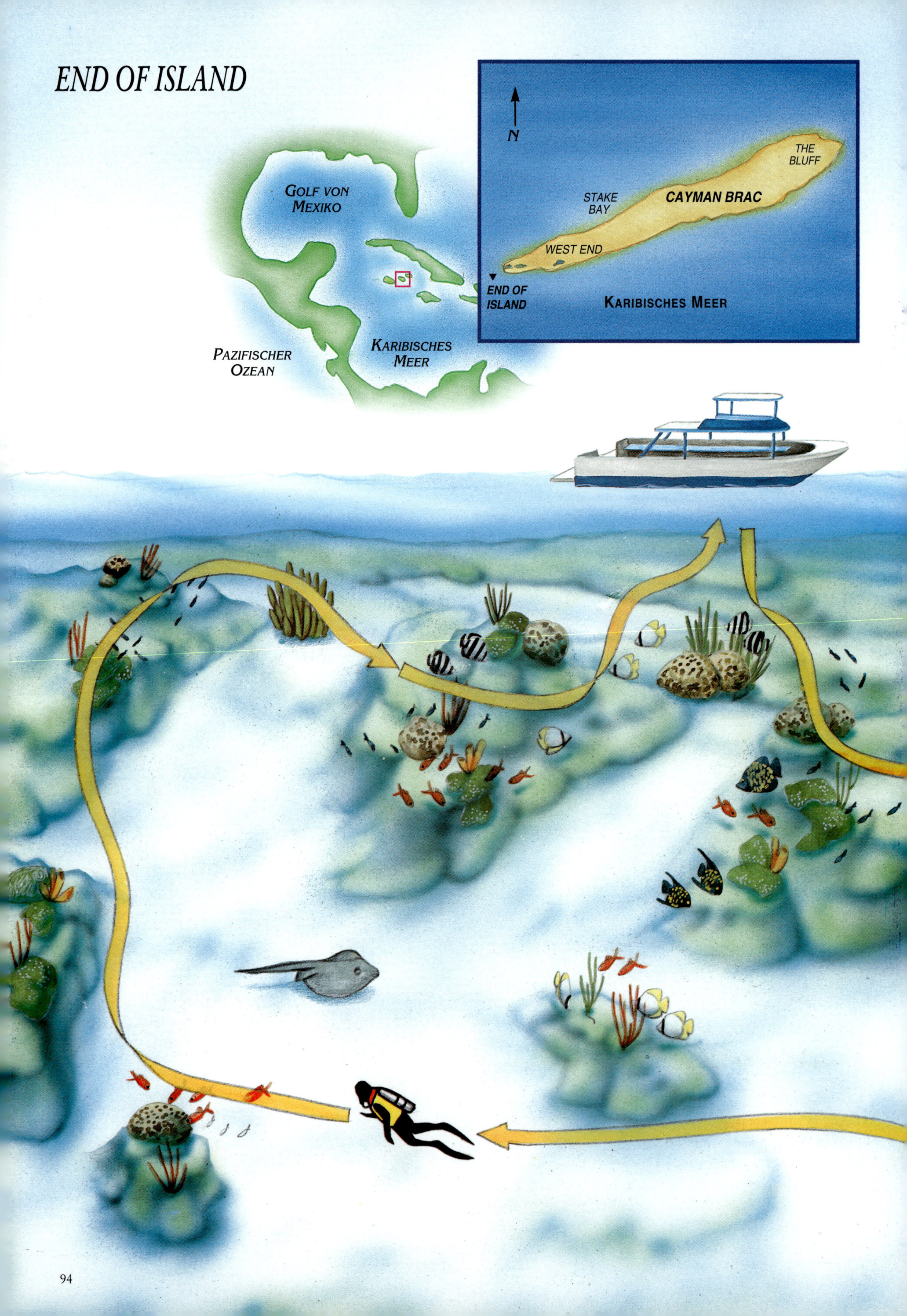

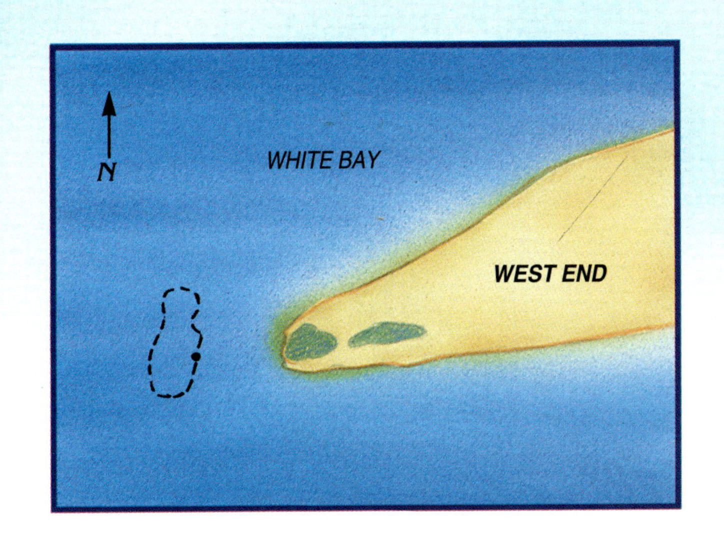
N
WHITE BAY
WEST END

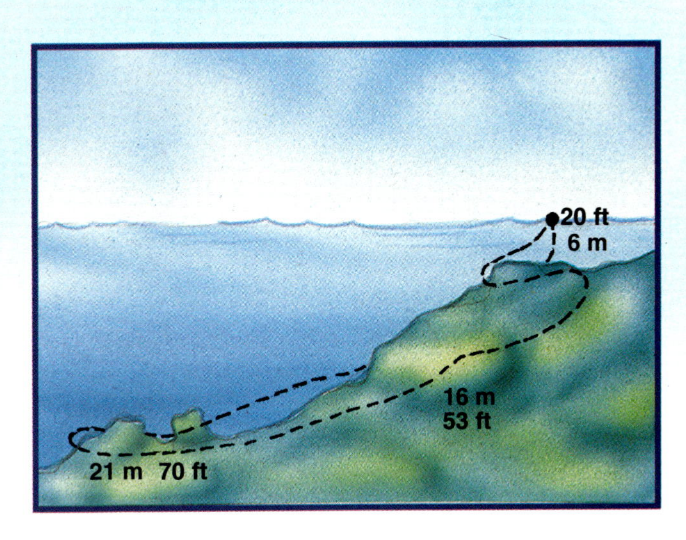
20 ft
6 m
16 m
53 ft
21 m
70 ft

0 m
0 ft
6 m
20 ft
16 m
53 ft
21 m
70 ft

A - Mehrere große Korallenkolonien (Dendrogyra cylindrus) *finden sich vor End of Island. Anders als die meisten Hartkorallen ernährt sich diese Art tagsüber, und zwar mit ihren Polypen, die sie dazu maximal verlängert.*

Am westlichsten Zipfel der Insel gibt es zwei Tauchplätze, an denen man die marine Fauna besonders gut beobachten und fotografieren kann. Die beiden Orte heißen End of Island und Fishery und verfügen über eine kleine Riffwand, die von sechs auf zehn Meter abfällt. Sie ist Heimat großer Grunzer- und Schnapper-Schwärme. Das Korallenriff steigt an der Hafenseite bis zu einer Mulde und seewärts bis zu einem Sandplateau an, das mit Korallenfleckchen übersät ist. Die Tiefen schwanken zwischen 30 Zentimeter und 20 Meter. Ein erfahrener Taucher ist in der Lage, den gesamten Weg bis zur Riffwand und auch ins tiefere Wasser zurückzulegen. Zwar sind sich End of Island und Fishery ziemlich ähnlich, doch bei End of Island gibt es eine Säulenkoralle in nur sieben Meter Tiefe. Der makellose Zustand dieser Kolonie ist erstaunlich, besonders wenn man bedenkt, welch starken Wellen sie

C

A

D

B

B - Der Gemeine Husar (Holocentrus adscensionis), *hält sich oft in der Nähe von Korallen* (Dendrogyra cylindrus) *auf.*

C - Die großen Korallenformationen vor End of Island beherbergen ein reiches Meeresleben.

D - Ein Gestreifter Falterfisch (Chaetodon striatus), *sucht in der Nähe einer Koralle* (Dendrogyra cylindrus) *nach Nahrung oder Unterschlupf.*

E - Der Flossenfleck-Falterfisch (Chaetodon ocellatus) *ist aufgrund seiner Färbung leicht zu erkennen.*

F - Dieser Sandtaucher-Eidechsenfisch (Synodus intermedius) *scheint für den Fotografen zu posieren.*

G - In den Riffspalten kann man viele typische Bewohner des Riffs beobachten – wie diesen Karibik-Ammenhai (Ginglymostoma cirratum).

H - Tauchgänge vor End of Island machen viel Spaß. Außerdem trifft man dort die farbenprächtigsten Tiere – wie diesen Diadem-Kaiserfisch (Holacantus ciliaris).

I - Ein Franzosen-Kaiserfisch (Pomacanthus paru) *knabbert an seiner Lieblingsspeise: Schwämme.*

E

F

G

H

ausgesetzt ist und wie viele Tauchgänge hier schon unternommen worden sind. Aber diese Koralle ist widerstandsfähig. Säulenkorallen ernähren sich während des Tages mit ihren ausgestreckten Polypen. Unter dem großen Korallenkopf verstecken sich meist einige Tropenfische. Die meisten Fischschwärme bevorzugen die kleine Riffwand und die Riffspalten. Auf der Sandebene Richtung offenes Meer leben viele Fechterschnecken und andere Sandbewohner, wie der Pfauenaugen-Butt, der Schermesserfisch, der Harlekin-Sägebarsch und der Sand-Torpedobarsch. Andere Korallenoasen beheimaten traditionelle Riffbewohner wie Kaiserfische, Trompetenfische und Doktorfische. Die tieferen

I

Riffe bieten Karibik-Ammenhaien Zuflucht. Sogar in der Mulde ist das Meeresleben faszinierend: Diamanten-Blennys, Perlen-Kofferfische und Gelbe Stechrochen schwimmen dort umher. Mit etwas Glück kann man sogar Flughähne entdecken.
End of Island ist zwar ein recht einfacher Tauchgang, aber die Strömung kann gelegentlich sehr stark sein. Die Sicht im leicht grünlichen Wasser liegt meist zwischen 18 und 30 Meter. Bei günstigen Bedingungen eignet sich dieser Tauchplatz auch für Nachttauchgänge.

TARPON REEF

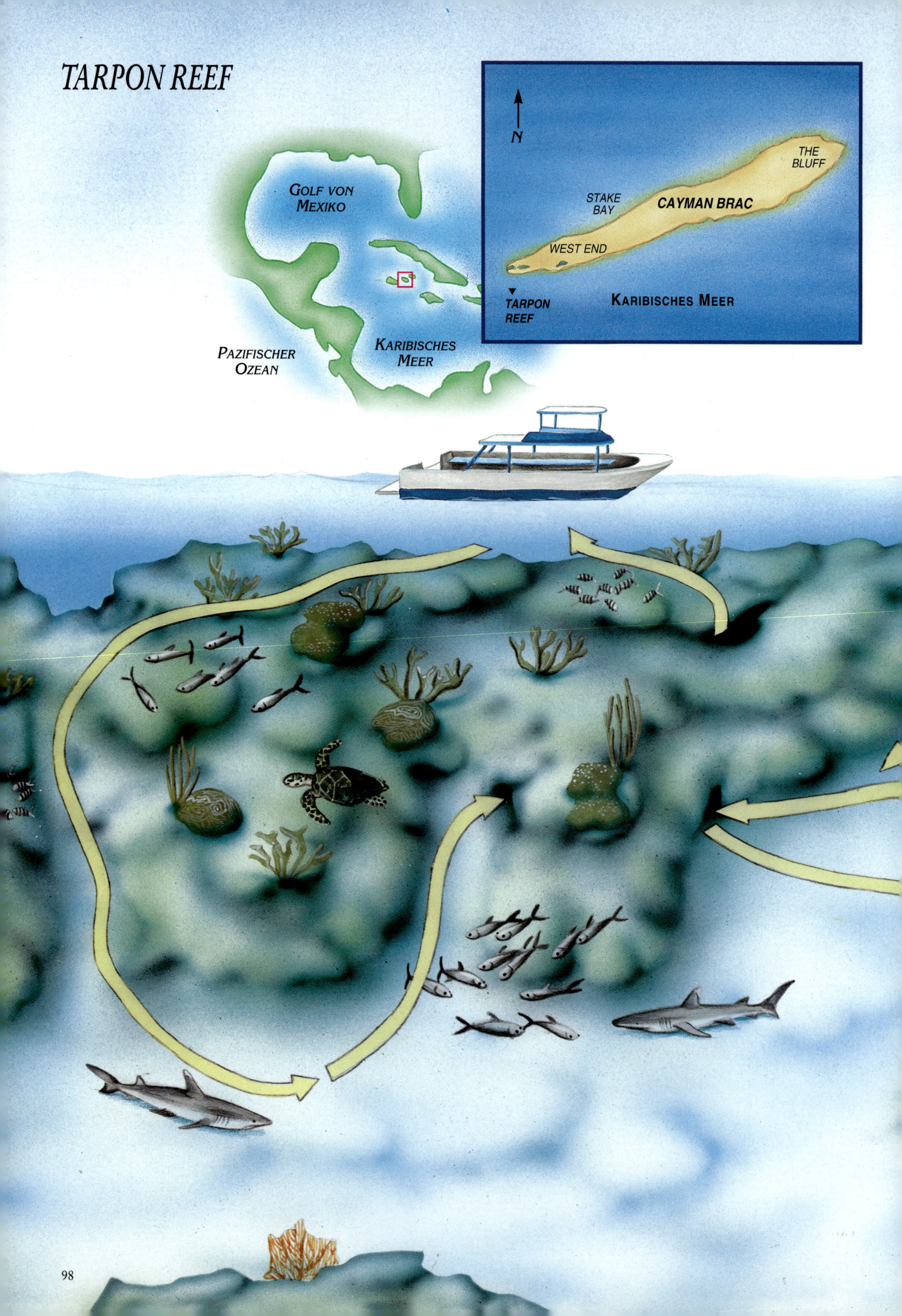

Golf von Mexiko
Pazifischer Ozean
Karibisches Meer
N
The Bluff
Stake Bay
Cayman Brac
West End
Tarpon Reef
Karibisches Meer

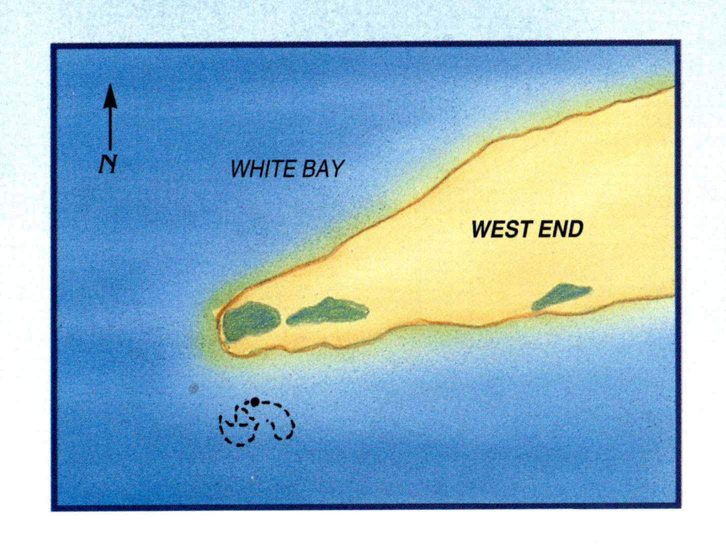
N
WHITE BAY
WEST END

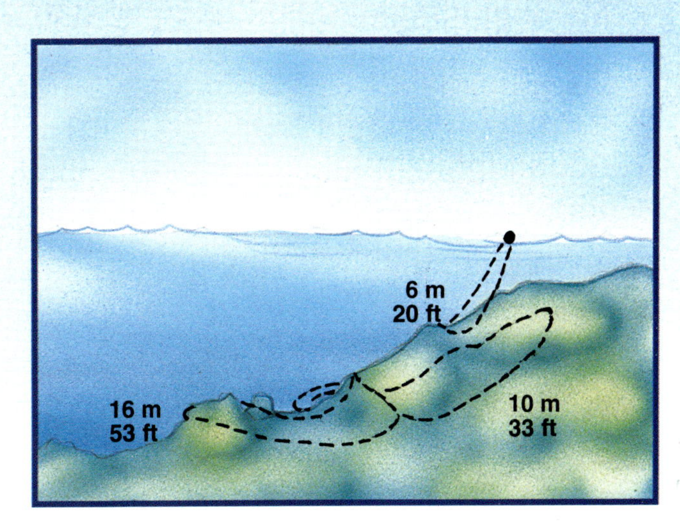
6 m
20 ft
16 m
53 ft
10 m
33 ft

0 m
0 ft
6 m
20 ft
10 m
33 ft
16 m
53 ft

Tarpon Reef ist eines der flachsten Riffe an der Südküste. Der Wechsel vom Riff zur nahen Steilwand ist extrem.

Das Riffdach liegt bei etwa viereinhalb Meter, und die Riffkämme breiten sich strahlenförmig ins Meer aus. Schließlich fällt das Riff in 15 bis 18 Meter Tiefe zu einer Sandebene ab. Die Korallenblöcke bestehen hauptsächlich aus Sternkorallen und Hirnkorallen, aber es gibt auch eine Reihe beeindruckender Elchhornkorallen-Formationen. Die gesamte Südküste war mit unendlich vielen Elchhornkorallen geschmückt – bis die verheerende Sturmflut des Hurrikans „Gilbert" diese Riffe verwüstete. Die Südseite von Grand Cayman war ebenso betroffen, jedoch haben sich beide Gebiete im letzten Jahrzehnt wieder erholt. Glücklicherweise wachsen hier die Korallen im

B

A

C

D

A - Dieser Taucher schwimmt mit einer Karett-Schildkröte am Tarpon Reef.

B - Ein Paar Tarpune (Megalops atlanticus) *kreuzen über dem Riff bei Tarpon Reef, während die Sonnenstrahlen das Blau des Wassers durchdringen.*

C - Nach dem Tarpun (Megalops atlanticus) *ist dieses Gebiet benannt worden. Gegenüber Tauchern verhalten sich die Fische scheu, es sei denn, man nähert sich ihnen langsam und bedächtig.*

D - Ein Schwarm Großaugen-Makrelen (Caranx latus) *kreist gerade über den Korallenformationen am Tarpon Reef.*

E - Auch der Schrift-Feilenfisch (Aluterus scriptus) *kann am Tarpon Reef beobachtet werden.*

klaren Wasser und bei der starken Sonneneinstrahlung sehr schnell.
Wie der Name schon ankündigt, ist das Highlight von Tarpon Reef eine Gruppe Tarpune. Im Gegensatz zu den Tarpunen bei Tarpon Alley oder Bonnie's Arch auf Grand Cayman tummeln sich die Tarpune hier in kleineren sechs- bis zehnköpfigen Gruppen, und sie sind ziemlich unruhig, wenn Taucher sich ihnen nähern. Dann preschen sie meist sofort auseinander. Entweder werden

G

E

H

F

sie so selten aufgesucht, daß sie die Luftblasen von aufgeregten Tauchern nicht gewohnt sind, oder es ist in diesem Gebiet einfach leichter für sie, sich zu verteilen als zu verstecken. Was auch der Grund für ihr Verhalten sein mag, Taucher gelangen meist nicht näher als zwei Meter an sie heran. Schaffen Sie es doch näher, können Sie stolz darauf sein, wie kontrolliert und vorsichtig Sie sich unter Wasser bewegen können!
Natürlich gibt es außer den Tarpunen noch mehr zu entdecken. Besonders häufig sind beispielsweise Karett-Schildkröten, der Bermuda-Ruderfisch, Gestreifte Serganten, der Franzosen-Kaiserfisch und der Spanische Hummer. Da Karett-Schildkröten eine Vorliebe für Schwämme haben, ist es nicht verwunderlich, daß sie oft am Tarpon Reef zu finden sind, denn hier gibt es eine Menge dieser Filtrierer.
Tauchlehrer berichten, daß seit etwa einem Jahr immer wieder Karibische Ammenhaie gesichtet wurden.

F - Der Fotograf hat mit seiner Makro-Linse im Sand des Tarpon Reef eine Fechterschnecke (Strombus gigas) *entdeckt.*

G - Ein Karibik-Juwelenbarsch (Cephalopholis fulvus) *bei Nacht am Tarpon Reef.*

H - Diese Nahaufnahme zeigt das Auge und die geöffneten Kiemen eines Amerikanischen Stechrochen (Dasyatis americana), *der sich im Sand des Tarpon Reef eingegraben hat.*

ANCHOR WALL

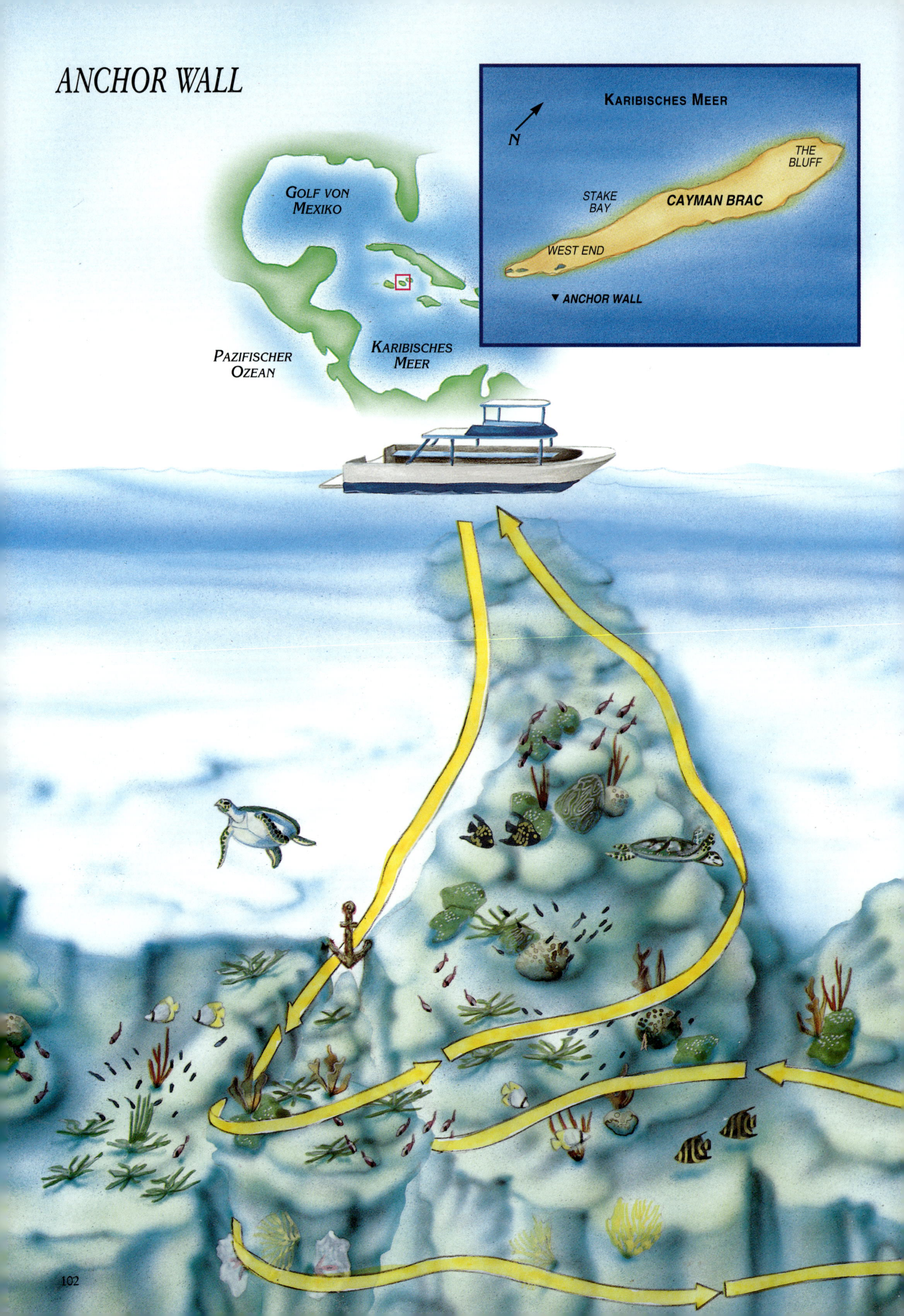

Karibisches Meer
N
The Bluff
Stake Bay
Cayman Brac
West End
Anchor Wall
Golf von Mexiko
Pazifischer Ozean
Karibisches Meer

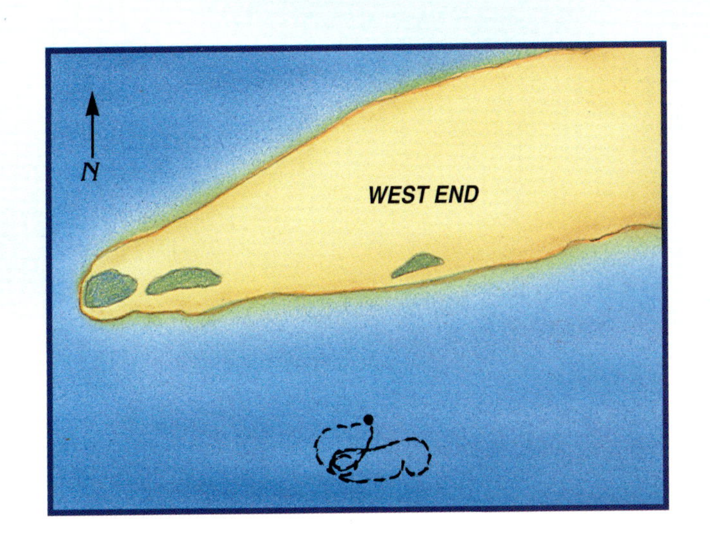
N
WEST END

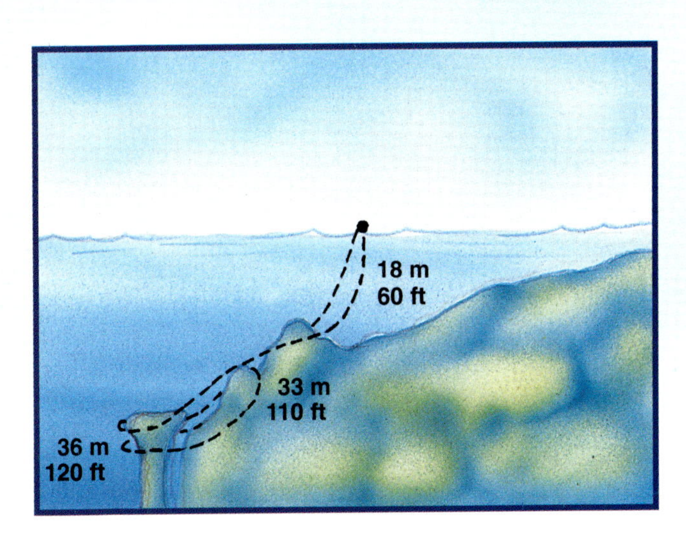
18 m
60 ft
33 m
110 ft
36 m
120 ft

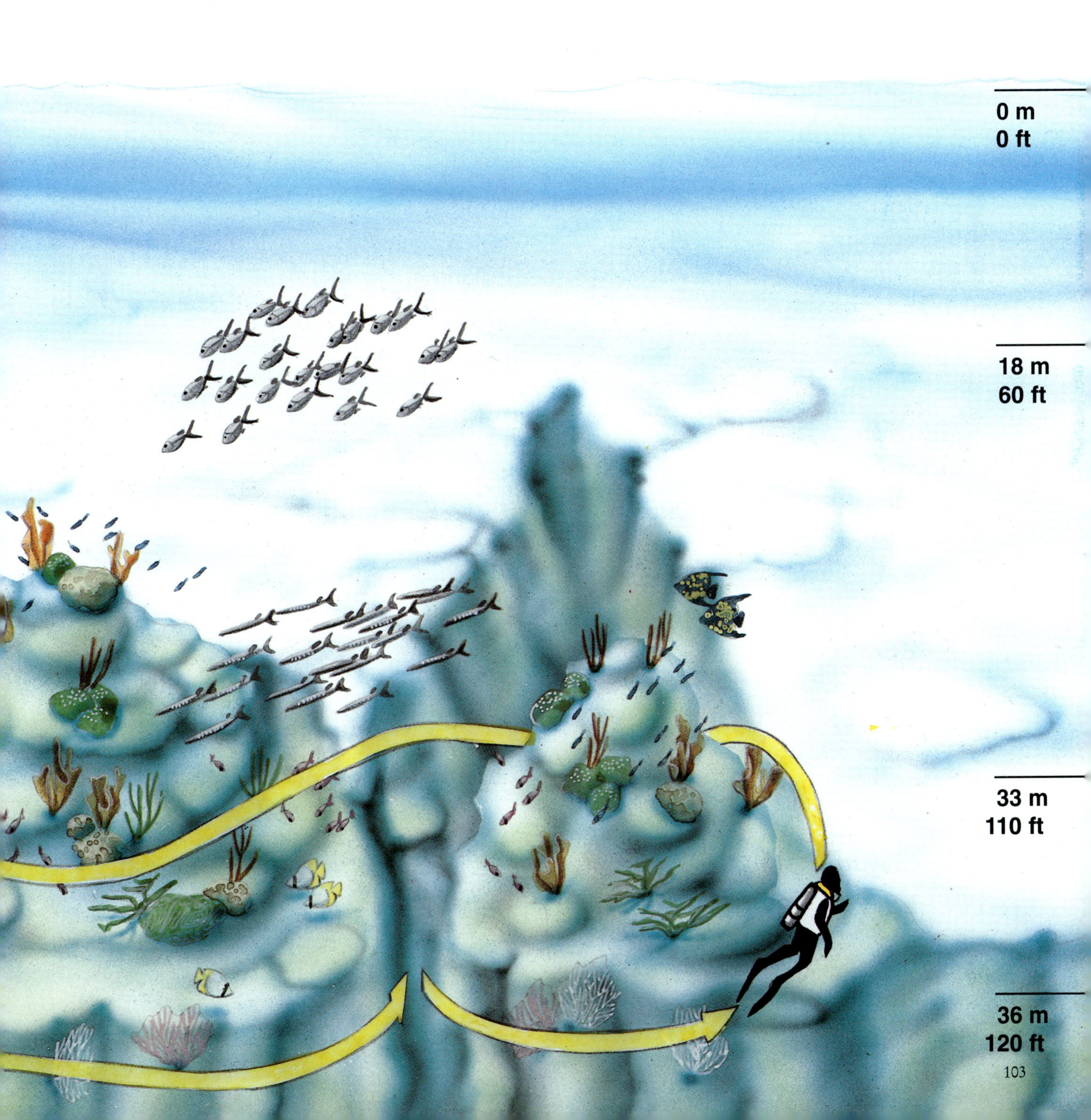
0 m
0 ft
18 m
60 ft
33 m
110 ft
36 m
120 ft

A - Der Taucher beobachtet einen Trompetenfisch, der sich zwischen den filigranen Ästen der Hornkoralle zu tarnen versucht.

B - Netzfaserschwämme (Aplysina lacunosa) *wuchern an der Anchor Wall.*

An diesem Tauchplatz hat die Zeit ihre Spuren hinterlassen. Der Anker, nach dem dieser Platz benannt wurde, ist der beste Beweis dafür.

Vermutlich hat ein Inselfrachter an der Südküste geankert, und starker Wind und Wellen haben die Ankerkette reißen lassen. Es scheint kein wirkliches Unwetter gegeben zu haben, denn in der Nähe liegen keine Wrackteile, und am Anker hängt keine Kette. Diese wurde wahrscheinlich später geborgen. Es wird verständlich, warum der Anker nie wieder an Bord gehievt wurde, wenn man sieht, wie fest er sich im Korallengestein verkeilt hat. Der Anker selbst ist etwa zwei Meter lang und mißt von Flügel zu Flügel zirka 180 Zentimeter.

Die Spalte, in der sich der Anker verkeilt hat, befindet sich in 30 Meter Tiefe, und der Anker liegt ungefähr 120 Zentimeter über dem Sandgrund. Es ist gerade so viel Platz, daß ein Taucher daran vorbeischwimmen kann. Ein Ankerflügel ist in den Korallen verborgen, der andere liegt frei. Schwämme und Korallen bedecken den Anker und machen ihn damit zu einer faszinierenden Kulisse für Taucherporträts mit Weitwinkelobjektiv. Man sollte aufpassen, keinen Sand aufzuwühlen oder zu heftige Luftblasen auszustoßen, damit kein Geröll gelöst wird. Das wäre dann nämlich auch auf Ihrem Foto zu sehen.

In der Nähe des Ankers gibt es einige Spalten, und alle führen durch

B

A

C

C - Der Anker, nach dem dieses Tauchgebiet benannt wurde, ist wohl für immer in den Korallen verkeilt.

D - Der Tiger-Zackenbarsch (Mycteroperca tigris) *wartet geduldig, daß Putzer-Grundeln ihn von Ektoparasiten befreien.*

E - Bei Nacht zeigt der Flossenfleck-Falterfisch **(Chaetodon ocellatus)** *eine andere Färbung.*

F - Der Orangefarbene Feilenfisch **(Aluterus schoepfi)** *sucht in der Nähe der Korallenformationen an der Anchor Wall wahrscheinlich nach Nahrung.*

gewundene Tunnel zu einer Steilwand. Die Spalten beginnen in 20 Meter Tiefe. Die Tunnel, durch die das Wasser stärker strömt, sind tiefer. Sie liegen bei etwa 25 bis 30 Meter.
Links und rechts neben dem Anker wachsen Geweih-Schwämme, Orangefarbene Elefantenohr-Schwämme, lange korkenzieherartige Seilkorallen und ein paar wunderschöne Kolonien Schwarzer Korallen. Viele Taucher übersehen die Schwarzen Korallen, da sie mit einer wirklich schwarzen Färbung rechnen. Aber der Name ist irreführend, denn die Pigmente im Gewebe der Polypen färben die Schwarzen Korallen nicht wirklich schwarz, sondern eher violett, dunkelgrün oder rostbraun.
Direkt an der Riffwand halten sich häufig Schildkröten auf. Schwärme von Blaurücken-Stachelmakrelen und Großaugen-Makrelen tummeln sich am liebsten über der Riffwand.

F

D

G

G - Der Bärenkrebs **(Parabacus antarcticus)** *ist bei Nacht an der Anchor Wall zu sehen.*

E

WILDERNESS WALL

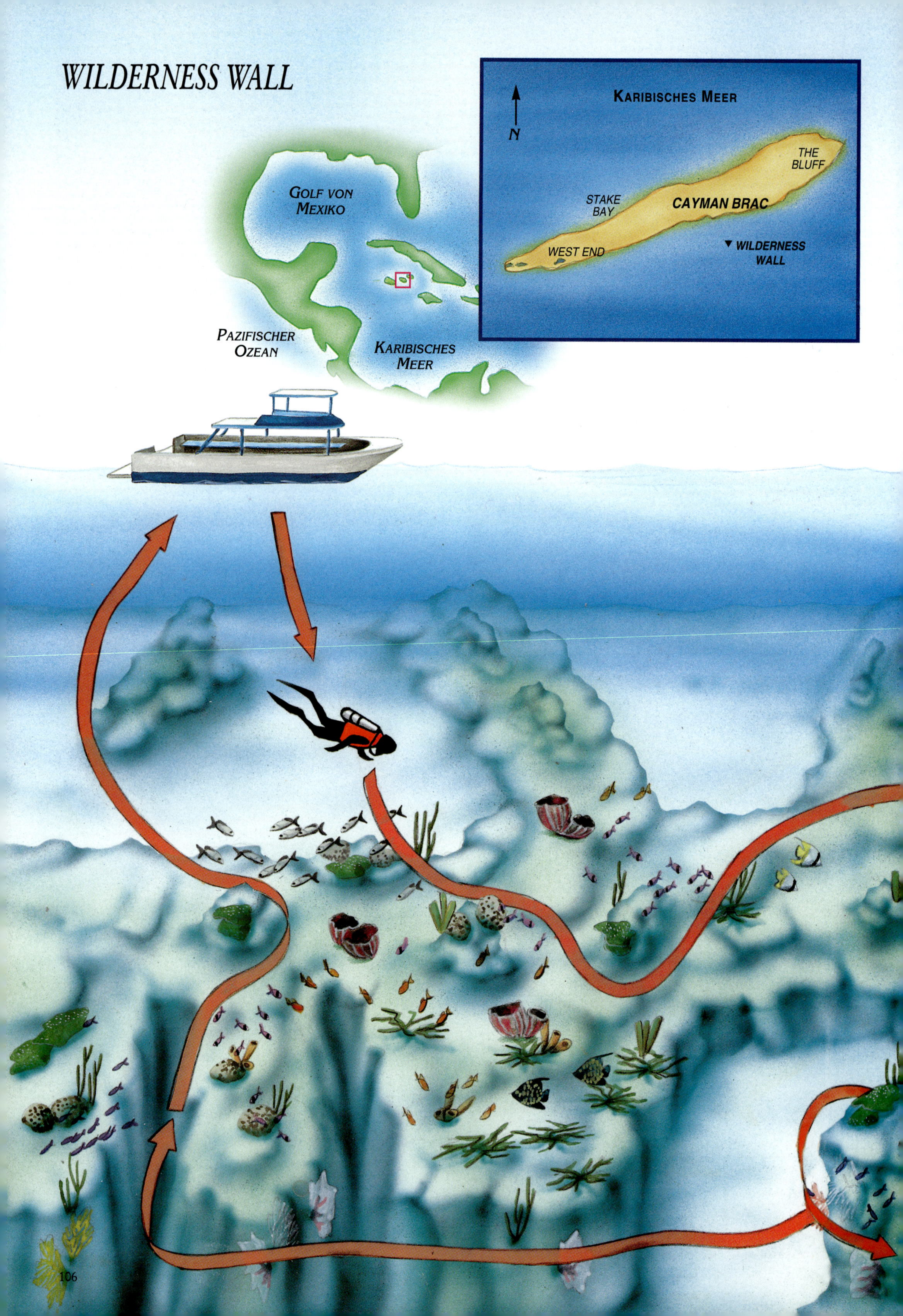

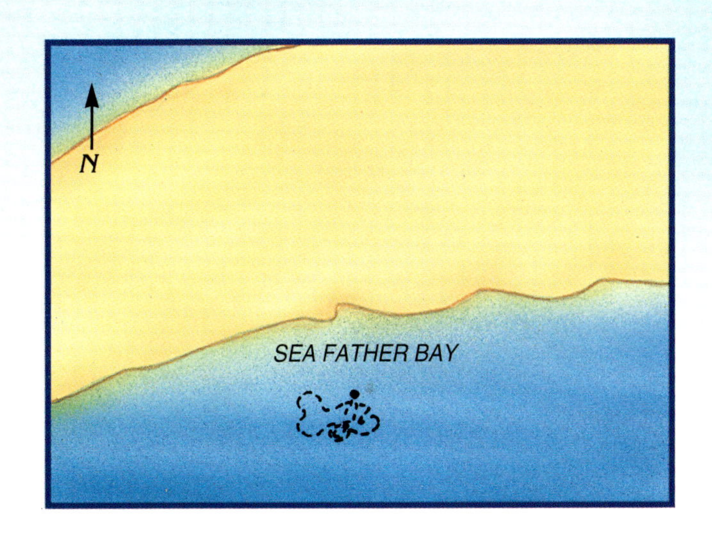
N
SEA FATHER BAY

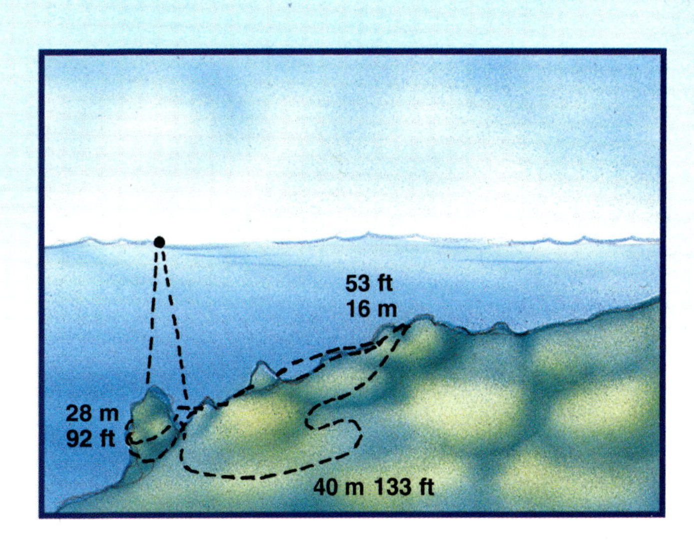
53 ft
16 m
28 m
92 ft
40 m 133 ft

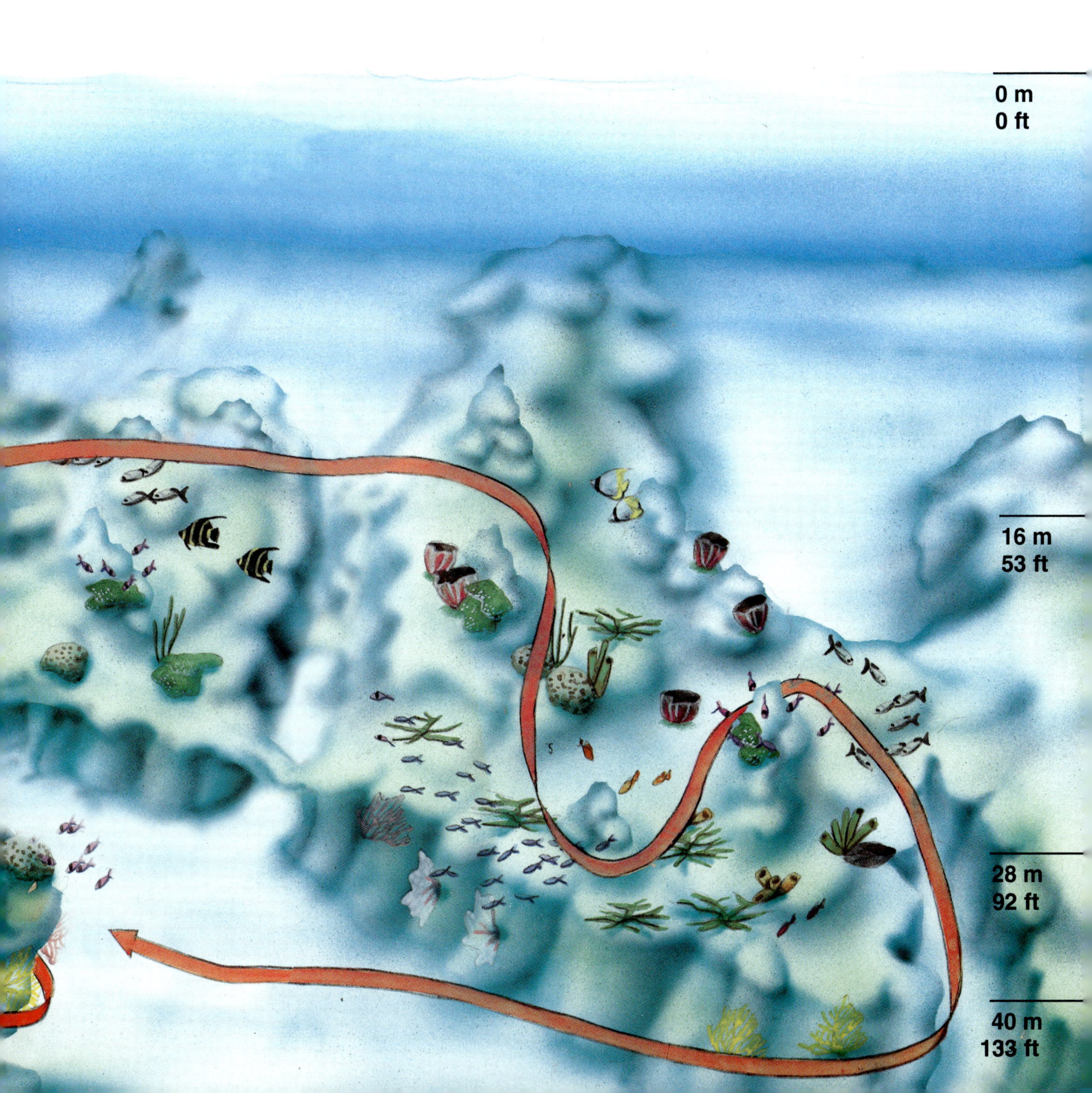
0 m
0 ft
16 m
53 ft
28 m
92 ft
40 m
133 ft

A - Interessant zu erforschen sind die Einschnitte im vorderen Bereich der Wilderness Wall.

B - Ein Gewirr von Seil-Schwämmen baumelt an der Unterseite des Korallenvorsprungs bei der Wilderness Wall.

Die Riffwand an diesem Tauchplatz ist in sich gewunden und von interessanten Canyons unterbrochen, die es zu erkunden gilt. Mehrere Felsspitzen ragen vom Riff empor. Der Gipfel der bekanntesten liegt bei etwa 25 bis 27 Meter Tiefe und ist von Hart- und Weichkorallen überwuchert. Westlich der Felsspitze ist ein großer Vorsprung zu sehen, dessen steil abfallende Seiten an einigen Stellen eingeschnitten sind. Diese Hohlräume sind von verschiedenen Schwämmen ausgefüllt, die in den unglaublichsten Formen wachsen. Die Äste der Elchgeweih-Schwämme wachsen spiralförmig und überdecken braune Röhren- und violette Fingerschwämme. Krustenbildende Schwämme haben sich überall dort niedergelassen, wo sie einen harten Untergrund zur Verfügung haben. Unter dem Licht einer mitgebrachten Lampe entfalten sie ihre hellrote und gelbe Farbe. Die große Korallendichte lockt eine Unmenge von Fischen und Wirbel-

A

B

C

D

C - Ein Taucher strahlt eine filigrane Schwarze Korallen-Kolonie an, die sich bei etwa 25 Meter Tiefe an der Wilderness Wall angesiedelt hat.

D - Großaugen-Makrelen kreisen häufig im Blauwasser an der Wilderness Wall umher.

E - Ein Taucher folgt den silbernen Reflexionen eines Makrelen-Schwarms an der Wilderness Wall.

F - Auf dieser Nahaufnahme sind ein paar Schulmeister-Schnapper (Lutjanus apodus) *zu erkennen, ganz typische Bewohner der Wilderness Wall.*

G - Ein Karibik-Juwelenbarsch (Cephalopholis fulvus) *öffnet sein Maul für einen Putzer-Fisch an der Wilderness Wall.*

E

F

losen an, denn die Riffe bieten reichlich Unterschlupf und Nahrung. Vier Mitglieder der Kaiserfisch-Familie – Felsschönheit, Franzosen-Kaiserfisch, Grauer Kaiserfisch und Diadem-Kaiserfisch – kommen hier besonders zahlreich vor. Westlich von diesem Platz gibt es zwei weitere große Vorsprünge. Von jedem Vorsprung sind die anderen jeweils gut zu erkennen. Wenn Sie lieber von Spitze zu Spitze tauchen möchten statt an der Riffwand entlang, dann achten Sie besonders auf Ihren Tiefenmesser. Man merkt gar nicht, wie schnell man absinkt, wenn man unter sich keinen Grund zur Orientierung sieht. In der Wassersäule über der Riffwand sind stets verschiedene

G

Riffische unterwegs. Schwarze Drückerfische, Kreolen-Lippfische, Bermuda-Ruderfische und Blaurücken-Stachelmakrelen sind in großer Zahl vertreten. Silberling-Schwärme aus Großaugen-Makrelen sieht man auch hin und wieder, doch im allgemeinen kreuzen sie lieber in den blauen Tiefen des Freiwassers umher. Nur wer sich den Makrelen vorsichtig nähert, schreckt die Fische nicht auf.

Die Wilderness Wall liegt an der Südwand von Cayman Brac. Die Riffwand beginnt bei 18 Meter Tiefe. Die Sichtweite beträgt 30 Meter und mehr. Die Strömungen sind sehr wechselhaft.

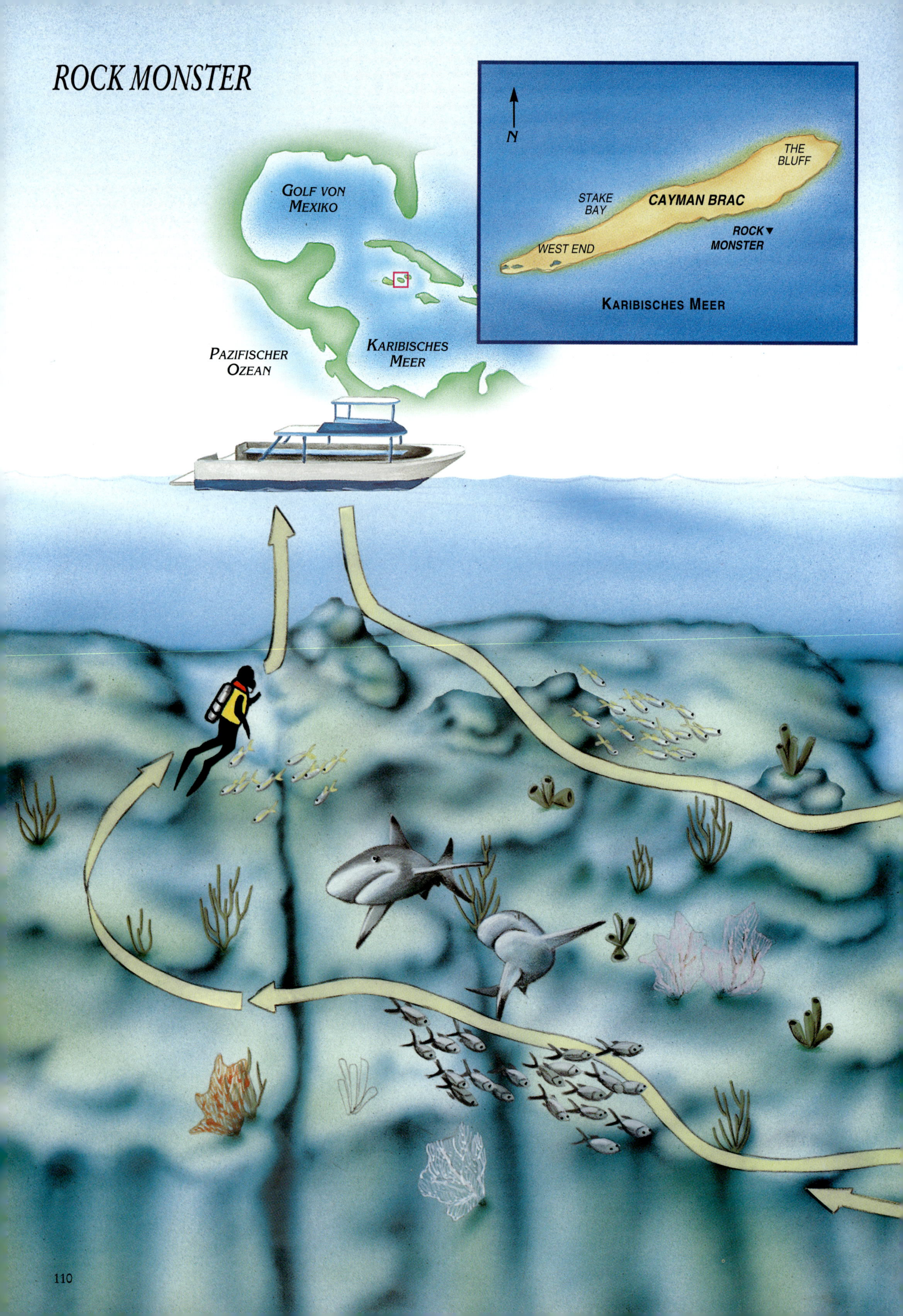
ROCK MONSTER
N
THE BLUFF
STAKE BAY
CAYMAN BRAC
ROCK MONSTER
WEST END
KARIBISCHES MEER
GOLF VON MEXIKO
PAZIFISCHER OZEAN
KARIBISCHES MEER

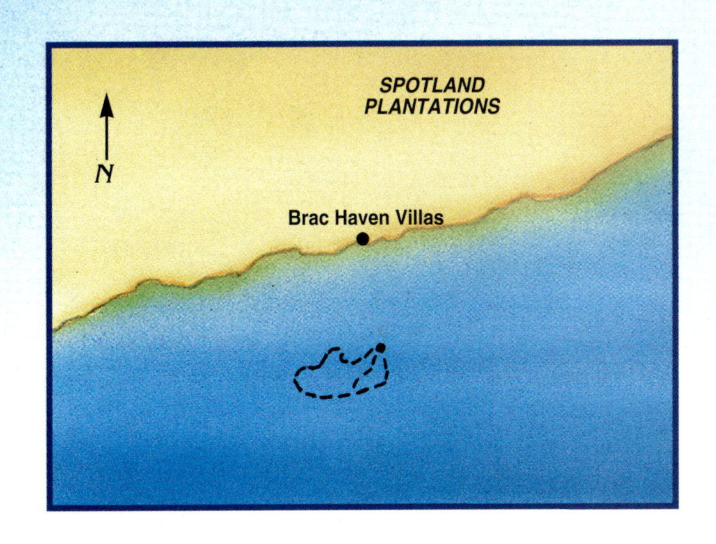
SPOTLAND
PLANTATIONS
N
Brac Haven Villas

20 m
67 ft
40 m
133 ft

0 m
0 ft
20 m
67 ft
40 m

A - Ein Taucher strahlt mit seiner Taschenlampe eine Tiefsee-Gorgonie an, die in einer Grotte beim Rock Monster hängt.

B - Klares Wasser und fehlende Suspension sind die besten Voraussetzungen, um silberfarbene Fische – wie diese Großaugen-Makrelen (Caranx latus) *– zu fotografieren.*

Wenn Sie sich auf Cayman Brac befinden und plötzlich große Lust auf ruhige See und pralle Sonne verspüren, dann beginnen Sie doch einfach, den Song „Bluff Run“ zu summen. Vielleicht versteht Ihr Tauchlehrer den Wink ja und organisiert einen Ausflug entlang der Südküste bis zum östlichen Ende der Insel. Sie werden dabei eine wunderschöne Bootsfahrt erleben und ziemlich unberührte Tauchplätze entdecken. Die Gebiete „Rock Monster“, „Son of Rock Monster“, „Bluff Wall“ und „Ken's Mountain“ eignen sich alle für Steilküstentauchgänge. Die Beschreibung des „Rock Monster“ ist auch auf andere Plätze übertragbar. Die Riffwand, durch die sich große Sandtunnel und Canyons ihren Weg bahnen, beginnt bei etwa 18 Metern. Der Sand fließt wie ein Wasserfall durch die Riffwand. Einige der Spalten sind völlig bewachsen. Weiter drinnen liegen Tunnel verborgen. Die einen treten seitlich am

A

D

B

E

C

C - Perfekt getarnt ruht der Spitzkopfkugelfisch (Canthigaster rostrata) *auf dem Schwamm.*

D - Tiefsee-Fächer (Iciligorgia schrammi) *und Rote Röhren-Schwämme* (Aplysina cauliformis) *an der Wand des Rock Monster. Taucher sollten sehr vorsichtig*

F

Riffhang heraus, die anderen winden sich nach oben.
Viele der Riffe sind mit verschiedensten Seil- und Röhrenschwämmen gespickt und machen diese Gegend zu einem Paradies für Fotografen – besonders für Weitwinkelaufnahmen. Aus irgendeinem Grund leben an dieser Riffwand jedoch nur wenige Fischarten. Natürlich sichtet man immer mal wieder pelagische Fische, wie den Karibik-Schwarzspitzenhai, aber sonst ist das Riff eher fischarm.
Die Hauptattraktion dieses Tauchplatzes ist die atemberaubende Sicht von 45 Metern! Oft herrscht eine mäßige bis starke Strömung.

G

I

H

sein, wenn sie sich diesen Meisterwerken der Natur nähern.

E - Einen Karibischen Oktopus (Octopus briareus) *am sandigen Grund liegen zu sehen, ist ziemlich ungewöhnlich.*

F - Entlang des Riffs können Taucher viele interessante Meeresbewohner entdecken – wie diesen Grauen Kaiserfisch (Pomacanthus arcuatus).

G - Eine Grüne Meeresschildkröte entfernt sich bei Nacht aus dem Schutz des Riffs und schwimmt ins offene Meer hinaus.

H - Eine Gefleckte Muräne (Gymnothorax moringa) *streckt verstohlen den Kopf aus ihrem Versteck.*

I - Ein Papageienfisch stellt sich schon einmal auf die Nacht am Rock Monster ein.

LITTLE CAYMAN

A

B

A - Eine De Havilland Twin Otter nimmt auf der Wiese des Edward-Bodden-Flugfelds auf Little Cayman Passagiere auf.

B - Friedliche Strände sind eine der vielen Naturattraktionen auf Little Cayman.

C - Auf dieser Luftaufnahme von Little Cayman sind Bloody Bay und Jackson Bight zu sehen.

D - Die Gewässer um Little Cayman sind sehr artenreich. Hier ist ein gemischter Verband Grunzer und Schnapper am Three Fathom Wall zu sehen.

E - Natürliches Licht und die Lampe des Fotografen reflektieren auf dem weißen, sandigen Grund und erhellen den Eingang einer Höhle bei Cumber's Cave. Die Tiefe beträgt dort etwa16 Meter.

Little Cayman liegt nur elf Kilometer von Cayman Brac entfernt und befindet sich 138 Kilometer nordöstlich von Grand Cayman. Little Cayman galt viele Jahre lang als die wildeste der Cayman Islands. Die legendären Tauchattraktionen der Insel haben die Entwicklung in letzter Zeit vorangetrieben. Einst gab es nur ein paar Gästehäuser und kleine Resorts, nun stehen fünf Resorts und verschiedene Appartments zur Verfügung.

Auf Little Cayman ist ein regelrechter Hotelboom ausgebrochen, und obwohl die Resorts noch immer klein sind, haben sie insgesamt sehr viele Taucher auf die Insel geholt. Die Insel ist nur 14 Kilometer lang und kaum eineinhalb Kilometer breit. Das Land ist meist flach und erhebt sich höchstens zwölf Meter über den Meeresspiegel. In der Nähe gibt es eine kleine, aber malerische Insel names Owen Island. Dieses etwa 44 ha kleine Inselchen ist ein Vogelschutzgebiet und hat einen wunderschönen Sandstrand, der ein beliebter Picknickplatz für Little Cayman-Besucher geworden ist.

Die meisten Tauchplätze auf Little Cayman befinden sich in einem der beiden Haupttauchgebiete Bloody Bay und Jackson Bight. Da das Tauchen in den zwei Bereichen sehr unterschiedlich ist, werden in diesem Kapitel einige Tauchplätze aus beiden Gebiete getrennt voneinander beschrieben.

C

D

E

JACKSON BIGHT
MAGIC ROUNDABOUT

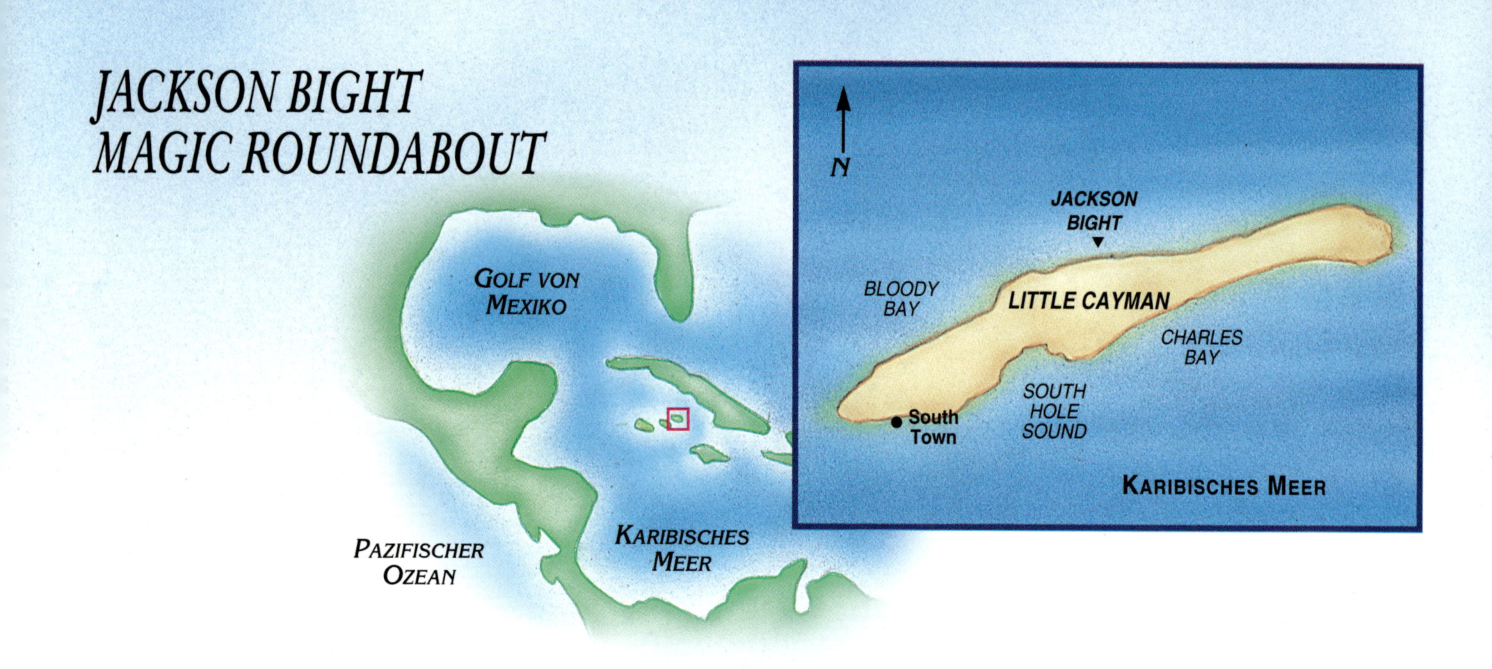

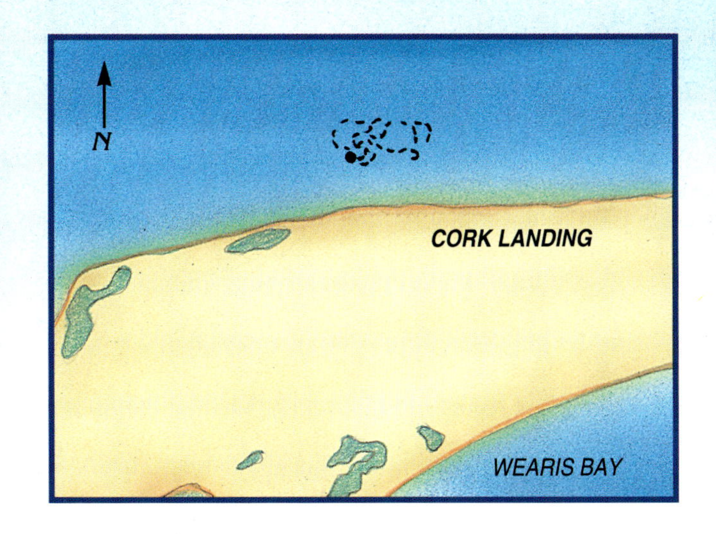
N
CORK LANDING
WEARIS BAY

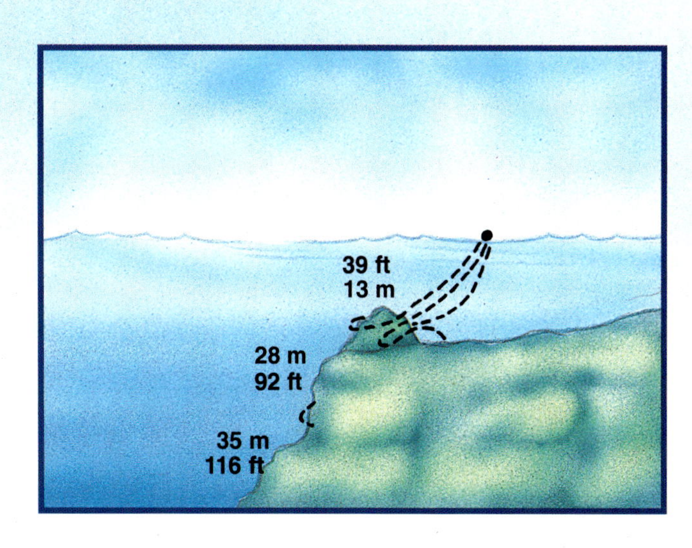
39 ft
13 m
28 m
92 ft
35 m
116 ft

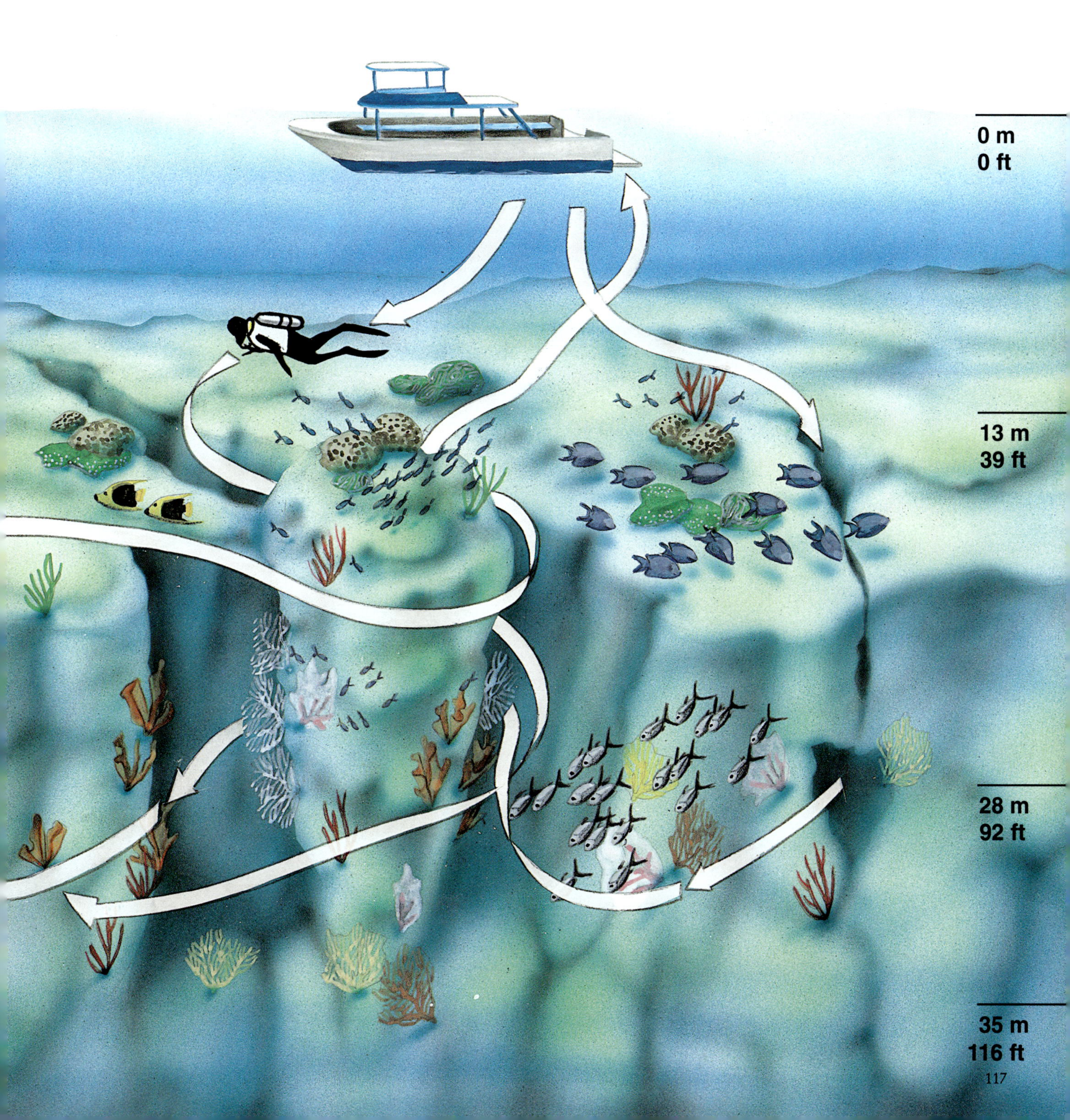
0 m
0 ft
13 m
39 ft
28 m
92 ft
35 m
116 ft

A - Ein Taucher nähert sich vorsichtig einem Gemeinen Husar (Holocentrus adscensionis) *am Magic Round about.*

B - Jeder Riffbereich wird geschützt. Hier kämpfen verschiedene Schwamm-Arten um Lebensraum.

C - Eine Tiefsee-Gorgonie (Iciligorgia schrammi) *beherrscht diesen Bereich am Magic Roundabout.*

D - An geschützten Stellen der tiefen Überhänge von Magic Roundabout wachsen üppige Röhrenschwämme.

A

In den Tauchinstruktionen für Magic Roundabout wird meist eine Felsspitze beschrieben. Diese Felsspitze ist bewachsen, steht dicht an der Riffwand und berührt einen Vorsprung, so daß man sie leicht verpaßt, wenn man nicht weiß, welchem Canyon man folgen muß. Der beste Weg, den Roundabout zu erkunden, ist, einem erfahrenen Tauchführer hinterherzuschwimmen. Felsspitze und Roundabout befinden sich in einer Tiefe von 21 bis 36 Meter. In einer Spalte sind viele Arten Schwarzer Korallen, Seilschwämme und Orangefarbene Elefantenohr-Schwämme zu bewundern. Am Ausgang des Roundabout fällt die Riffwand steil ab. Es ist egal, in welcher Richtung der Taucher am Ausgang weiterschwimmt, denn der Bewuchs ist zu beiden Seiten gleich schön – und das noch Hunderte von Meter lang. Die Riffwand ist faszinierend, das Flachwasser ist jedoch noch reicher an Meeresleben. Nach einem kurzen Abstieg in die Tiefe begeben sich die meisten Taucher schnell wieder in flachere Bereiche, in denen sie nicht so viel Stickstoff im Gewebe anreichern.

Die Mischung aus skurrilen Sandbewohnern und einem reichen Korallenriff macht die Jackson Bight zu einem Paradies für Fischbeob-

B

E

C

D

achter. Schleimfische kommen im Flachwasser besonders häufig vor, sogar der seltene Segelflossen-Hechtschleimfisch, der Gelbköpfige Diamanten-Blenny und der Dunkle Blenny. Der flache Bereich von Magic Roundabout ist auch ein geeigneter Ort, um Papageifische aller Altersstufen zu entdecken. Dieser Platz ist ideal für einen zweiten Tauchgang. Er verspricht jede Menge Abwechslung und aufgrund der geringen Tiefe ein entspanntes Ausklingen des Tauchtages.

E - Massige Blöcke Großer Sternkorallen (**Montastrea cavernosa**) *bedecken das Riffdach am Magic Roundabout.*

F - Hell scheint die Sonne durch das klare Cayman-Wasser – sogar bis in 30 Meter Tiefe. Ganz deutlich sind die Silhouette des Tauchers im Hintergrund und die Tiefsee-Gorgonien im Vordergrund zu erkennen.

G

F

G - Der Atlantische Manta (**Manta birostris**) *gleitet durch das tiefe Wasser am Magic Roundabout.*

H

H - Ein Königin-Papageifisch (**Scarus vetula**) *verharrt bewegungslos. Wahrscheinlich schläft er. Nachts schützt er sich durch einen Schleim-Kokon.*

EAGLE RAY ROUNDUP

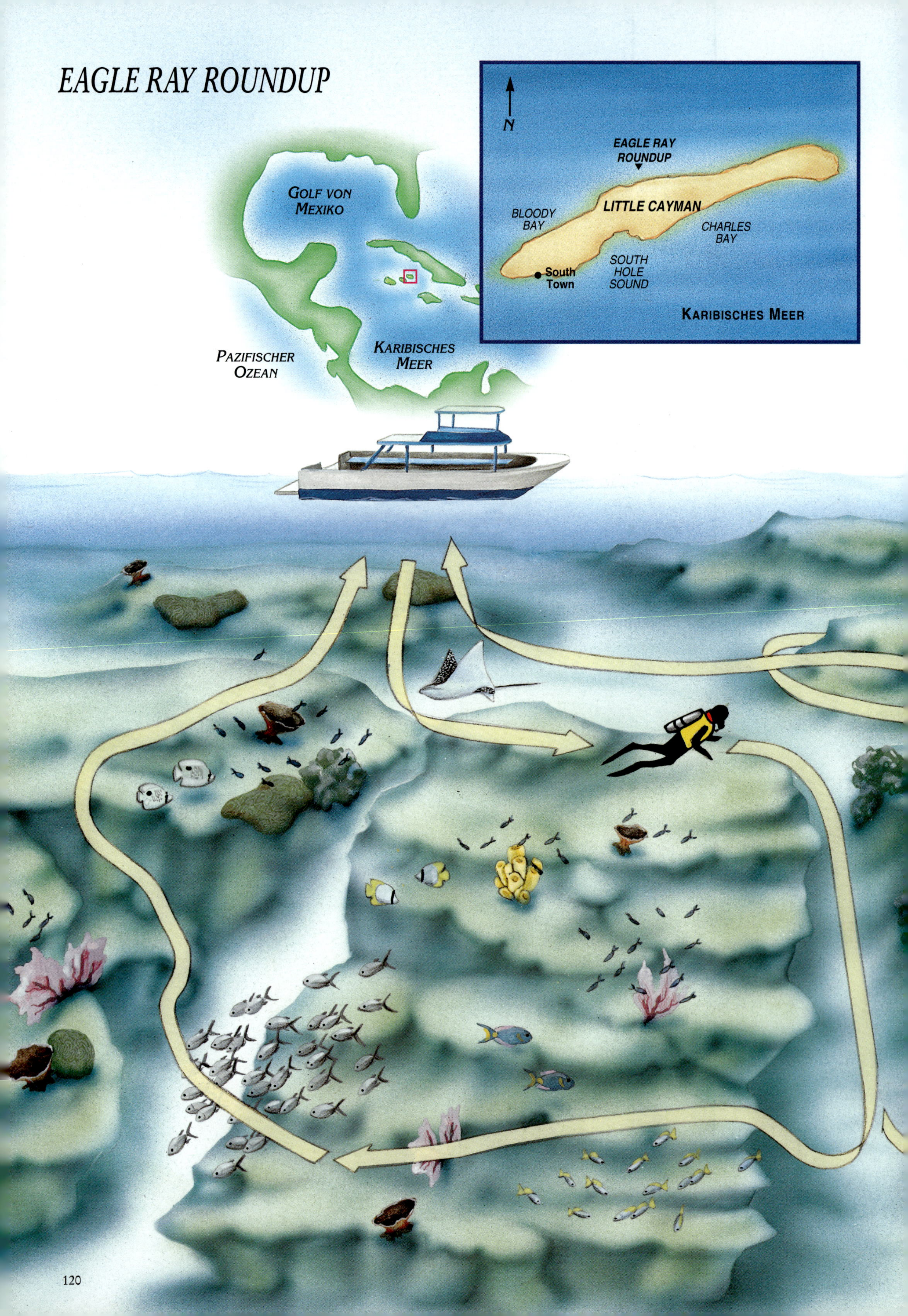

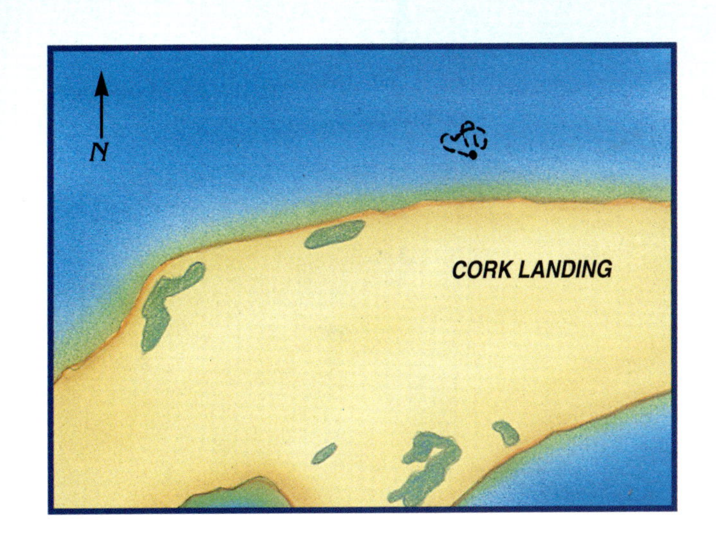
N
CORK LANDING

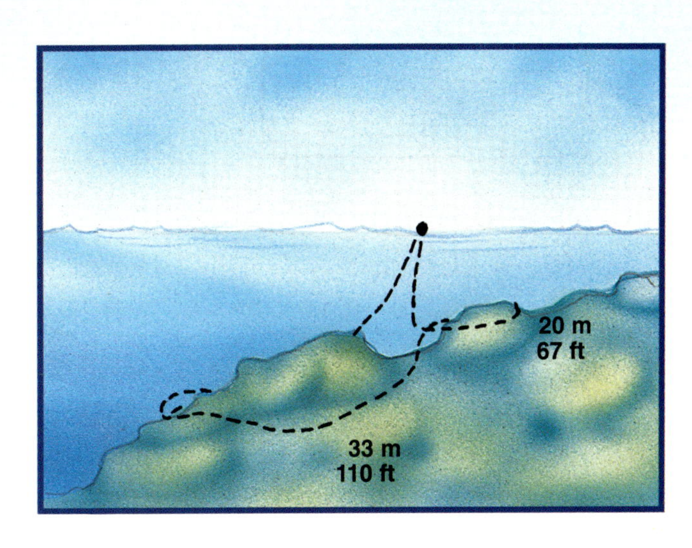
20 m
67 ft
33 m
110 ft

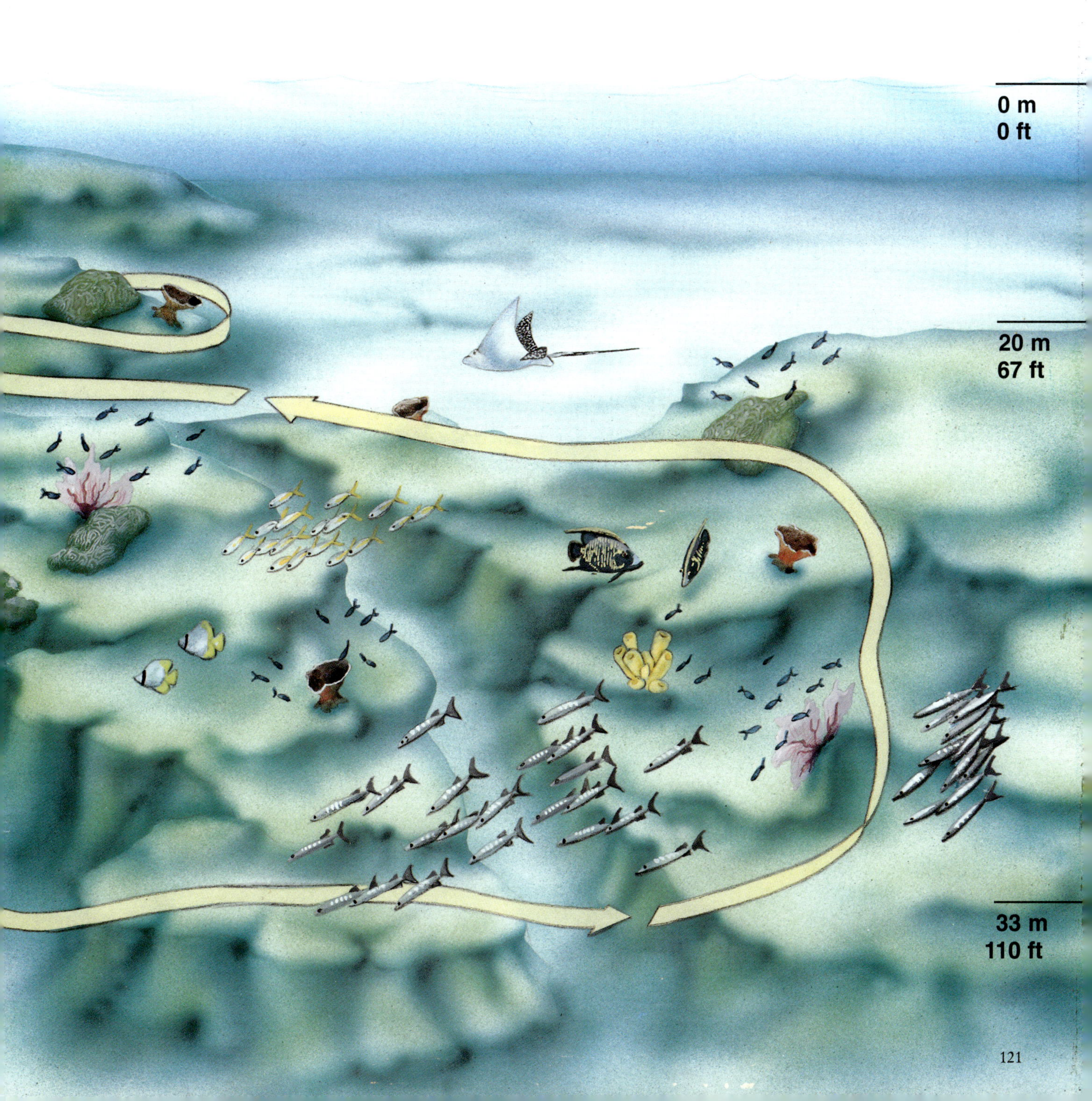
0 m
0 ft
20 m
67 ft
33 m
110 ft

A - Der Taucher folgt einem Schwarm Großaugen-Makrelen (Caranx latus) *ins offene Meer, das gleich hinter der Wand beim Eagle Ray Roundup beginnt.*

B - Diese Sternkoralle ist sehr interessant, weil man die pilzartige Form der älteren Korallenkolonien erkennen kann.

Der Anlegeplatz von Eagle Ray Roundup befindet sich in einer weiten Sandarena. Gefleckte Adlerrochen gehen hier auf Futtersuche: Sie fressen kleine Schalentiere, die sich im Sand vergraben haben. Amerikanische Stechrochen kommen aus demselben Grund an diesen Platz.

Der Karibik-Ammenhai wurde sogar schon dabei beobachtet, wie er nach den hier weit verbreiteten Fechterschnecken jagte. Das etwas bizarre Freßritual sieht so aus: Der Karibik-Ammenhai dreht die Schnecke mit seiner Schnauze um und saugt die Schnecke dann aus ihrem Gehäuse heraus. Wahrscheinlich existieren jedoch mehr Fechterschnecken, als der Karibik-Ammenhai je verspeisen kann, denn an allen sandigen Stellen der Jackson Bight wimmelt es von diesen Tieren.

Ein flacher Korallenpfeiler erhebt sich über die zur Küste gerichtete Sandfläche. Die oberen Korallen sind leider nicht so makellos wie die in nur wenig tieferem Wasser, aber das ist wahrscheinlich die Folge von Sturmfluten. Korallenflecken im Sand beheimaten Trompetenfische, Kaiserfische, Riffbarsche und Doktorfische. Mit ihren zahlreichen Putzerstationen lockt das Riff auch Tiger-Zackenbarsche an.

In der weiten Sandebene lebt eine große Population Karibik-Röhrenaale in engen Löchern, umringt von flachen Korallenhügeln. Der krustige Bewuchs am Riffhang

B

A

C

C - Der Fotograf nimmt einen erdbeerfarbenen Vasen-Schwamm (Mycale laxissima) *am Eagle Ray Roundup ins Visier.*

D - Am sandigen Grund des Eagle Ray Roundup entdeckt der Taucher die in der Karibik beheimatete Fechterschnecke (Strombus gigas).

vom Eagle Ray Roundup ist dünner als an den Tauchplätzen der Bloody Bay. Dafür gibt es viele farbenfrohe Schwämme und Schwarze Korallen. Wie an fast allen Tauchplätzen der Jackson Bight ist die Sicht auch am Eagle Ray Roundup meist ausgezeichnet. Im Schnitt ist am Riffhang eine Sichtweite von 30 Meter zu erwarten. Bei Flut kann das Wasser zwischen vier und sechs Meter etwas trüber sein. Doch ab 15 Meter Tiefe hat man auf jeden Fall wieder klaren Sicht.

F

D

E

G

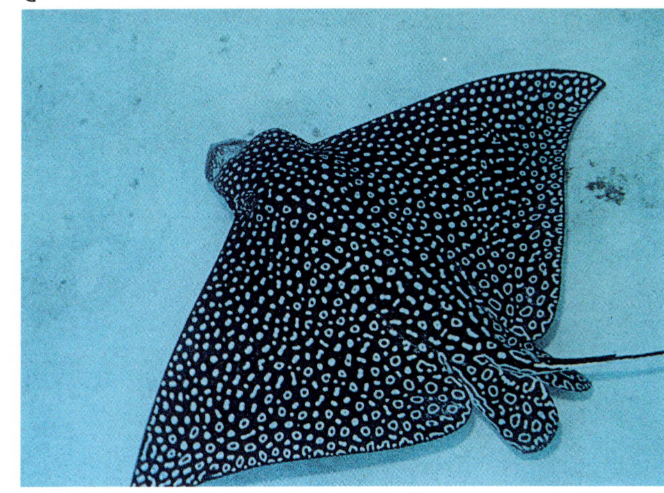

E - Dieses Bild konnte der Fotograf leicht schießen, denn der Tiger-Zackenbarsch (Mycteroperca tigris) *verharrt bewegungslos bei der Putzerstation am Eagle Ray Roundup.*

F - Ein Gelbschwanz-Schnapper (Ocyurus chrysurus) *versteckt sich vor dem Fotografen hinter einem Gelben Röhrenschwamm.*

G - Ein Gefleckter Adlerrochen (Aetobatus narinari) *ist im Sand des Eagle Ray Roundup auf Futtersuche nach Invertebraten.*

CUMBER'S CAVES

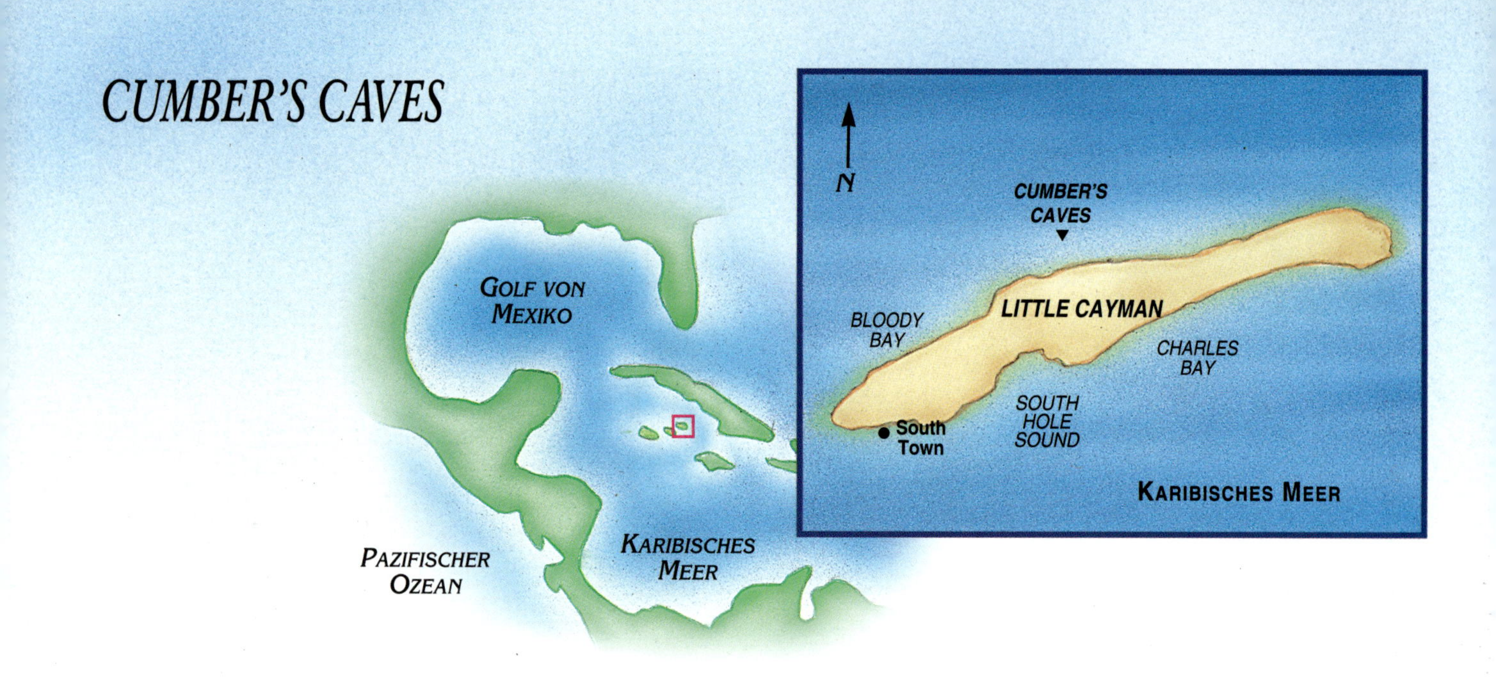

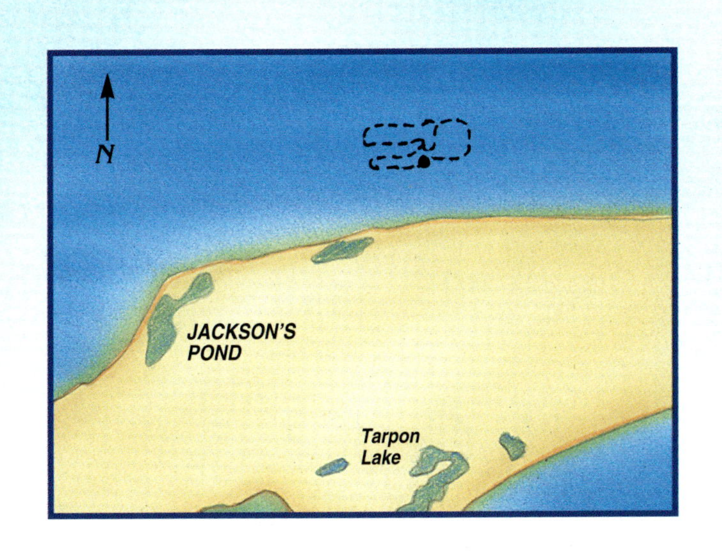
N
JACKSON'S
POND
Tarpon
Lake

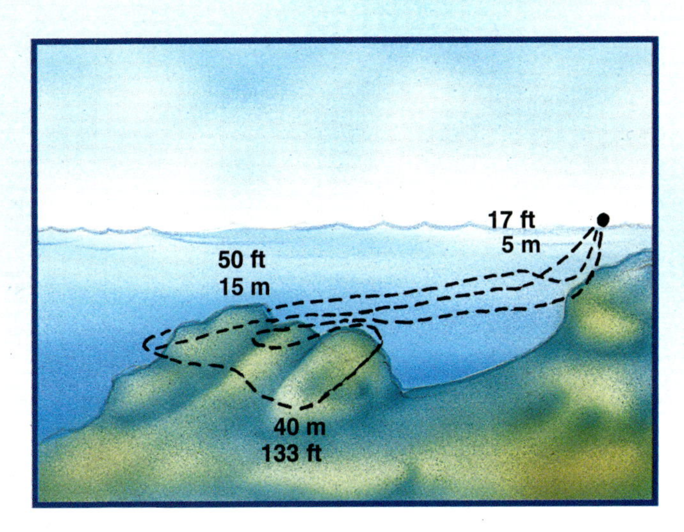
17 ft
5 m
50 ft
15 m
40 m
133 ft

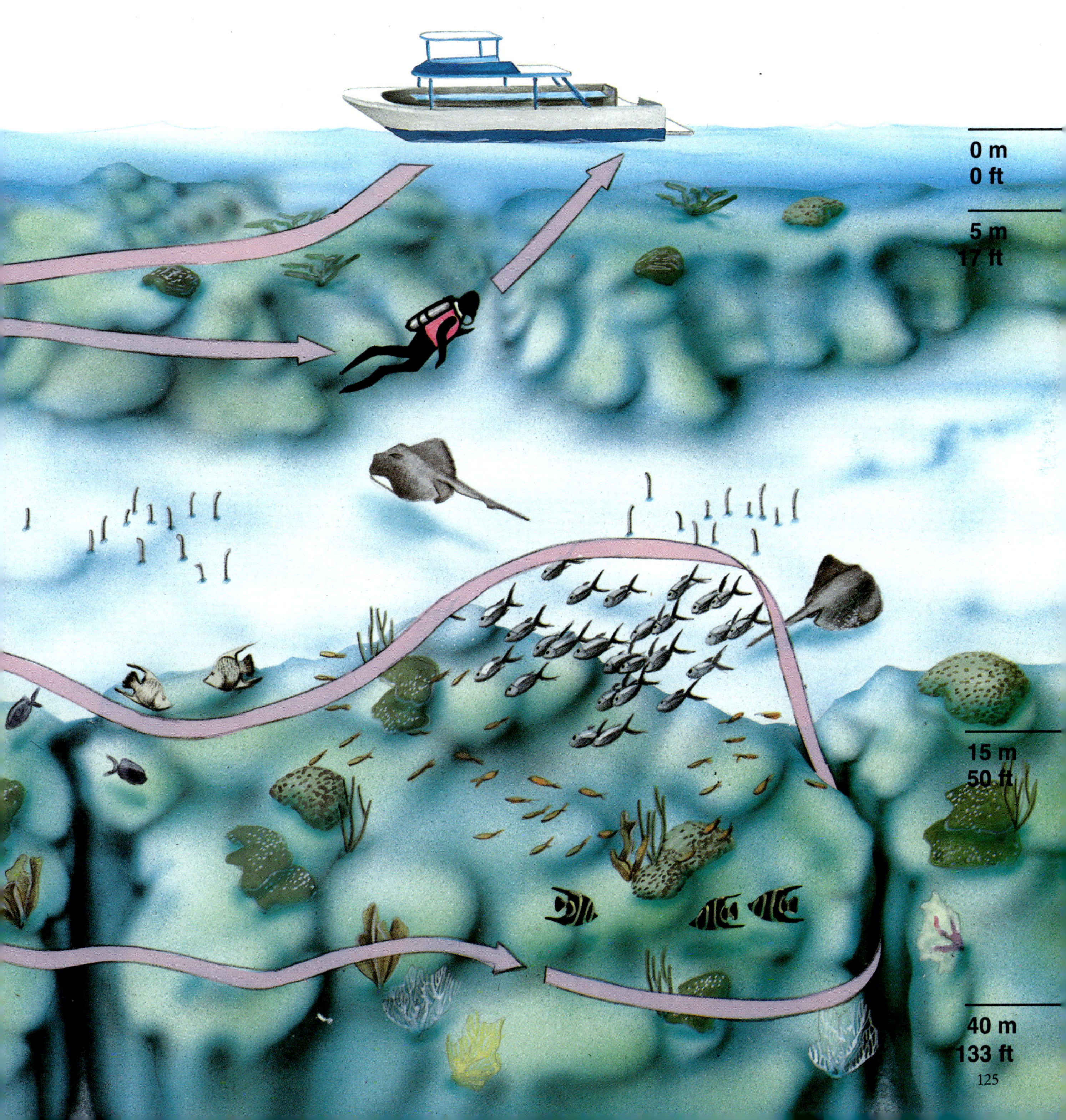
0 m
0 ft
5 m
17 ft
15 m
50 ft
40 m
133 ft

A

B

C

In der Nähe der Cumber's Caves ist die Struktur der Riffwand ganz anders als an den meisten Tauchplätzen der Cayman Islands. Für den gesamten Bereich in der Jackson Bight ist sie jedoch typisch. An der Spitze der Riffwand hat sich eine Art Korallenbrüstung gebildet, an der landwärtigen Seite erstreckt sich eine weite Sandebene.

Der Grund wird von Karibik-Röhrenaalen bewohnt, die sich durch den Sand schlängeln. Wenn sich ein Taucher den Aalen nähert, gleiten die scheuen Tiere – mit dem Hinterteil voran – in ihre Löcher. Mit etwas Geduld kann man jedoch beobachten, wie sie sich vor- und zurückschlängeln, um mikroskopisch kleine Nahrung aus dem Wasser zu picken.

Auch für zahlreiche Amerikanische Stechrochen bietet die Sandebene reichlich Nahrung, die sie unermüdlich im Sand suchen. Wenn sie meinen, Beute erspäht zu haben, saugen sie diese aus dem Sand heraus und schwingen dabei auf und ab.

Oft schwimmen Blaurücken-Stachelmakrelen und Karibik-Juwelenbarsche über einem Rochen, weil sie glauben, eine Freibeute ergattern zu können. Die Fische scheinen den Rochen als ihr Eigentum zu betrachten, denn energisch bekämpfen sie jeden Fisch, der versucht, mitzumischen.

Das Einzigartige an Cumber's Caves sind die kleinen Höhlen mit Decken aus versteinertem Kalziumkarbonat und Böden aus Sand.

Das Dach der Höhlen ist im Prin-

A - Taucher nähern sich dem Eingang zu einer Höhle an Cumber's Caves. Hier ist es etwa 16 Meter tief.

B - Tiefsee-Gorgonien und verschiedene Röhrenschwämme wachsen hier dicht beieinander, wie es für die tieferen Region von Cumber's Caves typisch ist.

C - Ein Taucher schwimmt gerade in eine Höhle der Cumber's Caves, die mit feinem Sand bedeckt ist.

D - Ein Nassau-Zackenbarsch **(Epinephelus striatus)** *posiert für die Videokamera.*

D

zip die Oberseite der Riffwand, und der untergrabene Bereich hat seine Öffnung am Riffhang in einer Tiefe von 18 bis 36 Meter.
Die Höhlen sind wahrscheinlich als Sandrutschen entstanden, die sich durch die Korallenkolonien an der Riffwand zogen. Die Korallen sind dann allmählich über die Rutschen hinausgewachsen und haben die Täler in Höhlen verwandelt. Die Höhlenwände sind ziemlich weich und an einigen Stellen kahl.

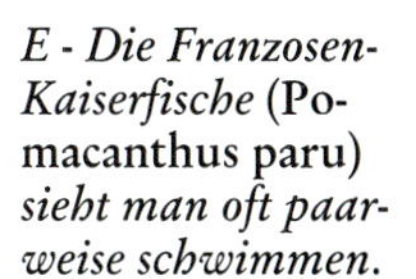

E - Die Franzosen-Kaiserfische (**Pomacanthus paru**) *sieht man oft paarweise schwimmen.*

F - Auf diesem Foto zeigt sich der Graue Kaiserfisch (**Pomacanthus arcuatus**) *in seiner ganzen Pracht.*

E

F

G

An anderen wiederum tragen sie einen dicken Bewuchs aus Schwämmen und krustenbildenden Korallen.
Cumber's Caves liegen im Norden von Little Cayman und grenzen an die Jackson Bight. Die Sichtweite beträgt an der Riffwand normalerweise etwa 30 Meter. Der sandige Bereich an der flachen Seite des Riffhangs kann jedoch ein wenig aufgewühlt sein, wenn gerade Flut ist oder starker Wind herrscht.

G - Wer den sandigen Grund sehr aufmerksam beobachtet, kann sehr scheue Tiere bemerken: den Karibik-Röhrenaal (**Heteroconger halis**).

BUS STOP

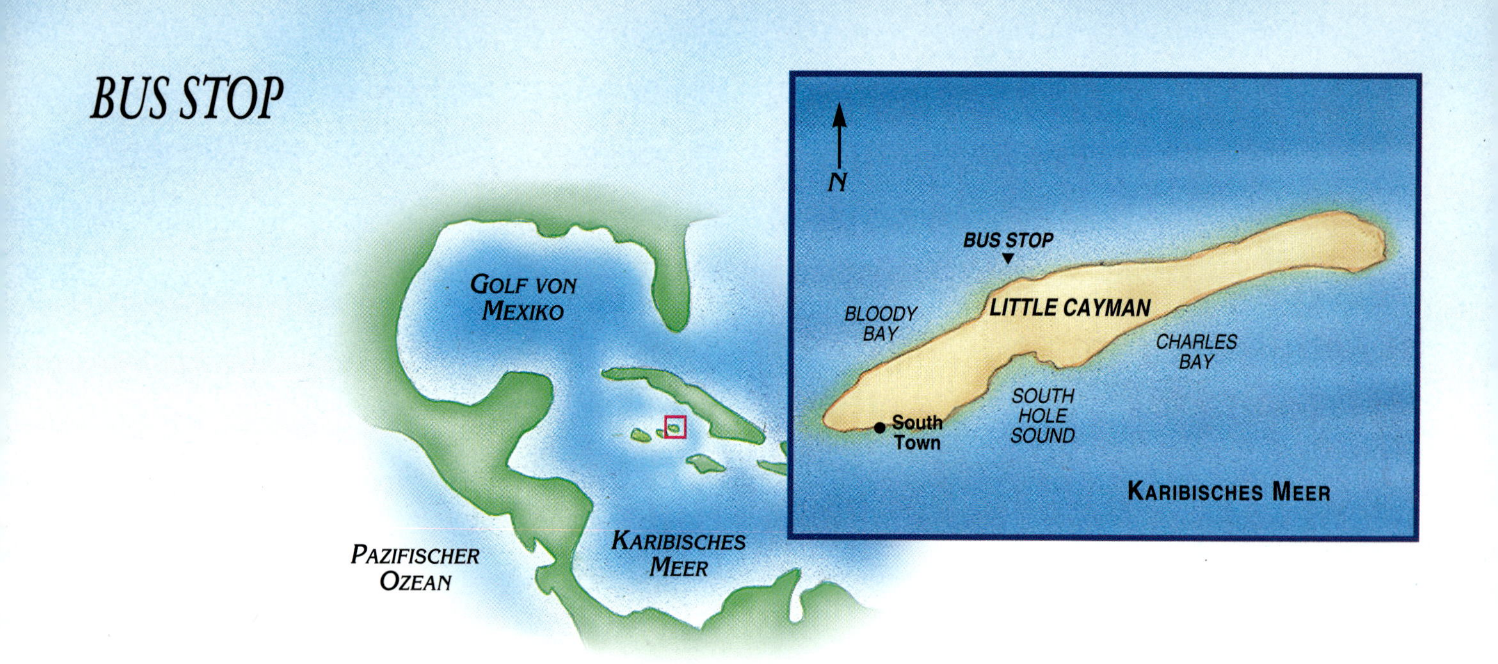

Golf von Mexiko
Pazifischer Ozean
Karibisches Meer
N
BUS STOP
LITTLE CAYMAN
BLOODY BAY
CHARLES BAY
South Town
SOUTH HOLE SOUND
Karibisches Meer

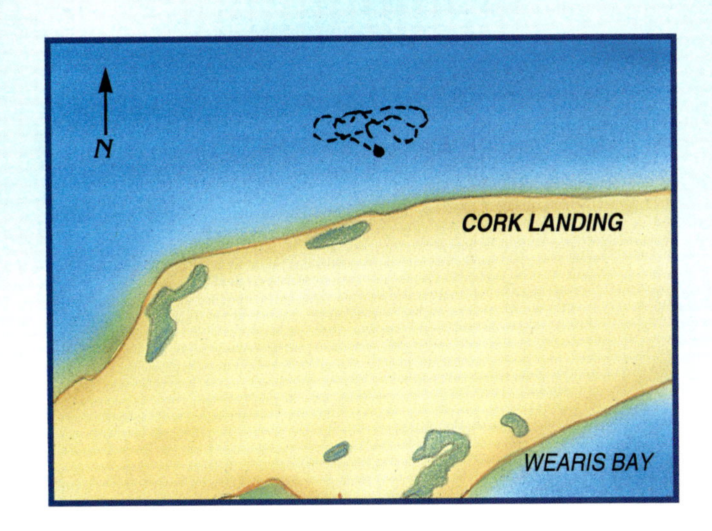
N
CORK LANDING
WEARIS BAY

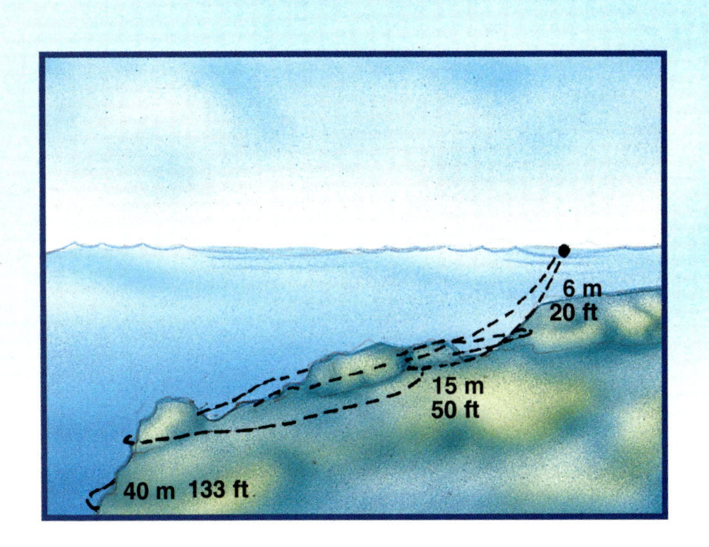
6 m
20 ft
15 m
50 ft
40 m 133 ft

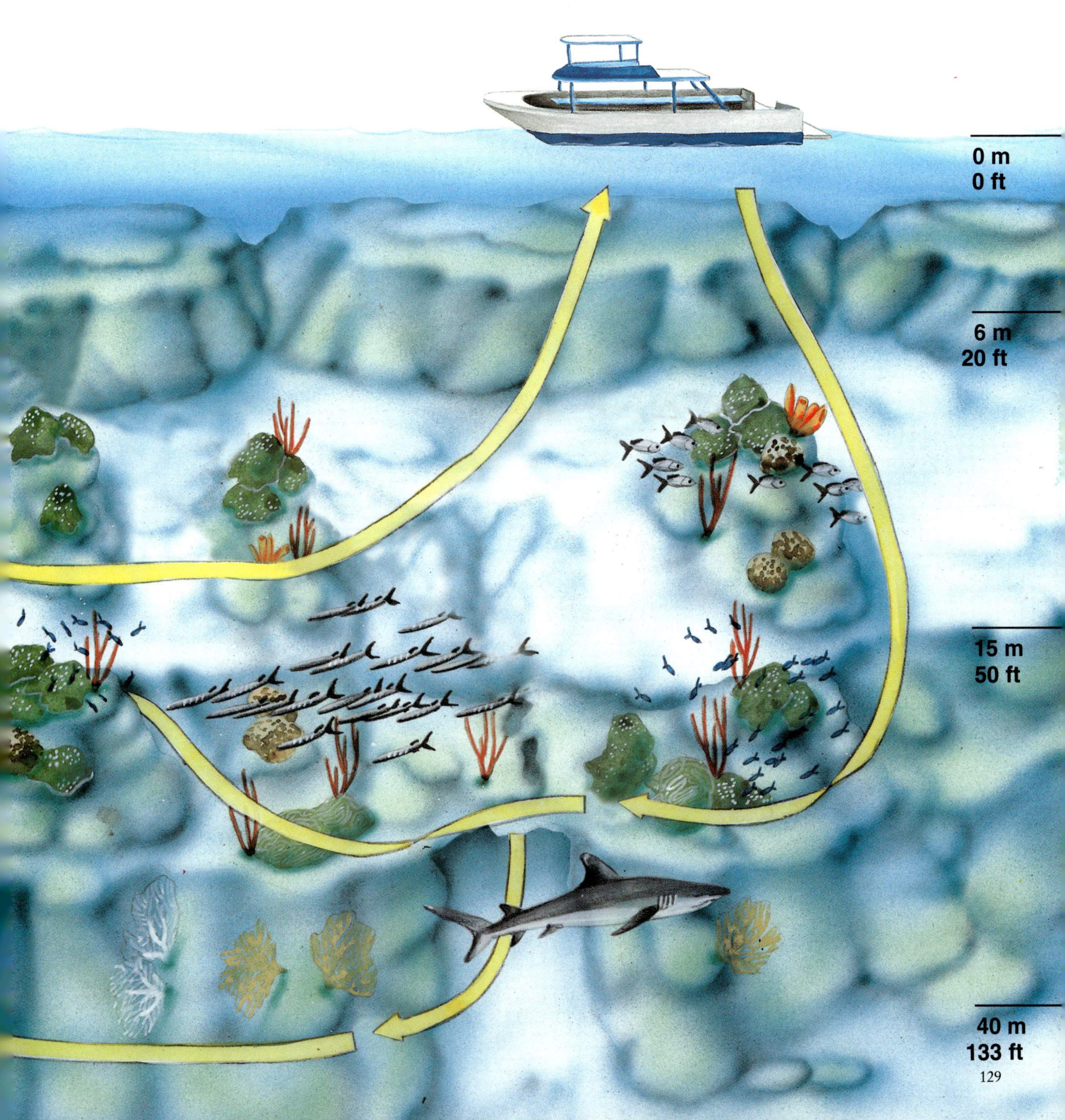
0 m
0 ft
6 m
20 ft
15 m
50 ft
40 m
133 ft

Ein defekter Schulbus an der Küste gab diesem Tauchplatz seinen Namen, auch wenn der Bus mittlerweile verschwunden ist.
Am flachen Riffende dieses Platzes gibt es eine kleine Riffwand. Zur Küstenseite hin fällt Geröll herab, was in der Jackson Bight öfter vorkommt. Einige kleine Koralleninseln ragen von einer Sandebene in 15 Meter Tiefe bis zu neun Meter empor. In dieser Tiefe treten vermehrt Becherschwämme auf, die deutlich sichtbar zwischen den Hartkorallen wachsen. In der Richtung, in der die Boote normalerweise an diesem Tauchplatz liegen, hat man leichten Zugang zu einem riesigen Tunnel, der bei 24 Meter Tiefe aus der Riffwand tritt. Im Gegensatz zu den anderen, eher beengenden Tunneln an der Riffwand, ist dieser breit genug, daß sechs Taucher nebeneinander schwimmen können. Aus irgendeinem Grund streifen häufig Riffhaie am Hang des Bus Stop entlang. Taucher sehen manchmal, wie sie sich aus der Tiefe nähern oder die Riffwand entlangpatrouillieren. Behalten Sie die blauen Tiefen im Auge, dann werden Sie vielleicht mit dem Anblick eines Karibik-Schwarzspitzenhais belohnt. Übermäßige Strömungen sind hier eher ungewöhnlich, und die Sicht ist ausgezeichnet.

A

B

C

D

E

F

A - Der Fotograf fixiert einen Franzosen-Kaiserfisch (Pomacanthus paru) *vor dem tiefblauen Wasser am Bus Stop.*

B - Der Taucher scheint vom leuchtend roten Erdbeer-Vasen-Schwamm (Mycale laxissima) *am Bus Stop sehr beeindruckt zu sein.*

C - Das Alter dieser riesigen Sternkoralle (Monastrea annularis) *am Bus Stop erkennt man an ihrer Größe und den Unterhöhlungen und wie sie von Pilzen übersät ist.*

D - Auch Große Hirnkorallen (Diplora strigosa) *finden sich am Tauchplatz Bus Stop.*

G

I

H

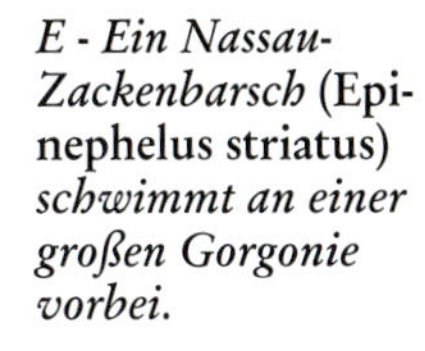

E - Ein Nassau-Zackenbarsch (Epinephelus striatus) *schwimmt an einer großen Gorgonie vorbei.*

F - Wer aufmerksam den Sandgrund betrachtet, wird sicherlich auch die Fechterschnecke (Strombus gigas) *entdecken können.*

G - Dieser Karibik-Ammenhai (Ginglymostoma cirratum) *scheint komplett von einem Schwarm Ährenfische umgeben zu sein.*

H - Bus Stop ist ein ideales Nachttauchrevier. Während der Dunkelheit kann man eine ganz andere Welt entdecken und Tiere antreffen, die sich völlig von den tagaktiven Tieren unterscheiden – beispielsweise den Riff-Tintenfisch (Sepioteuthis sepioidea).

I - Auffällig farbenfroh und reich an Lebensformen sind die Korallenblöcke.

BLOODY BAY WALL
THREE FATHOM WALL

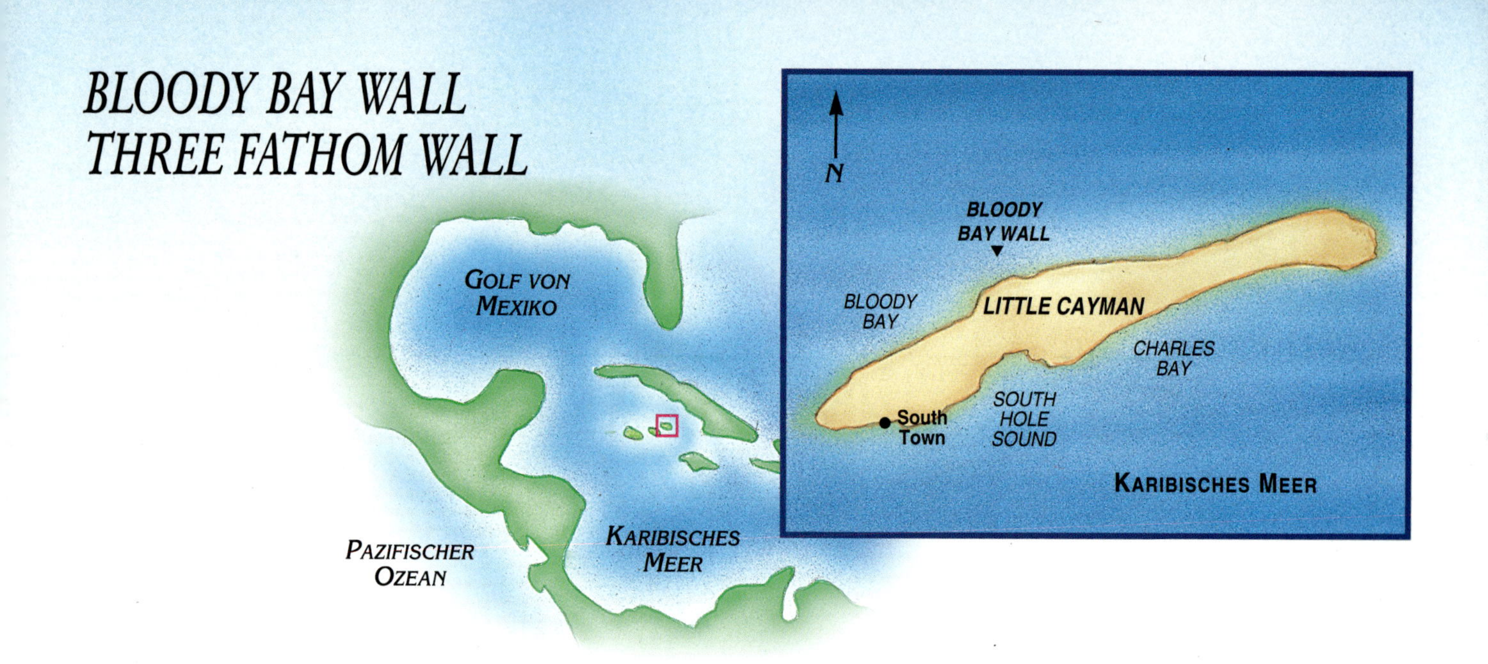

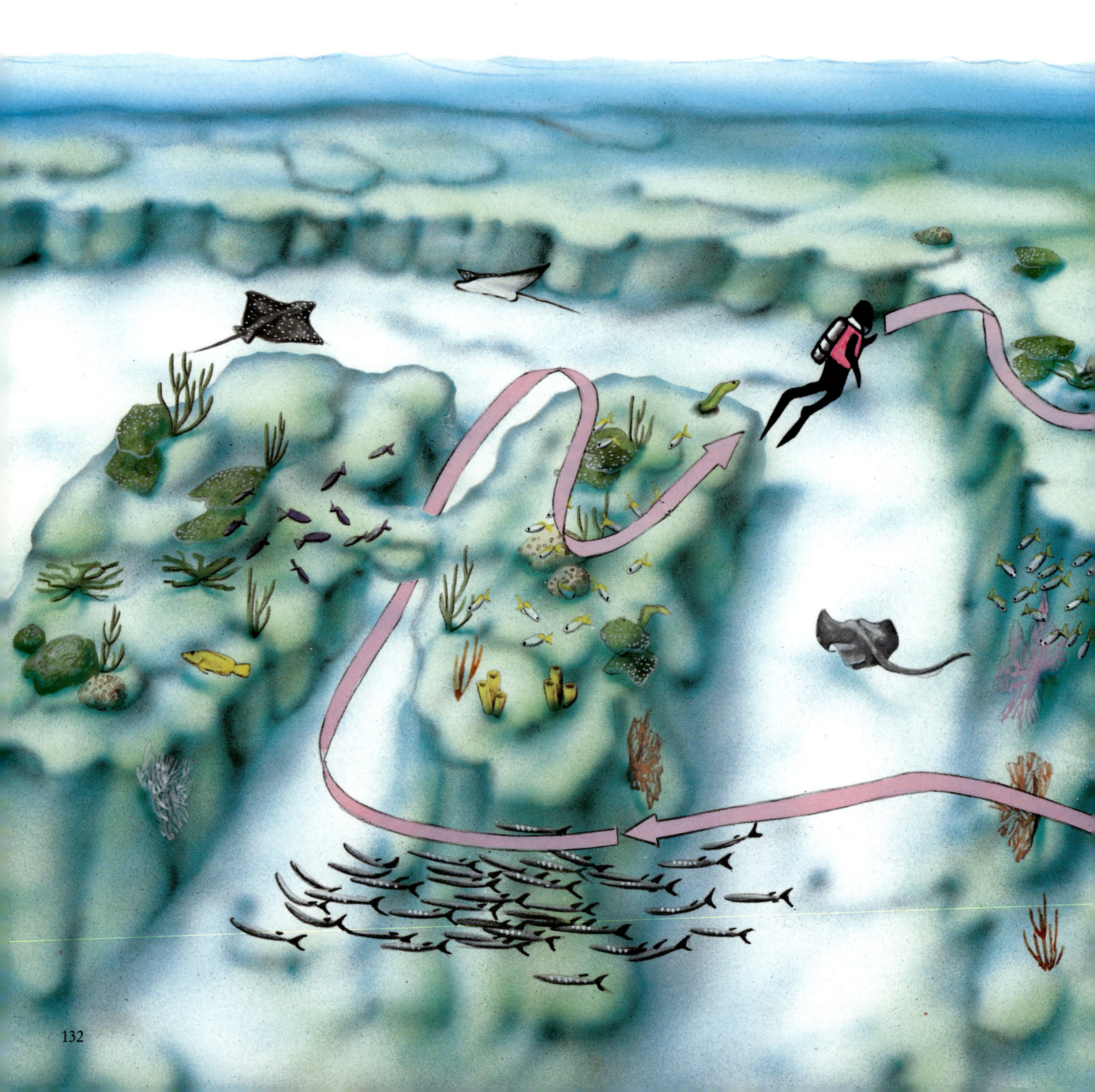

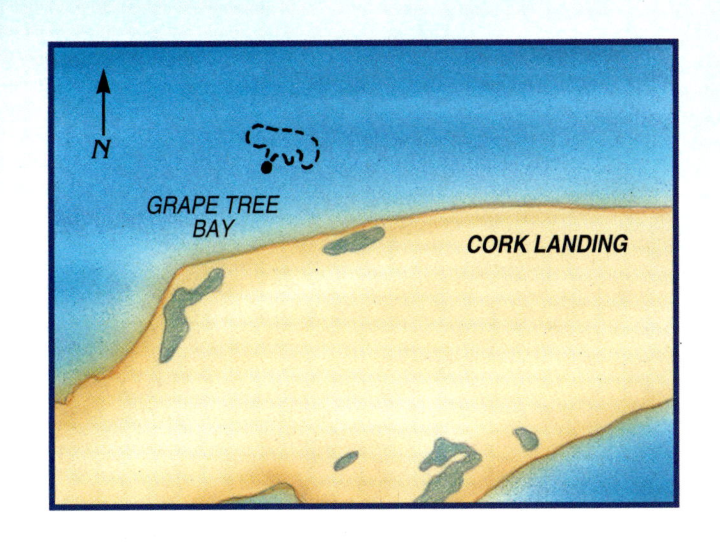
N
GRAPE TREE
BAY
CORK LANDING

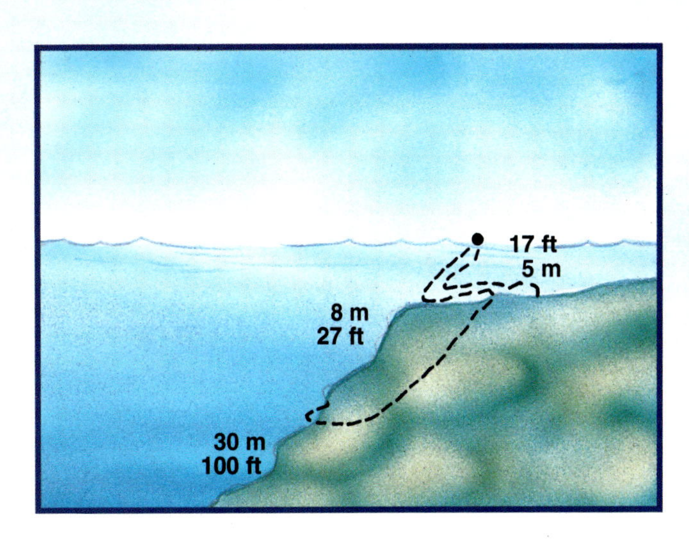
17 ft
5 m
8 m
27 ft
30 m
100 ft

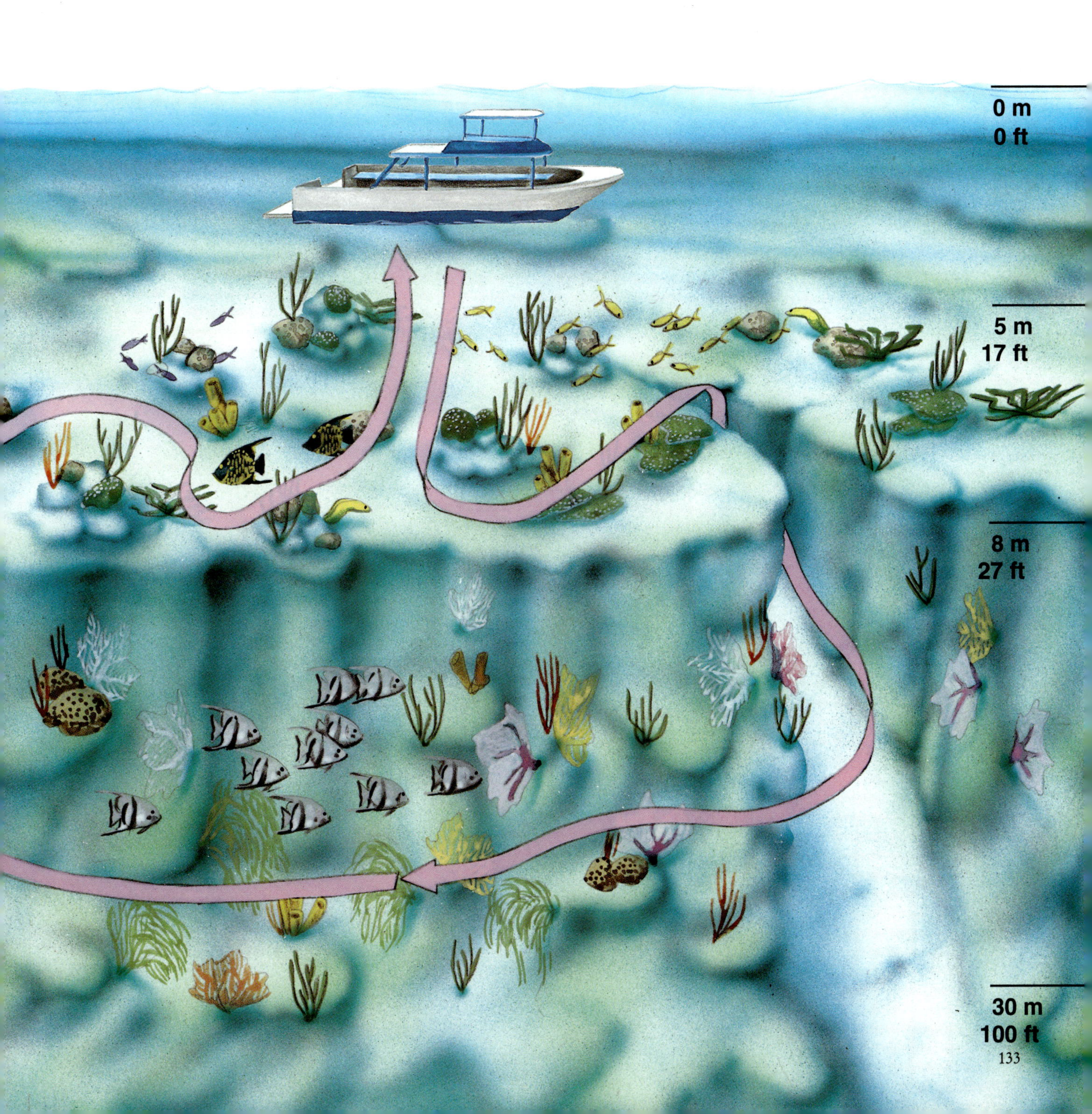
0 m
0 ft
5 m
17 ft
8 m
27 ft
30 m
100 ft

Während des Nikonos Shootout-Wettbewerbs, der lange Zeit von Tauchresorts auf Cayman Brac betreut wurde, lag der gefragteste Tauchplatz nicht etwa auf Cayman Brac, sondern auf Little Cayman am Mixing Bowl. Die wetteifernden Unterwasserfotografen wußten, daß dies der perfekte Ort für gute Aufnahmen sein würde, denn das Meeresleben ist dort abwechslungsreich, das Wasser klar, und die geringe Tiefe garantiert ausreichend Zeit für Motivsuche und Einstellungen, da die Grundzeiten in flachem Wasser natürlich viel länger sind.

C

A

D

B

Der Tauchplatz leitet seinen Namen Three Fathom Wall (Drei-Faden-Riffwand) davon ab, daß die Riffwand in nur viereinhalb Meter Tiefe beginnt. Seinen anderen Namen Mixing Bowl (Misch-Becken) bekam der Tauchplatz, weil er durch eine tiefe Spalte geteilt ist und in sich die typische Topografie der Bloody Bay Wall und der Jackson Bight vereint. Gewöhnlich liegt das Boot westlich der Anlegestelle, was einen leichteren Einstieg zur flachen Riffwand ermöglicht. Schwimmt man von dort nach Osten, gelangt man zu der Spalte, in der sich häufig Schnapper- und Grunzer-Schwärme tummeln.

A - Der Amerikanische Stechrochen (Dasyatis americana) *versteckt sich gern im Sand.*

B - Hier schwimmt ein gemischter Schwarm Grunzer und Schnapper am Three Fathom Wall entlang.

C - Ein Nassau-Zackenbarsch (Epinephelus striatus) *zeigt vor dem Taucher keine Scheu.*

D - Über der Öffnung eines großen Schwammes schwebt ein Schulmeister-Schnapper (Lutjanus apodus).

Merkwürdigerweise reagieren die Grunzer hier auf die Annäherungen von Tauchern viel toleranter als an den anderen Tauchplätzen, an denen sie sich gewöhnlich aufhalten. Wer sie aus nächster Nähe betrachtet, kann sogar die winzigen Pederson-Putzergarnelen über den Köpfen der Grunzer sehen, die damit beschäftigt sind, die Fische von Ektoparasiten zu befreien.
Das Flachriff ist so schön, daß manche Taucher es vielleicht gar nicht mehr zum Riffhang hinzieht. Diejenigen, die den Weg trotzdem auf sich nehmen, werden herrliche große Schwämme und Schwarze Korallen-Bäume finden, die für die Bloody Bay ganz typisch sind. Nur bei rauher See oder wenn gerade Flut ist, sind die flachen Riffbereiche trüb. Normalerweise liegt die Sichtweite an der Riffwand bei 30 Meter und mehr.

F

E

G

H

E - Tiefsee-Gorgonien und Schwämme wachsen üppig in den tieferen Bereichen von Three Fathom Wall.

F - Ein gemischter Grunzer-Schwarm sucht Schutz hinter einem großen Block Sternkorallen (Monastrea annularis).

G - So dicht zusammengedrängt erregt der Grunzer- Schwarm die Aufmerksamkeit des Fotografen.

H - Eine Rotweiße Scherengarnele (Stenopus hispidus) *am Three Fathom Wall.*

HOLE IN THE WALL

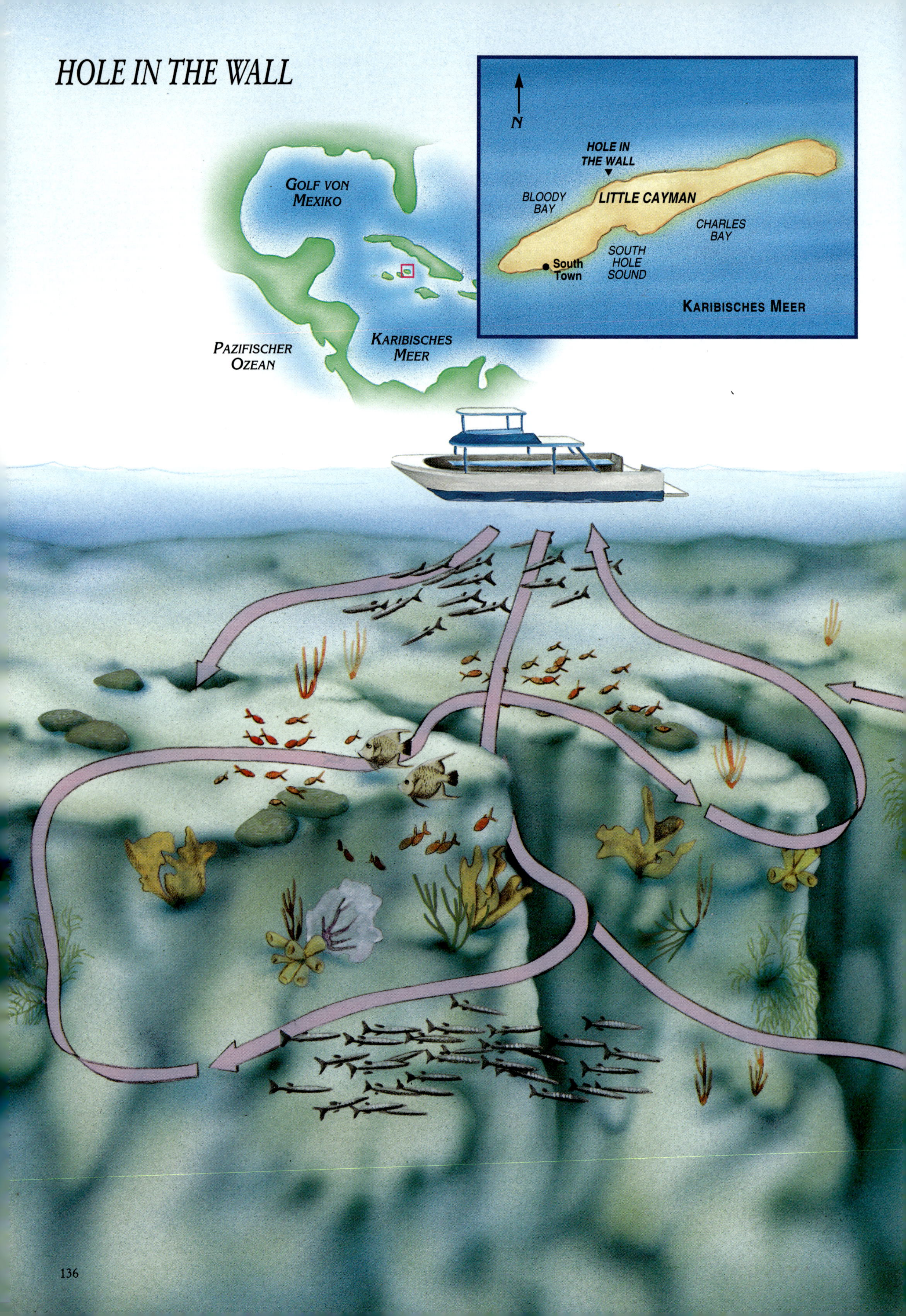

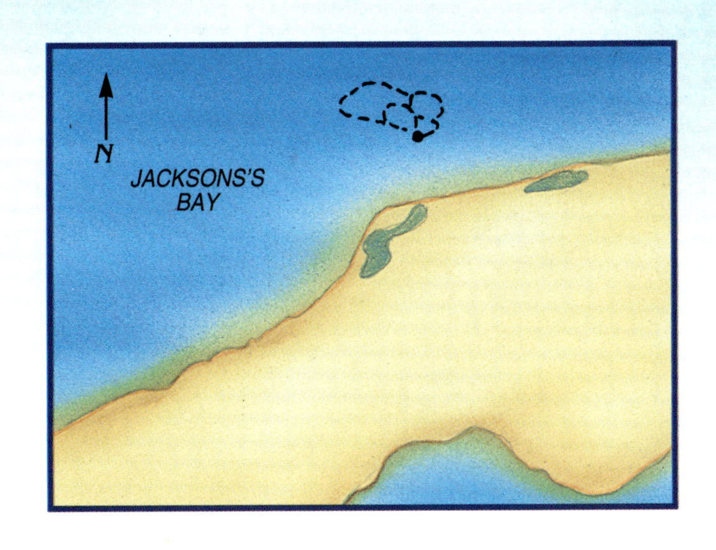
N
JACKSONS'S
BAY

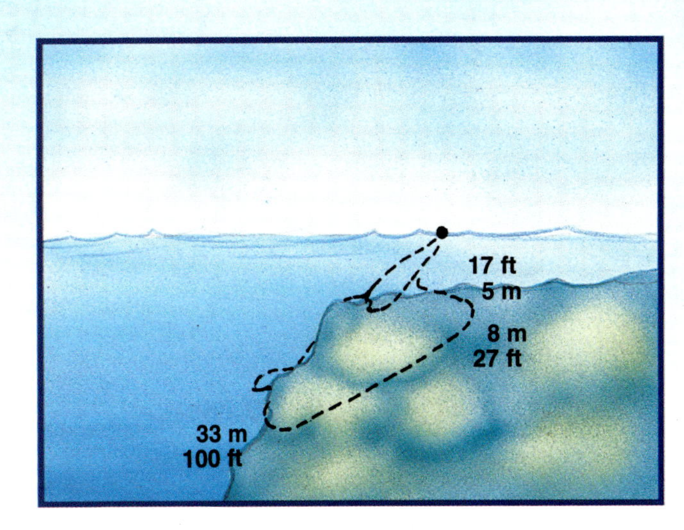
17 ft
5 m
8 m
27 ft
33 m
100 ft

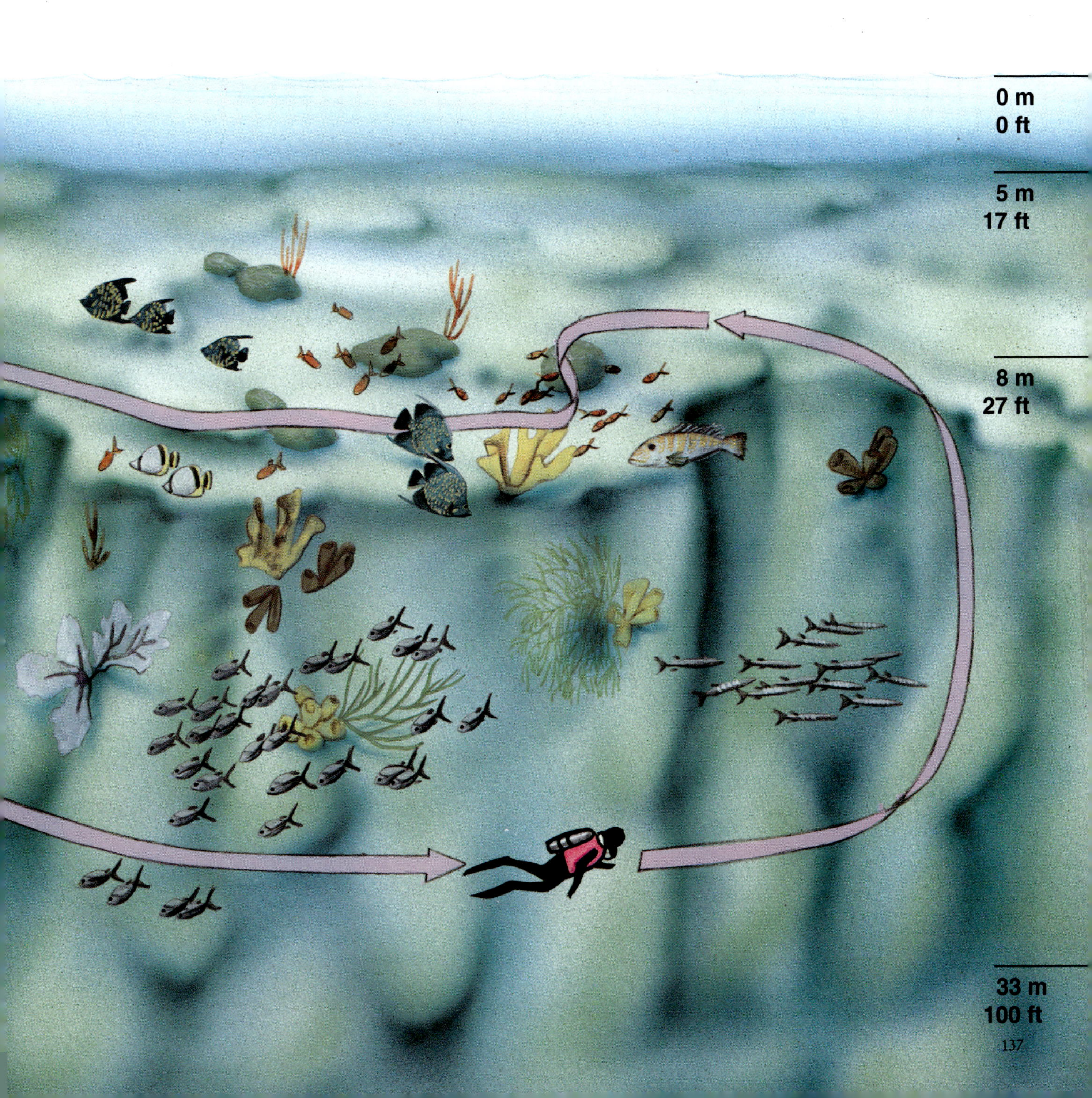
0 m
0 ft
5 m
17 ft
8 m
27 ft
33 m
100 ft

A - Die tieferen Bereiche des Hole in the Wall sind sehr nahrungsreich, so daß dort Tiefsee-Gorgonien und verschiedene Schwamm-Arten wachsen.

B - Die Silhouette eines Tauchers gegen das Licht der Sonne am Eingang vom Hole in the Wal.

C - Zwei Taucher bereiten sich auf einen Tauchgang in einen der tiefen Einschnitte im Hole in the Wall vor.

Ein sehr interessanter Tauchplatz befindet sich etwa in der Mitte der Bloody Bay Wall. Eine große Öffnung führt in einen langen, gewundenen Tunnel, der schließlich bei etwa 20 Meter Tiefe aus der Steilwand tritt. Wie fast überall an der Bloody Bay Wall beginnt die Riffwand in etwa sieben Meter Tiefe und fällt bis 1800 Meter steil ab. Die Tauchveranstalter sehen es jedoch gern, wenn ihre Gäste nicht tiefer als 35 Meter absteigen!
Der steile Abhang kann bei einigen Tauchern Gleichgewichtsstörungen hervorrufen. Typischer wäre allerdings eine Ekstase, denn der Anblick üppiger Korallen und Schwämme am gesamten Riffhang lassen niemanden kalt. Große Orangefarbene Elefantenohr-Schwämme sind hier sehr häufig. Röhrenschwämme, buschige Schwarze Korallen und Seilkorallen leisten ihnen Gesellschaft.
Wegen der extremen Tiefe eignen sich Tauchgänge an dieser Steilwand hervorragend dazu, den Tauchcomputer auszuprobieren. Der kluge Taucher läßt sich zu Beginn des Tauchgangs auf die geplante, maximale Tiefe herab. Dann arbeitet er sich am Riffhang allmäh-

A

B

C

D

D - Ein Nassau-Zackenbarsch (Epinephelus striatus) *inmitten einer Gruppe Brauner Röhrenschwämme am Hole in the Wall.*

E - Dieser Nassau-Zackenbarsch (Epinephelus striatus) *kuschelt sich eng an eine Große Fächergorgonie - auch Venusfächer genannt* (Gorgonia ventalina).

lich wieder hoch. Er macht Zwischenstopps, um Fotos zu schießen oder einfach nur den Weg zu erkunden. Der Riffkamm ist der perfekte Ort zum Entsättigen des Stickstoffs, denn hier ist es nicht nur flach, sondern es gibt auch eine Menge zu entdecken.

Zahlreiche Putzerstationen ermöglichen es dem Taucher, sich eher scheuen Fischen, wie dem Tiger-Zackenbarsch, zu nähern. Der Gemeine Husar treibt sich im Flachriff herum, und die Kaiserfische durchkreuzen das Revier auf der Suche nach Schwämmen. Über dem Riff im flachen Wasser werden manchmal kleine Geschwader Karibischer Sepien gesichtet. Der Karibische Riff-Oktopus hält sich hingegen meist am oberen Rand der Riffwand auf. Beide Tintenfischvertreter besitzen die Fähigkeit, ihre Farbe und Gestalt zu ändern. Oft versammeln sich neben dem Boot Großaugen-Makrelen und Barrakudas. Sie halten sich gern im Schatten des Bootes auf, da sie dann für ihre Beute unsichtbar sind und aus dem Hinterhalt angreifen können.

Die gesamte Bloody Bay Wall ist sehr steil. Trotzdem ist der Bewuchs am Hang auffallend abwechslungsreich. Das Schwammwachstum am Hole in the Wall in 20 bis 35 Meter Tiefe ist sehr beeindruckend, und der Kontrast der strahlend rot, gelb und orange gefärbten Filtrierer zum tiefen Blau des Meeres ist einfach atemberaubend.

G

E

F

F - Großaugen-Makrelen (Caranx latus) *sind Bewohner des Freiwassers, das gleich hinter dem Abhang vom Hole in the Wall beginnt.*

G - Der Fotograf hat einen Karibik-Juwelenbarsch (Cephalopholis fulvus) *am Riffhang von Hole in the Wall entdeckt.*

CHIMNEY (RANDY'S GAZEBO)

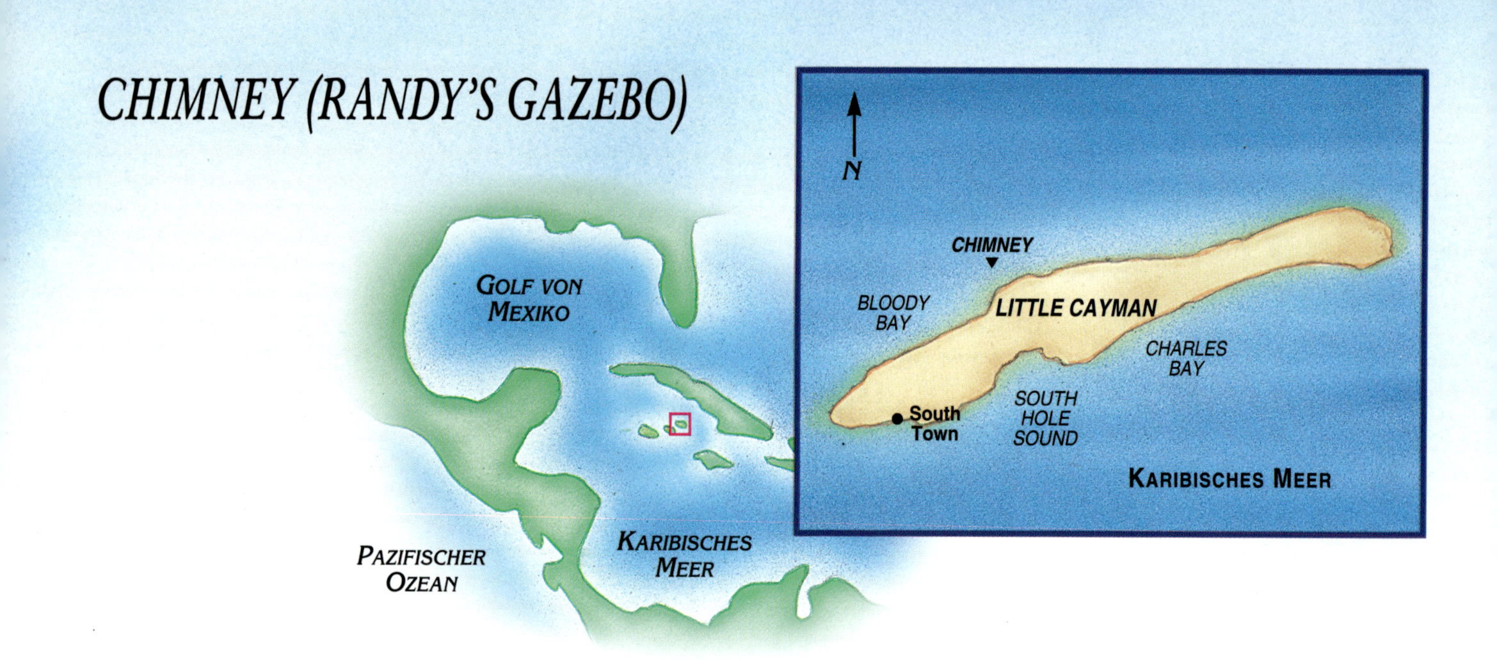

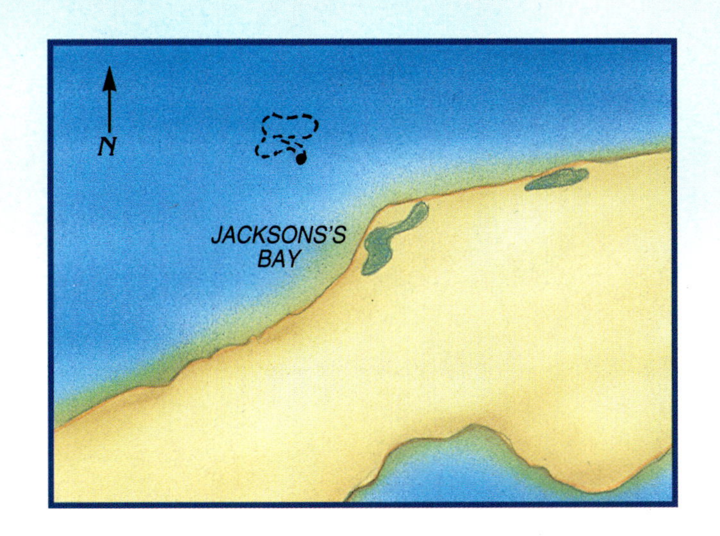
N
JACKSONS'S
BAY

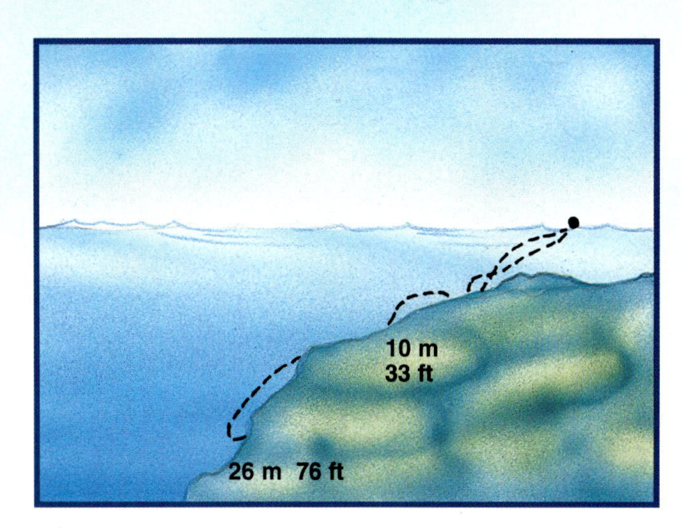
10 m
33 ft
26 m 76 ft

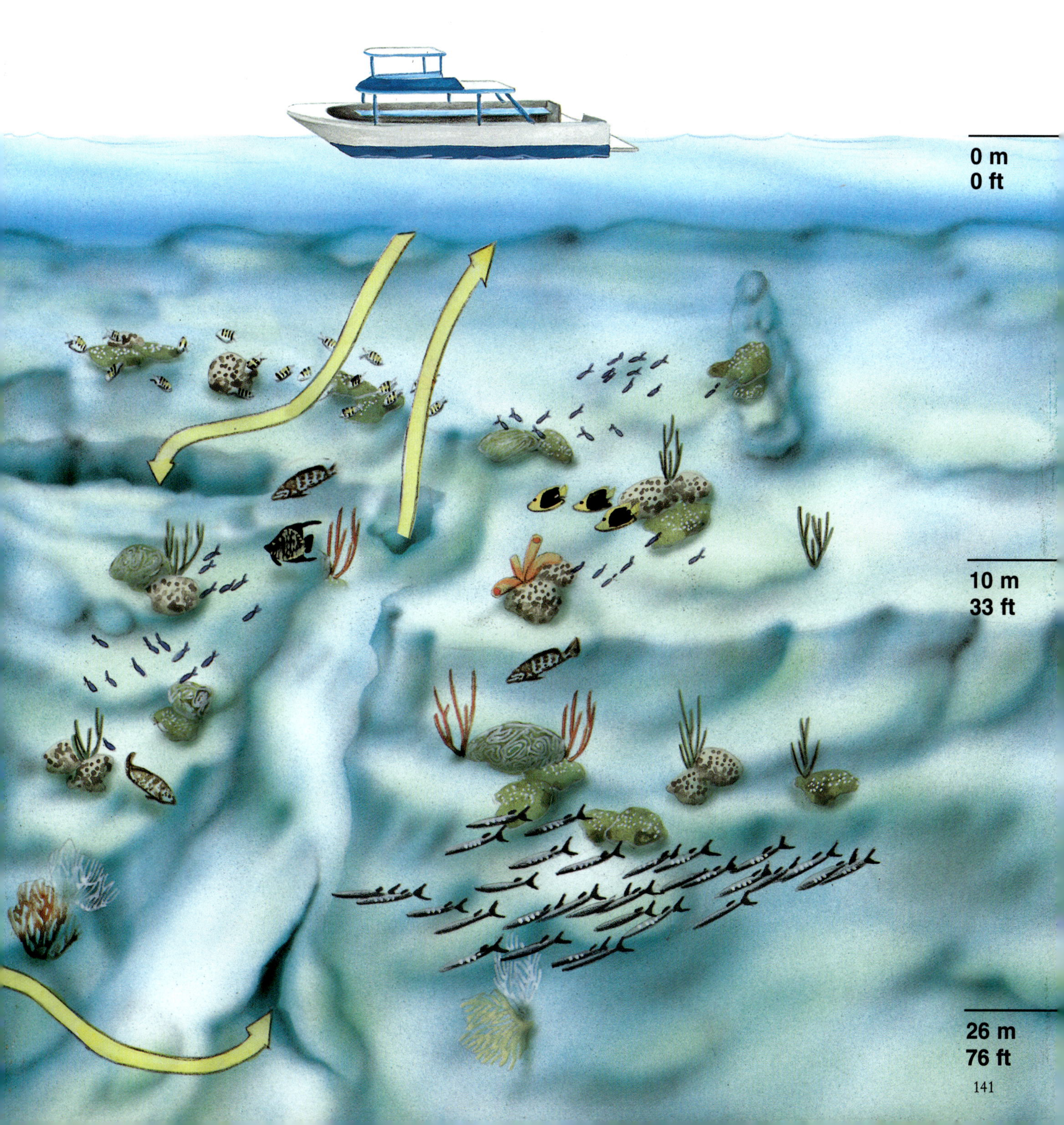
0 m
0 ft
10 m
33 ft
26 m
76 ft

A - Durch die Sonnenstrahlen zeichnet sich die Silhouette des Tauchers gegen den Chimney-Eingang deutlich ab.

B - Der Tauchplatz Chimney bietet zahlreiche Möglichkeiten, mit dem Weitwinkelobjektiv zu fotografieren.

Viele Tauchplätze der Cayman Islands haben mehrere Namen, die sich die Tauchveranstalter ausdenken. Hole in the Wall ist auch als Marilyn's Cut bekannt und Chimney unter Randy's Gazebo. Manche bezeichnen Three Fathom lieber als Mixing Bowl, und Magical Roundabout wird oft Nancy's Cup of Tea genannt. Diese Mehrfachbezeichnung der Tauchplätze ist auf Little Cayman besonders beliebt. Aber egal, wie man den Chimney sonst noch nennt - dort kann man auf jeden Fall einen wunderschönen Tauchgang unternehmen. Seewärts neben der Ankerleine befindet sich im Meeresboden die Öffnung zu einem Tunnel. Er führt in eine Spalte und dann zu einer Steilwand. Das hört sich komplizierter an, als es ist, denn es handelt sich hier um eine sehr einfache Route. Und sie ist nur ein Weg, um in den Genuß dieser großartigen Steilwand zu kommen. Im gesamten Chimney wimmelt es von Lebewesen, denn unzählige Ritzen und kleine Spalten bieten den

B

A

C

D

C - Der Gemeine Husar (Holocentrus adscensionis), *findet Zuflucht zwischen den Röhren eines Gelben Röhrenschwamms.*

D - Tiefsee-Gorgonien, üppige Weichkorallen und Schwämme füllen jeglichen Raum in der Tiefe des Chimney aus.

Tieren ausreichend Wohnraum. So begegnet man Nassau-Zackenbarschen und Karett-Schildkröten. Wohin man auch blickt, wachsen Schwämme und Korallen. Sie dienen den anderen Meeresbewohnern als Unterschlupf oder Nahrung. Karibik-Juwelenbarsche und kleine Sägebarsche sind in verschiedensten Farben vertreten. Diese neugierigen, blaugepunkteten Fische besitzen entweder eine hellgelbe, rot-braune oder rot-weiße Grundfarbe.
Ein Grund dafür, warum die Fische hier so zutraulich sind, ist, daß sie an den Bloody Bay Wall-Tauchplätzen lange Zeit gefüttert wurden. Heutzutage sind Fütterungen seltener, da die Taucher mittlerweile wissen, wie schädlich das für die Fische sein kann. Das gereichte Futter entspricht meist nicht der gewöhnlichen Beute dieser Tiere, so daß die Fische krank werden können. Außerdem nimmt es ihnen die natürliche Scheu vor Angelhaken. Ein weiterer Grund ist folgender: Die Fische könnten eine völlig unnatürliche Aggressivität und Gier entwickeln, wenn ihnen Futter hingehalten wird. Tauchlehrer, die auf Little Cayman gearbeitet haben, erzählen noch heute Geschichten davon, wie Großaugen-Makrelen die sie fütternden Taucher schon einmal angeknabbert haben sollen.

E

F

G

E - Durch die Lampe eines Fotografen werden die Farben der Röhren-Schwämme tief unten am Riffhang erst richtig lebendig.

F - Auch der Nassau-Zackenbarsch (Epinephelus striatus) *hat am Chimney sein Zuhause.*

G - Die Lampe des Fotografen beleuchtet Kopfstreifen-Grunzer (Haemulon plumieri), *im blauen Wasser des Chimney.*

DIE FISCHE DER CAYMAN ISLANDS

Die Cayman Islands sind ein Juwel in der karibischen Tauchwelt – auch wenn sie geographisch nicht zur typischen „Karibik" gezählt werden! Von der Südküste Kubas und der Halbinsel Yucatan geschützt, werden sie von in Richtung Norden fließenden warmen Strömungen umspült. Die Caymans sind von flachen Gewässern umgeben, was das Strandtauchen unglaublich erleichtert. Die Inseln stellen den sichtbaren Bereich eines ozeanischen Grabens dar, der nach ihnen benannt ist. Am Bartlett Deep ist er 7600 Meter tief. Aus ozeanographischer Sicht reichen diese wenigen Daten kaum aus, um die Caymans wirklich zu beschreiben. Aber sie geben vielleicht einen kleinen Hinweis darauf, wieso sie bei Tauchern so berühmt und beliebt sind.

Das unvergeßliche Erlebnis mit den Rochen von Stingray City auf Grand Cayman ist nur eine Attraktion von vielen. Auch wenn die Caymans den Winden des Ozeans ausgesetzt sind, kann man eigentlich bei jedem Wetter tauchen. Die Inseln sind von außergewöhnlich gesunden Korallenriffen umgeben – und das trotz der zahlreichen Taucher, die jedes Jahr auf die Caymans fliegen. Doch diese Taucher verteilen sich glücklicherweise auf die vielen Plätze in diesen unglaublich klaren Gewässern. Die marine Fauna um die Cayman Islands ist anderen Regionen der Karibik sehr ähnlich. Große Seefächer und Schwämme, besonders die blutroten Schwämme, scheinen in manchen küstennahen Gebieten fast alles zu dominieren.

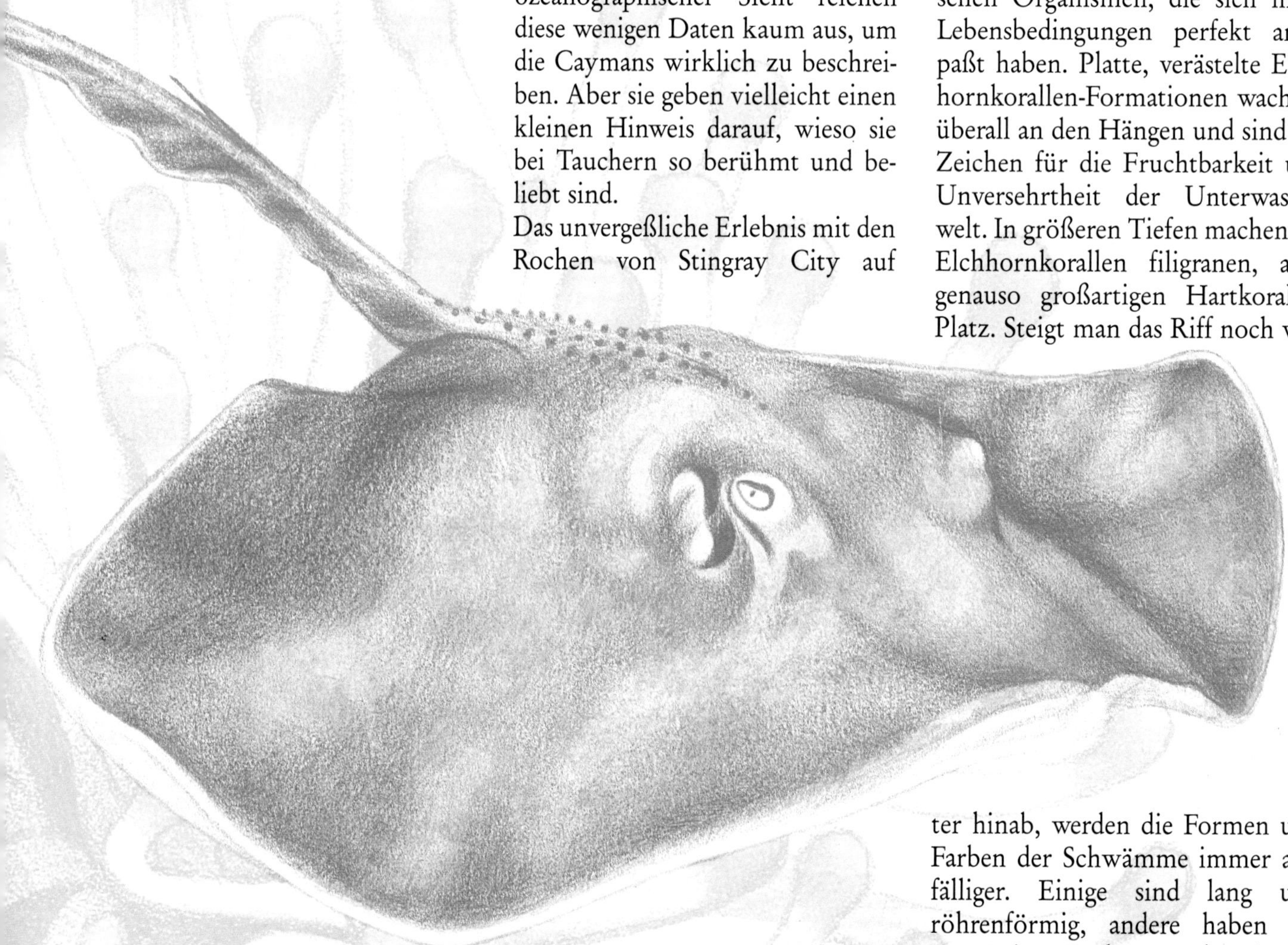

Typisches Merkmal von Grand Cayman, Little Cayman und Cayman Brac sind verschiedene Sandbänke rund um die Inseln. Steilwände fallen über 270 Meter ab und beheimaten die unterschiedlichsten karibischen Organismen, die sich ihren Lebensbedingungen perfekt angepaßt haben. Platte, verästelte Elchhornkorallen-Formationen wachsen überall an den Hängen und sind ein Zeichen für die Fruchtbarkeit und Unversehrtheit der Unterwasserwelt. In größeren Tiefen machen die Elchhornkorallen filigranen, aber genauso großartigen Hartkorallen Platz. Steigt man das Riff noch weiter hinab, werden die Formen und Farben der Schwämme immer auffälliger. Einige sind lang und röhrenförmig, andere haben die Form eines Bechers, und meist beherbergen sie eine eigene Fauna. Am häufigsten mit ihnen assoziiert, sind die Grundeln, besonders die Gobisoma-Arten. Unterscheiden lassen sich diese Fische an ihrem langen Streifen an der Seite, der entweder blau, gelb oder weiß ist. Die Grundeln halten sich oft zwischen den Korallen-Formationen auf und bilden manchmal größere Gruppen, um dann eine der gefragten Putzer-Stationen zu betreiben. Sie verhalten sich genauso wie die typischen Putzerfische, und viele Riffbewohner nehmen diesen Service in Anspruch.

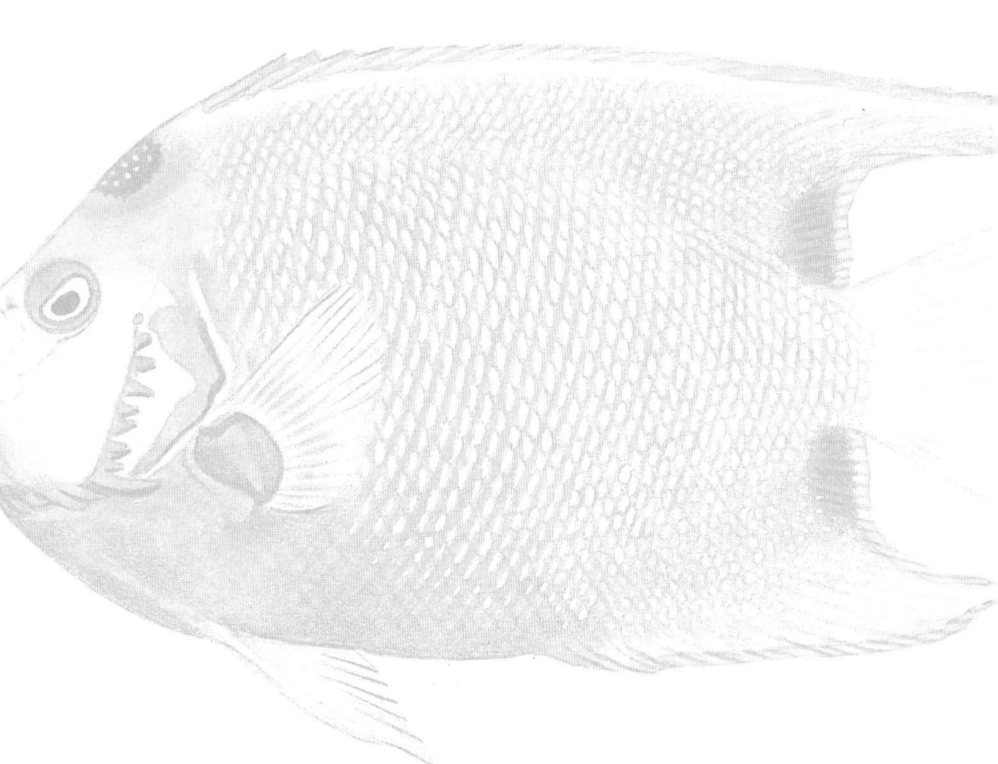

Neben Schwämmen und Korallen wachsen in den Riffen der Caymans auch verschiedene Seefächer. Es gibt sowohl violette, als auch rotbraune, weniger verästelte Seefächer *(Iciligorgia schrammi)*. Letztere kommen in größeren Tiefen vor. In ihrer Nähe trifft man Lippfische jeglicher Couleur – besonders Blaukopf-Junker *(Thalassoma bifasciatum)* und Kreolen-Lippfische *(Clepticus parrae)*. Mit von der Partie sind außerdem die Indigo-Hamletbarsche *(Hypoplectus indigo)*, Drückerfische, Doktorfische (besonders der Blaue Doktorfisch, der als Jungfisch gelb gefärbt ist – eine Kuriosität unter Fischen!), verschiedenfarbige Papageifische, Falterfische und Kaiserfische. Der schönste Kaiserfisch ist wahrscheinlich der Königin-Falterfisch *(Holacanthus ciliaris)*. Beim Grauen Kaiserfisch *(Pomacanthus arcuatus)* hängt es ganz von seiner Größe ab, ob er dem Taucher auffällt.

Viele Schluchten und Canyons ziehen sich durch den Grund zwischen den Cayman-Riffen. Sie erstrecken sich in alle Richtungen und gehen auch ineinander über. Wer hier schwimmt, sieht Gärten voller Schwarzer Korallen, Tiefsee-Gorgonien und Schwämme, durch die Drückerfische, Doktorfische und dichte Schwärme von Schnappern und Grunzern ziehen. Man sollte sich langsam und bedächtig bewegen, um keine der empfindlichen Meeresbewohner aufzuschrecken oder zu verletzen. Es empfiehlt sich, auch einen Blick in die kleinen Ritzen und Felsspalten zu werfen, aus denen häufig Rote Soldatenfische und Gemeine Husaren heraussehen. Wahrscheinlich entdecken Sie dann auch einige karibische Muränenarten, beispielsweise die Grüne Muräne, die mehrfarbige Netzmuräne oder die Goldschwanz-Muräne. In den Unterwasserhöhlen und den dunkleren Winkeln halten sich dichte Schwärme von Ährenfischen auf. Aufgrund der Dunkelheit wiegen sie sich dort in Sicherheit und lassen Taucher daher näher an sich herankommen als andere Fischarten. Weiter unten an der Felswand liegen freie Flächen. Sie füllen sich langsam mit Korallensand, der beispielsweise von den Papageifischen ausgeschieden wird, die an Steinkorallen nagen und sich von Polypen und kleinen Algen ernähren.

Häufige Riffbewohner sind auch Stechrochen, Adlerrochen und Karibik-Ammenhaie, geschäftige Meeräschen, Eidechsenfische, Sandaale, Steinbutte, Grundeln und Kieferfische, wobei der Gelbkopf-Kieferfisch der schönste unter ihnen ist. Damit er sich nicht in sein Versteck zurückzieht, sollte man sich ihm besonders vorsichtig nähern. An der Außenriffwand sind Invertebraten zu entdecken, die ihre kleine Größe mit umso leuchtenderen Farben wettmachen. Die Massen von Tintenfischen, Nacktschnecken, Weichtieren und Gastropoden sind bei Tauchern, die mit Unterwasserkameras und Makro-Objektiven ausgerüstet sind, besonders beliebt. Mit ihrem Equipment erspähen sie auch mikroskopisch kleine Garnelen, die mit den Anemonen in Symbiose leben. Um Krustentiere, wie die Putzer-Garnelen *(Stenopus* und *Lysmata)*, zu sichten, müssen Taucher sehr geduldig sein. Außerdem findet man Stachelhäuter wie Stein-Seeigel, Seesterne, Haarsterne und Seegurken. Zwar erregen sie bei Tauchern meist nicht so viel Aufmerksamkeit, sind aber dennoch beliebt – vielleicht weil sie so leicht zu entdecken und zu fotografieren sind.

Bevor Sie Ihren Tauchgang beenden, sparen Sie sich noch ein wenig Luft für das auf, was es abseits vom Riff zu sehen und zu erleben gibt. Im Freiwasser leben silberfarbene Tarpune und verschiedene Makrelen-Arten, hauptsächlich die Großaugen-Makrele *(Caranx latus)*. Unerwarteterweise erspähen Sie dann vielleicht sogar einen großen Barakuda oder eine Gruppe majestätischer Manta-Rochen. Haie kreuzen natürlich auch durch die Riffe der Caymans. Aber ungeachtet dessen, welche Anziehung diese Tiere auf der ganzen Welt ausüben, gibt es auf den Cayman Islands so viel mehr zu entdecken, daß Taucher nichts vermissen, wenn sie die Haie nur aus der Entfernung betrachten oder auch mal gar keinen zu Gesicht bekommen.

WIRBELLOSE (INVERTEBRATEN)

Röhrenschwamm
Aplysina archeri

Ein Schwamm mit langen Röhren, die von einer gemeinsamen Basis aus wachsen. Die Röhrenwände sind relativ dünn und weich. Größe: bis 170 cm; Vorkommen: Karibik.

Azur-Vasenschwamm
Callyspongia plicifera

Ein Schwamm geformt wie eine große Vase, deren Oberfläche von Falten durchzogen wird. Fluoreszierende Färbung. Meist allein oder in kleinen Gruppen am Riffhang. Größe: bis 50 cm; Vorkommen: Karibik.

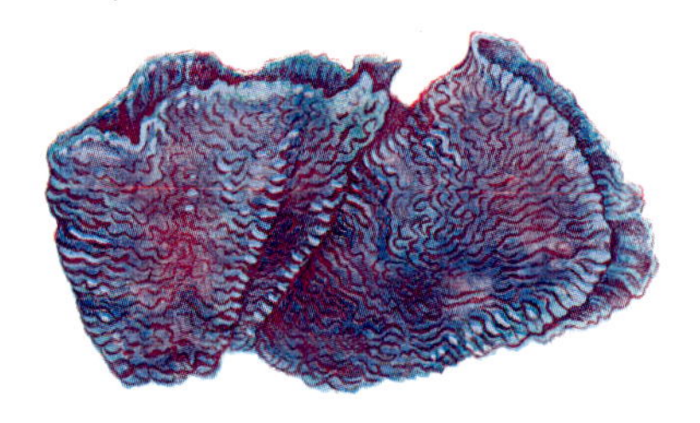

Upsidedown-Qualle
Cassiopea frondosa

Die Qualle ist leicht an ihrem Verhalten zu erkennen: Sie schwimmt mit dem Schirm nach unten und den Tentakeln nach oben. Helle, gelb-braune Färbung. Größe: bis 20 cm; Vorkommen: Karibik.

Sternkoralle
Montastrea annularis

Je nach Ort zeigt diese große Steinkoralle ganz unterschiedliche Wuchsformen. Die einzelnen, kegelförmigen Korallenpolypen stehen dicht beieinander. Größe: bis 300 cm; Vorkommen: Florida bis Brasilien.

Fingerkoralle
Porites porites

Eine Steinkoralle mit vielen unregelmäßigen, fingerähnlichen Verzweigungen. Kleine Polypen, die auch tagsüber ihre Tentakel ausgestreckt haben. Größe: bis 100 cm; Vorkommen: Florida bis Brasilien.

Elchhornkoralle
Acropora palmata

Korallenkolonien mit kräftigen, breiten, schaufelartigen Verzweigungen. Elchhornkorallen sind Wellenbrecher am oberen Riffhang. Größe: bis 350 cm; Vorkommen: Karibik.

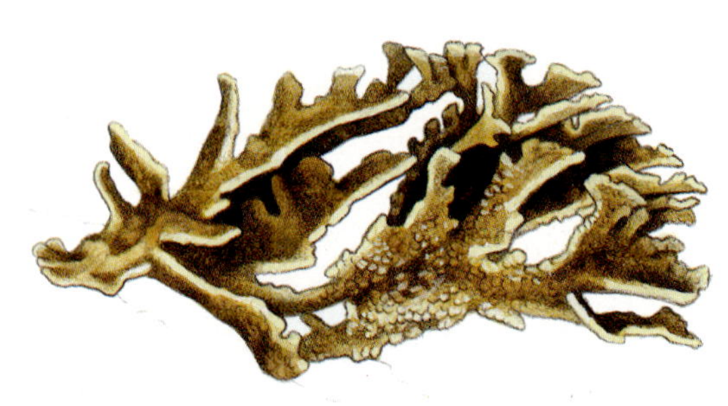

Große Fächergorgonie
Gorgonia ventalina

Gorgonien bilden große Fächer. Mit ihrer kurzen, breiten, violett gefärbten Basis siedeln sie auf dem Korallengrund. Größe: bis 200 cm; Vorkommen: Karibik.

Große Seeanemone
Condilactys gigantea

Eine Anemone mit langen, weißen Tentakeln. Die kugeligen Tentakelspitzen sind blaßrot gefärbt. Bei Berührung nesselt sie leicht. Größe: bis 30 cm; Vorkommen: Karibik.

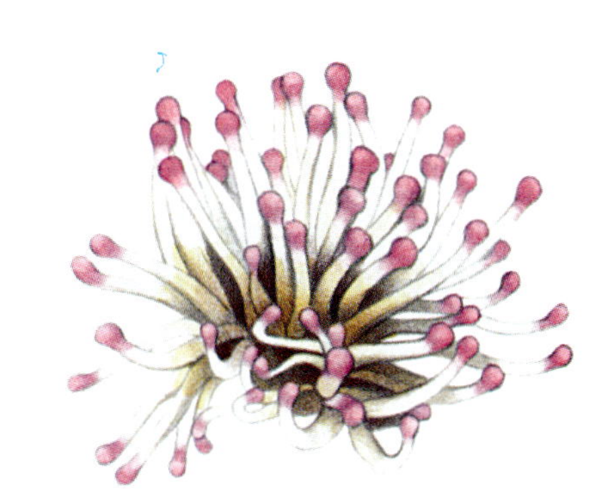

Gestreifte Putzergarnele
Lysmata grabhami

Eine Putzergarnele, die in den Schwämmen lebt. Mit ihren langen, weißen Antennen fordert sie vorbeischwimmende Fische zum Putzen auf. Größe: bis 6 cm; Vorkommen: Karibik.

Riesenflügelschnecke
Strombus gigas

Eine sehr große Schnecke mit einer blaßrot gefärbten Öffnung. Die Schnecken halten sich bevorzugt auf sandigem Grund zwischen den Korallenformationen auf. Größe: bis 35 cm; Vorkommen: Florida bis Venezuela.

Flamingozunge
Cyphoma gibbosum

Das rötliche Schneckengehäuse ist meist von einem charakteristisch gemusterten Mantel überzogen. Man findet die Schnecke auf den Gorgonienfächern in geringer Tiefe. Größe: bis 3 cm; Vorkommen: Karibik.

Netz-Kissenstern
Oreaster reticulatus

Ein großer Seestern mit einer massigen fünfeckigen Form. Auf der Oberseite zeigt er ein netzartiges Muster, das von Reihen knopfartiger Stacheln gebildet wird. Ein räuberischer Seestern, der auf dem Sandgrund lebt. Größe: bis 40 cm; Vorkommen: Karibik.

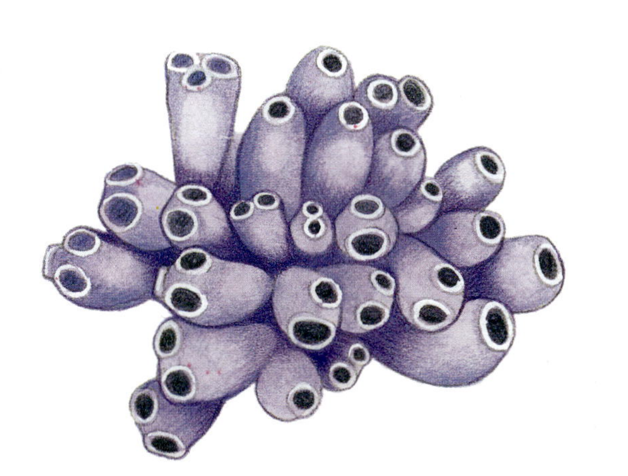

Blaue Seescheide
Clavelina puertosecensis

Koloniebildende Seescheide, deren einzelne Individuen an der Basis miteinander verwachsen sind. Wächst auf Korallen. Höhe der einzelnen Tiere: bis 1,5 cm; Vorkommen: Karibik.

FAMILIE GINGLYMOSTOMATIDAE

Karibik-Ammenhai
Ginglymostoma cirratum

Langgestreckter, auf der Bauchseite abgeplatteter Körper, nahe zusammenstehende, etwa gleichgroße Rückenflossen. Der untere Teil der Schwanzflosse fehlt. Das Maul ist klein und unterständig und mit zwei Barteln besetzt. Der Ammenhai lebt auf dem Sandgrund zwischen den Riffen, wo er Schutz zwischen Korallen und in Aushöhlungen findet. Er wird bis zu 4,3 Meter lang und ist im Westatlantik zwischen Rhode Island und Brasilien verbreitet.

FAMILIE TORPEDINIDAE

Kleiner Zitterrochen
Narcine brasiliensis

Der Vorderkörper ist annähernd kreisrund, verengt sich zu einem relativ kurzen Schwanz mit zwei Rückenflossen. Die Augen sitzen am Rücken. Die zwei Organe, die bei Berührung leichte elektrische Schläge abgeben, sind für Menschen ungefährlich. Sie befinden sich seitlich am Kopf. Färbung: verschiedene Grau- bis Brauntöne mit dunklen Flecken. Der Kleine Zitterrochen lebt in Tiefen zwischen 25 und 40 Meter. Er wird bis zu 45 Zentimeter lang und ist von der Karibik bis nach Argentintien verbreitet.

FAMILIE DASYATIDAE

Amerikanischer Stechrochen
Dasyatis americana

Dieser Rochen hat eine rhomboide Körperscheibe mit rechtwinklig geformten Brustflossen und spitz zulaufender Vorderfront. Mittig auf dem Rücken verläuft eine Reihe von Höckern. Die Schwanzflosse ist peitschenförmig und trägt im vorderen Drittel einen langen, mit Widerhaken versehenen Stachel. Der Stechrochen neigt dazu, sich im Sandgrund einzugraben, wenn er ruht. Die Färbung ist variabel und reicht von olivbraun bis schwarz. Die jungen Tiere sind heller gefärbt. Der Amerikanische Stechrochen erreicht eine Länge von 1,8 Meter und ist von New Jersey bis Brasilien verbreitet.

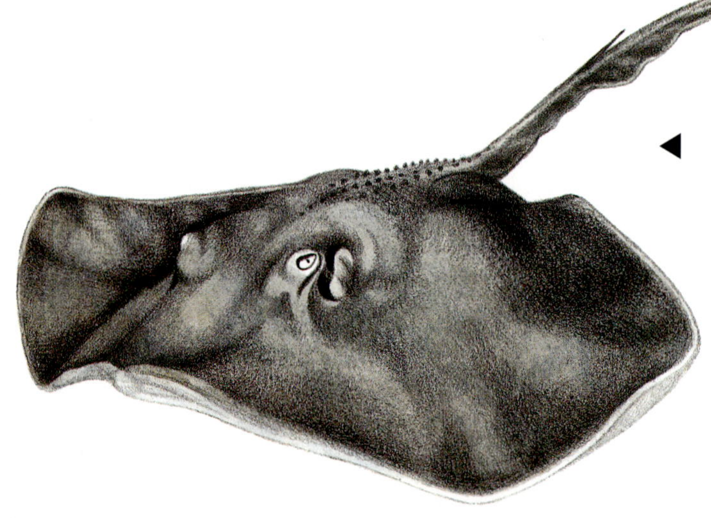

Manta
Manta birostris

Diese Art ist leicht an ihren Kopflappen links und rechts des Mauls zu erkennen. Mantas zählen zu den ganz großen Fischen: Ihr Körperdurchmesser erreicht fünf bis sechs Meter. Vorkommen: circumtropisch.

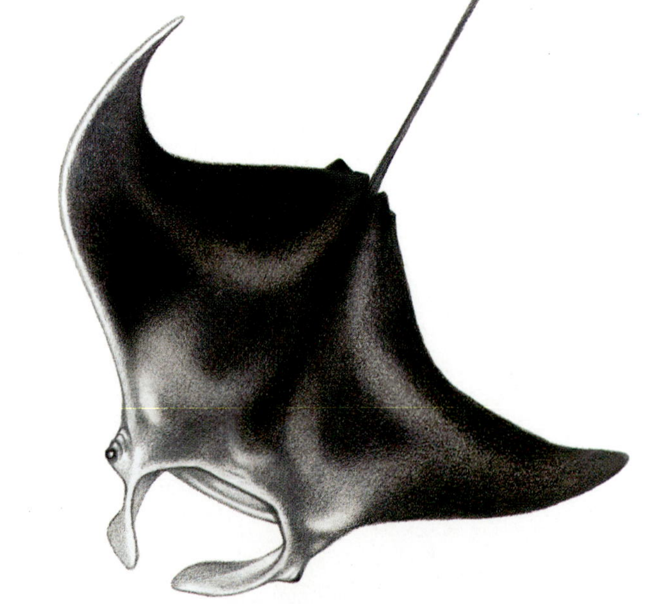

FAMILIE MYLIOBATIDAE

Gefleckter Adlerrochen
Aetobatus narinari

Dieser Rochen ist leicht an seinem konvexen, spitz zulaufenden Kopf mit großen Augen und breiten seitlichen Spritzlöchern zu erkennen. Der rhombusförmige Körper besitzt breite, spitz zulaufende Brustflossen. Der Schwanz, mit einem, zwei oder drei gezähnten Stacheln, ist etwa dreimal so lang wie der Körper. Die Bauchflossen sind breit und fleischig. Der dunkel gefärbte Rücken ist mit weißen Punkten übersät. Der Körper erreicht eine Breite von zwei und eine Länge von 1,5 Meter, und die Gesamtlänge kann sechs Meter betragen. Die Adlerrochen sind auch in flachem Wasser über sandigem Grund anzutreffen und sind zirkumtropisch verbreitet.

FAMILIE MURAENIDAE

Grüne Muräne
Gymnothorax funebris

Diese Muräne ist an ihrer grünen Färbung leicht zu erkennen. Die Tönung variiert individuell, ist aber stets einfarbig. Die Grüne Muräne ist nachtaktiv und verbirgt sich tagsüber in Höhlen und Spalten des Riffs, oft auch im Flachwasser. Man kann sehr nahe an sie herankommen, jedoch kann sie aggressiv werden, wenn sie provoziert wird. Sie wird bis zu 2,3 Meter lang und ist von Florida bis Brasilien verbreitet.

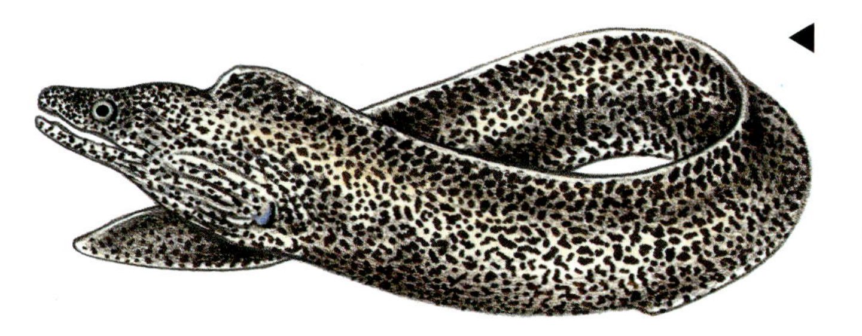

Gefleckte Muräne
Gymnothorax moringa

Diese schlangenförmige Muräne kommt häufig im Flachwasser mit reichem Korallenbestand vor, wo sie sich tagsüber in Spalten verbirgt. Nachts verläßt sie zur Jagd ihren Unterschlupf. Die Grundfärbung ist gelblich-weiß mit zahlreichen braunen oder rotschwarzen Tupfen. Die Gefleckte Muräne wird bis zu 1,5 Meter lang und ist von South Carolina bis Brasilien verbreitet.

Goldschwanz-Muräne
Gymnothorax millaris

Kleine Muräne mit spitz zulaufendem Körper und kleinem Kopf. Begibt sich nachts auf Nahrungssuche, tagsüber versteckt sie sich in Nischen und Ritzen der Korallenriffe in zwei bis 15 Meter Tiefe. Bräunlicher Körper mit kleinen, gelben Flecken. Die Schwanzflosse der Goldschwanz-Muräne ist goldfarben, ihre Augen haben einen gelben Ring um die Pupille. Bis zu 55 Zentimeter lang. Verbreitet von Florida bis Brasilien und um die Inseln im Atlantik herum.

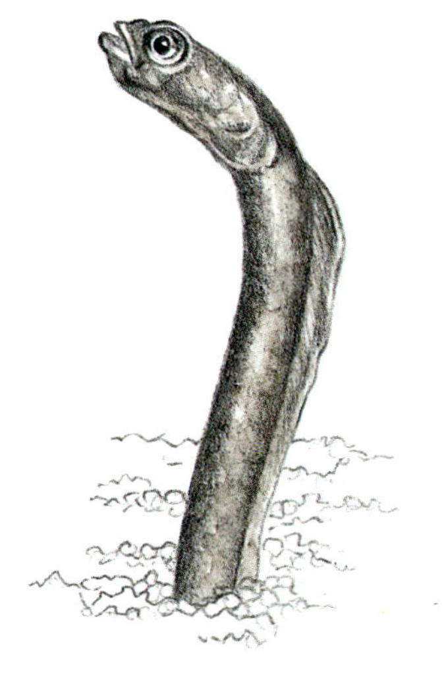

Karibik-Röhrenaal
Heteroconger halis

Länglicher Körper mit spitz zulaufendem Kopf, großen Augen und kleinem Maul. Grau bis braun. Lebt in Kolonien auf dem Sand in der Nähe von Korallenriffen. Kopf und vorderer Teil des Körpers ragen aus dem Bau heraus. Bis zu 55 Zentimeter lang. Lebt in der Karibik.

FAMILIE MEGALOPIDAE

Tarpun
Megalops atlanticus

Große Fische mit kräftigem Körper und aufwärts gerichtetem Maul mit vorstehendem Unterkiefer. Der silbrige Körper ist mit großen Rundschuppen bedeckt. Der letzte Strahl der Rückenflosse ist verlängert und läuft filamentartig aus. Die Tarpune leben im Flachwasser von Flußmündungen und Buchten. Sie werden bis zu 2,5 Meter lang und können bis zu 160 Kilogramm wiegen. Ihr Verbreitungsgebiet ist von Virginia bis Brasilien.

FAMILIE ALBULIDAE

Grätenfisch
Albula vulpes

Länglicher Körper mit spitzer Schnauze und großem, unterständigem Maul. Der jeweils letzte Strahl der recht kurzen Rückenflosse sowie der Afterflossen ist fadenförmig verlängert. Der Grätenfisch pflegt bei Flut in die küstennahen, sandigen Flachwasser zu kommen. Man findet ihn sonst auf Korallengründen mit großen Sandflächen und in Riffkanälen. Er wird bis zu einem Meter lang und ist von New Brunswick bis Brasilien verbreitet.

FAMILIE SYNODONTIDAE

Sandtaucher
Synodus intermedius

Kräftiger, länglicher Körper mit abgeplatteter Bauchseite. Weites Maul, in dem man zahlreiche kleine Zähne sieht. Schwarzer Fleck auf dem Kiemendeckel, dunkle Bänder und gelbliche Längsstreifen auf den Flanken. Diese Art lebt wie alle Eidechsenfische auf dem Sandgrund, in dem er oft fast vollständig vergraben ist. Der Sandtaucher wird bis zu 55 Zentimeter lang und ist von North Carolina bis Brasilien verbreitet.

FAMILIE ANTENNARIDAE

Augenfleck-Anglerfisch
Antennarius multiocellatus

Gedrungener, rundlicher Körper, hochrückig mit hoher Rückenflosse. Brust- und Bauchflossen verdickt und zum Aufstützen umgestaltet. Der erste Stachelstrahl der Rückenflosse ist in eine lange „Angel" umgestaltet, mit der Beutefische angelockt werden. Der Anglerfisch lauert, blendend getarnt und insbesondere farblich dem Untergrund angepaßt, unbeweglich, bis die Beute nahe genug heran ist. Wird er erschreckt, verdunkelt sich die Färbung. Drei kennzeichnende Augenflecken auf der Schwanzflosse, ein weiterer am Ansatz der Rückenflosse. Der Augenfleck-Anglerfisch wird bis zu 14 Zentimeter lang und ist von Florida bis in die Karibik verbreitet.

FAMILIE HOLOCENTRIDAE

Langstachel-Husar
Holocentrus rufus

Kompakter, seitlich abgeflachter Körper. Zweigeteilte Rückenflosse, wobei der vordere Teil kräftige Stachelstrahlen mit weißen Spitzen aufweist, die meist in einer Nut zusammengelegt werden. Der hintere Teil ist weit zum Schwanzstiel hin verlagert. Tagsüber halten sich die Husarenfische in Höhlen und unter Überhängen auf. Nachts gehen sie auf die Jagd nach Schalen- und Krustentieren sowie Stachelhäutern. Die Langstachel-Husaren werden bis zu 28 Zentimeter lang und sind von den Bermudas bis nach Venezuela verbreitet.

Schwarzstreifen-Soldatenfisch
Myripristis jacobus

Die Soldatenfische ähneln den Husarenfischen, weisen jedoch keinen Stachel auf dem Kiemendeckel auf. Färbung rot mit einem dunklen Streifen am hinteren Rand des Kiemendeckels. Die Soldatenfische halten sich tagsüber in Höhlen auf, wo sie häufig kopfüber an der Höhlendecke schwimmen, weil das Licht vom Sandgrund zurückgestrahlt wird. Diese Art wird bis zu 20 Zentimeter lang und ist von Georgia bis Brasilien sowie auch im Ostatlantik bei den Kapverden verbreitet.

FAMILIE FISTULARIIDAE

Blauflecken-Flötenfisch
Fistularia tabacaria

Langgestreckter Körper, röhrenförmige Schnauze und endständiges Maul. Die beiden mittleren Strahlen der Schwanzflosse sind filamentartig verlängert. Den Blauflecken-Flötenfisch findet man bei Seegraswiesen und über dem Sandgrund nahe bei Riffen. Die Tiere leben allein oder in kleinen Gruppen. Die Flötenfische werden bis zu 1,8 Meter lang und sind von Nova Scotia bis Brasilien verbreitet.

FAMILIE AULOSTOMIDAE

Atlantik-Trompetenfisch
Aulostomus maculatus

Langgestreckter Körper, röhrenförmige Schnauze und endständiges Maul mit einer dünnen Bartel am etwas vorstehenden Unterkiefer. Die erste Rückenflosse besteht aus acht bis zwölf einzeln stehenden Stachelstrahlen. Der Trompetenfisch lebt in der Nähe des Riffs. Dort tarnt er sich zwischen den Hornkorallen durch Farbwechsel und senkrechte Schwimmhaltung. Auffallend ist auch, daß er auf Papageifischen „reitet“ und so in die Nähe seiner Beute gelangt. Dem Taucher gegenüber ist der Trompetenfisch scheu. Diese Art erreicht eine Länge von einem Meter und ist von Florida bis Brasilien verbreitet.

FAMILIE SYNGNATHIDAE

Streifen-Seepferdchen
Hippocampus erectus

Der Körper dieses einzigartig geformten Fisches besteht aus knochigen Ringen, und der Kopf sitzt abgewinkelt darauf. Seepferdchen findet man vor allem zwischen dichten Pflanzenbeständen, wo sie sich mit dem Schwanz an Algenstengeln verankern können. Sie werden bis zu 17 Zentimeter lang und sind von Nova Scotia bis Argentinien verbreitet.

FAMILIE SCORPAENIDAE

Gebänderter Skorpionsfisch
Scorpaena plumieri

Massiger Kopf mit Stacheln und Hautfransen. Färbung grünlich-braun mit rötlichen Abschattierungen. Drei dunkle, senkrecht verlaufende Bänder auf dem Schwanz. Innenseite der Brustflosse dunkel mit kleinen weißen Markierungen. Der Gebänderte Skorpionsfisch ist die häufigste Art aus der Familie der Drachenköpfe; er lauert bewegungslos auf dem Grund liegend auf Beutetiere. Die Art wird bis zu 40 Zentimeter lang und ist von New York bis Brasilien verbreitet.

FAMILIE DACTYLOPTERIDAE

Flughahn
Dactylopterus volitans

Fisch mit nach hinten spitz zulaufendem Körper und stumpfer Schnauze, am hinteren Teil abgeflacht. Auffälligstes Charakteristikum dieser Art sind die großen, fächerförmigen Brustflossen mit blauen Punkten und Streifen. Die ersten Flossenstrahlen der Brustflossen sind frei beweglich, so daß die Fische fast auf dem Grund laufen können. Bewohnt Sand-, Korallenschutt- und Seegrasflächen. Trotz seines Namens und seiner großen Flossen ist dies kein fliegender Fisch. Bis zu 45 Zentimeter lang. An einem großen Teil der atlantischen Küste verbreitet.

FAMILIE SERRANIDAE

Judenfisch
Epinephelus itajara

Dies ist einer der größten Zackenbarsche im Atlantik und besitzt einen massigen Körper mit großem, abgeflachtem Kopf. Die Grundfärbung ist olivgrün mit kleinen schwarzen Punkten. Gewöhnlich lauert der Judenfisch in Höhlen oder Wracks auf Beute. Schon seine Größe – er wird bis zu 2,4 Meter lang – macht ihn potentiell gefährlich. Judenfische findet man von Florida bis Brasilien sowie im Ostatlantik von Senegal bis zum Kongo.

Nassau-Zackenbarsch
Epinephelus striatus

Kräftiger Körper mit durchgehender Rückenflosse und schwarzem Fleck am Schwanzstiel. Häufiger Fisch auf korallenbestandenem Sandgrund, wo er sich selten weit von seiner Wohnhöhle entfernt. Dieser Zackenbarsch kann seine Färbung schnell ändern, wenn er erschreckt oder seine Neugier erregt wurde. Zur Eiablage versammeln sich Schwärme mit Tausenden von Exemplaren. Der Nassau-Zackenbarsch wird bis zu einem Meter lang und ist von North Carolina bis Brasilien weit verbreitet.

Trauerrand-Zackenbarsch
Epinephelus guttatus

Einer der häufigsten Zackenbarsche im flacheren Bereich des Korallenriffs, wo man ihn häufig unbeweglich am Boden lauern sieht. Helle Grundfärbung mit rötlichen Markierungen. Rücken-, After- und Schwanzflosse mit schwarzen Rändern. Der Trauerrand-Zackenbarsch wird 60 Zentimeter lang und ist von Florida bis Brasilien verbreitet.

Blutroter Juwelenbarsch
Cephalopholis cruentatus

Kleiner Zackenbarsch mit der typischen massigen Körperform und abgerundetem Schwanz. Auf hellem Grund über den ganzen Körper verteilt zahllose rötliche Punkte. Dieser Juwelenbarsch lebt in Korallengründen vom Oberflächenbereich bis in 60 bis 70 Meter Tiefe. Er wird 30 Zentimeter lang und ist von Florida bis Brasilien verbreitet.

Karibik-Juwelenbarsch
Cephalopholis fulva

Typische Körperform der Zackenbarsche mit gerader oder leicht gerundeter Rückenflosse. Die Färbung ist, abhängig von der Tiefe, unterschiedlich. Drei Farbvarianten sind bekannt. Typische Merkmale sind je zwei schwarze Markierungen an Unterlippe und Schwanzstiel. Der Karibik-Juwelenbarsch lauert meistens unweit seiner Wohnhöhle am Meeresgrund. Dem Taucher gegenüber ist er relativ scheu. Er wird bis zu 40 Zentimeter lang und ist von Florida bis Brasilien verbreitet.

Tiger-Zackenbarsch
Mycteroperca tigris

Kräftiger Körperbau mit neun dunklen Bändern seitlich über heller Grundfärbung, die der Zeichnung des Tigerfells ähneln. Die Grundfärbung kann auch rötlich sein, die Bänder bis zu schwarz. Die Jungfische dagegen sind gelb gefärbt. Der Tiger-Zackenbarsch lebt in gut geschützten Bereichen des Riffs. Er wird bis zu 85 Zentimeter lang und ist von Florida bis Brasilien verbreitet.

Großer Seifenbarsch
Rypticus saponaceus

Spitzes, konkaves Kopfprofil, vorstehender Unterkiefer. Die Rückenflosse ist nach hinten verlagert und hinten abgerundet. Die Seifenbarsche leben versteckt im Flachwasser am Riff oder auf dem Sandgrund. Wenn sie gereizt werden, können sie einen für andere Fische giftigen Schleim produzieren. Sie werden bis zu 33 Zentimeter lang und sind von Florida bis Brasilien sowie auch im Ostatlantik verbreitet.

▶

◀

Braunband-Hamlet
Hypoplectrus puella

Hochrückiger, seitlich abgeflachter Körper mit braungelben Bändern und einem dunklen, dreieckigen Fleck in Körpermitte. Lebt vorzugsweise im Flachwasser über Felsgrund oder am Korallenriff bis in 23 Meter Tiefe. Man kann sich ihm nähern, aber er ist schnell bereit, zu fliehen und sich in Höhlen zu verstecken. Der Braunband-Hamlet wird bis zu 13 Zentimeter lang und kommt von Florida bis zu den Westindischen Inseln vor.

Indigo-Hamlet
Hypoplectrus indigo

Körperform wie beim Braunband-Hamlet. Farbkleid bläulich mit senkrechten, weißen Bändern. Lebt vorzugsweise auf korallenbestandenem Meeresgrund und schwimmt nahe am Boden. Wie bei den anderen Varianten kann man sich ihm behutsam nähern. Der Indigo-Hamlet wird 13 Zentimeter lang und ist regional bei Florida, den Cayman Islands und vor Belize zu finden.

▶

◀

Tabak-Sägebarsch
Serranus tabacarius

Länglicher Körper mit breiten, bräunlich-orangen Längsstreifen. Diese Art lebt im Übergangsbereich von Korallenriff und Sandgrund auf Sand und Geröll. In Tiefen unter 50 Meter häufig in Gruppen anzutreffen. Der Tabak-Sägebarsch wird bis zu 18 Zentimeter lang und ist von Florida bis Brasilien verbreitet.

Harlekin-Sägebarsch
Serranus tigrinus

Kleine Art mit länglichem, seitlich abgeflachtem Körper und spitzer Schnauze. Die Kiemendeckel haben Dornen und gezähnte Kanten. Namengebend sind die dunklen, tiger-ähnlichen Bänder auf gelblicher Grundfärbung. Breites schwarzes Band auf dem Schwanzstiel, Spitzen der Schwanzflossenlappen gelb gefärbt. Der Harlekin-Sägebarsch lebt auf korallinem Grund oder über Seegraswiesen. Er wird bis zu 15 Zentimeter lang und ist in der Karibik weit verbreitet und häufig.

▶

◀

Pfefferminz-Höhlenbarsch
Liopropoma rubre

Kleiner Fisch mit länglicher Körperform, geteilter Rückenflosse und kräftiger Schwanzwurzel. Rotbraune und gelbe Seitenstreifen. Schwarze Markierungen auf der zweiten Rücken-, der After- und der Schwanzflosse. Häufiger Fisch, der sich jedoch in Höhlen und Spalten verbirgt und deshalb nur selten gesichtet wird. Der Pfefferminz-Höhlenbarsch wird bis zu acht Zentimeter lang und ist von Florida bis Venezuela verbreitet.

Kandis-Höhlenbarsch
Liopropoma carmabi

Kleiner Fisch mit spitz zulaufendem Körper und doppelter Rückenflosse. Die zweite Rückenflosse besitzt einen schwarzen Fleck und ist, wie auch die Schwanzflosse, am Ende blau. Diese Art lebt in dunklen Riffspalten in Tiefen zwischen 13 und 65 Meter. Der Kandis-Höhlenbarsch wird bis zu sieben Zentimeter lang und ist von Florida bis zu den Antillen verbreitet.

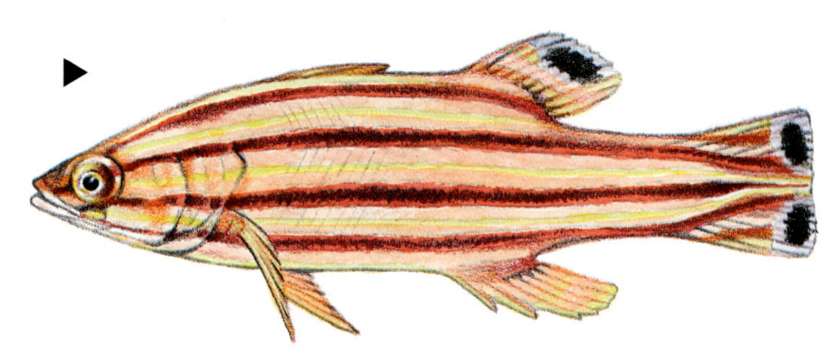

FAMILIE GRAMMITIDAE

Königs-Feenbarsch
Gramma loreto

Kleiner Fisch mit charakteristischer Färbung, halb purpur, halb gelb. Lebt in kleinen Gruppen in Höhlen und Spalten und schwimmt dort kopfüber mit dem Bauch zur Höhlendecke. Der Königs-Feenbarsch wird bis zu acht Zentimeter lang und ist von den Bermudas bis Venezuela verbreitet, nicht aber in Florida.

FAMILIE APOGONIDAE

Augenstreifen-Kardinalfisch
Apogon maculatus

Kleiner, kräftig gebauter Fisch mit spindelförmigem Körper und zwei etwa gleich großen Rückenflossen. Färbung leuchtend rot mit je einem schwarzen Fleck auf dem Kiemendeckel sowie unter der zweiten Rückenflosse. Namengebend sind zwei weiße Streifen durchs Auge. Der Augenstreifen-Kardinalfisch zieht flaches Wasser vor und verweilt tagsüber in Höhlen und Spalten. Er wird bis zu 13 Zentimeter lang und ist von Florida bis nach Venezuela verbreitet.

FAMILIE CIRRHITIDAE

Karibik-Korallenwächter
Amblycirrhitus pinos

Kleiner Fisch mit hochrückigem Körper und zugespitzter Schnauze. Die Hartstrahlen der Rückenflosse haben verzweigte Enden. Grundfarbe creme mit dunkleren Streifen sowie leuchtend roten Punkten an Kopf, Rücken und Rückenflosse. Der Karibik-Korallenwächter lebt auf Korallen, auf denen er in Lauerstellung sitzt. Er wird bis zu elf Zentimeter lang und ist von Florida bis Venezuela sowie im Ostatlantik bis St. Helena verbreitet.

FAMILIE MALACANTHIDAE

Sand-Torpedobarsch
Malacanthus plumieri

Langgestreckter Körper mit durchlaufender Rückenflosse sowie langer Afterflosse. Sichelförmige Schwanzflosse mit verlängerten Schwanzlappen. Färbung gelblich und hellblau mit gelben und blauen Streifen am Kopf. Schwanz häufig gelb mit einem dunklen Punkt. Der Sand-Torpedobarsch lebt auf Sand- und Geröllgrund, wo er sich eine Wohnhöhle gräbt. Er wird bis zu 60 Zentimeter lang und ist von North Carolina bis Brasilien verbreitet.

FAMILIE CARANGIDAE

Pferde-Makrele
Caranx hippos

Hochrückiger und langgestreckter Körper mit steiler Stirn. Dünner Schwanzstiel und charakteristisch gegabelter Schwanz. Die Jungfische leben in Gruppen und kommen häufig in Küstengewässern vor, während die Adulten solitär schwimmen und das offene Meer beziehungsweise die Außenbereiche des Riffs vorziehen. Die Pferde-Makrelen werden bis zu einem Meter lang und sind von Nova Scotia bis Uruguay sowie im Ostatlantik bis St. Helena verbreitet.

Blaurücken-Makrele
Carangoides ruber

Länglich-ovaler Körper mit silbriger Färbung. Charakteristisch ist ein blauer und schwarzer Streifen unter den Rückenflossen, der sich bis in den unteren Lappen der Schwanzflosse fortsetzt. Die Blaurücken-Makrelen leben in Schwärmen beträchtlicher Größe zusammen. Häufig folgen sie den Schulen von Meerbarben oder den Stechrochen, um die von diesen aus dem Sandgrund aufgewirbelten Wirbellosen zu erbeuten. Sie werden bis zu 60 Zentimeter lang und sind von New Jersey bis Venezuela verbreitet.

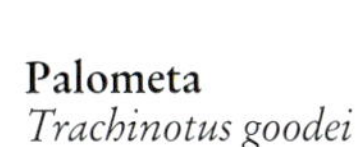

Großaugen-Makrele
Caranx latus

Relativ hochrückiger, seitlich abgeflachter Körper. Große Augen. Durch den gelben Schwanz von anderen Stachelmakrelen unterscheidbar. Die Großaugen-Makrelen leben im Schwarm im Freiwasser über tiefen Riffen und vermischen sich häufig mit anderen Stachelmakrelen. Sie werden bis zu 70 Zentimeter lang und sind von New Jersey bis Brasilien verbreitet.

Palometa
Trachinotus goodei

Länglich-rhomboider Körper, charakteristische, schwarze Verlängerungen der äußeren Flossenstrahlen an Rücken- und Afterflosse. Silbernes Farbkleid mit drei bis fünf senkrechten, dunklen Bändern. Die Palometas leben in Küstengewässern zwischen den Korallenformationen. Sie werden bis zu 50 Zentimeter lang und sind von Massachusetts bis Argentinien sowie auch im Ostatlantik verbreitet.

Regenbogen-Makrele
Elagatis bipinnulatus

Langgestreckter, spindelförmiger Körper mit zwei hellblauen Längsstreifen, die durch einen grünen oder gelblichen Streifen getrennt werden. Gelbe Schwanzflosse. Dieser Fisch des offenen Wassers kommt häufig auch in den Außenbereich des Korallenriffs. Die Regenbogen-Makrelen leben im Schwarm und scheinen von den Luftblasen der Taucher angezogen zu werden. Sie werden bis zu 1,2 Meter lang und sind zirkumtropisch verbreitet.

Gelbschwanz-Stachelmakrele
Caranx bartholomaei

Mittelgroße Stachelmakrele mit spitz zulaufendem, seitlich abgeflachtem Körper. Große Augen. Hellblau mit silbrigem Schimmer. Erwachsene Tiere haben oft einen schwarzen Fleck oben an der Opercula. Schwimmt meist einzeln oder in kleinen Gruppen am Außenriff bis in 45 Meter Tiefe. Bis zu 45 Zentimeter lang. Die Gelbschwanz-Stachelmakrele ist zwischen Massachusetts und Brasilien verbreitet.

Schwarze Stachelmakrele
Caranx lugubris

Mittelgroße Stachelmakrele mit seitlich stark abgeflachtem Körper und geneigter Rückenflosse. Rücken- und Afterflossen sind groß und symmetrisch. Grau bis schwarz mit fast schwarzen Rücken-, After- und Schwanzflossen, was für diese Art charakteristisch ist. Schwimmt einzeln oder paarweise im Freiwasser, häufig auch im Bereich von Hängen oder Steilwänden in über 300 Meter Tiefe. Die Schwarze Stachelmakrele wird bis zu 90 Zentimeter lang und ist von Florida bis Brasilien verbreitet.

Große Bernstein-Stachelmakrele
Seriola dumerili

Schlanker, länglicher, seitlich abgeflachter Körper, kleine Augen, leicht abgerundete Schnauze. Die zweite Rückenflosse ist schmaler als bei anderen Stachelmakrelen, erstreckt sich aber fast über den gesamten Rücken. Gleichmäßige Körperoberfläche. Der Fisch ist bronzefarben. Vom Maul über das Auge bis zum Beginn der Rückenflosse zieht sich ein dunkler Streifen. Ein bernsteingelber Streifen verläuft über die Seiten. Schwimmt meist in großen Schwärmen in Küstengewässern bis zu 40 Meter Tiefe. Erreicht eine maximale Länge bis zu 155 Zentimeter. Im gesamten Atlantik verbreitet.

FAMILIE LUTJANIDAE

Gelbschwanz-Schnapper
Ocyurus chrysurus

Länglicher Körper mit deutlich gegabeltem Schwanz und zugespitzten Flossenlappen. Gelber Längsstreifen und gelber Schwanz, darüber Rücken blau mit gelben Flecken. Der Gelbschwanz-Schnapper schwimmt allein oder in kleinen Gruppen über dem Riff oder über Seegraswiesen und ist hauptsächlich nachtaktiv. Er kann bis zu 75 Zentimeter lang werden und ist von Massachusetts bis Brasilien, im Ostatlantik bis zu den Kapverden verbreitet.

Hammel-Schnapper
Lutjanus analis

Kräftiger, hochrückiger Körper und charakteristische spitze Afterflosse. Die Färbung ist olivgrün mit schwarzen Bändern, die aber nur bei den größeren Exemplaren deutlich ausgeprägt sind. Die ausgewachsenen Hammel-Schnapper ziehen felsige und korallenbestandene Meeresgründe vor, während die jüngeren häufig über Sandgrund und Seegraswiesen zu sehen sind. Diese Art wird bis zu 75 Zentimeter lang und ist von Massachusetts bis Brasilien verbreitet.

Schulmeister-Schnapper
Lujanus apodus

Robuster, leicht abgeflachter Körper mit spitz zulaufendem Kopf und wohlgeformtem Maul. Silber- bis bronzefarben. Charkteristisch sind die gelben Flossen und blauen Streifen an der Schnauze. Lebt in großen Schwärmen im Schutz von Gorgonien und großen Korallen in zwei bis 30 Meter Tiefe. Erreicht eine Länge von bis zu 60 Zentimeter und ist in der Karibik und an gemäßigten Küsten des amerikanischen Kontinents verbreitet.

Grauer Schnapper
Lutjanus griseus

Robuster, leicht abgeflachter Körper mit spitz zulaufendem Kopf und wohlgeformtem Maul. Farbschattierungen reichen von grau bis hin zu rötlichbraun. Keine besonderen Merkmale. Gelegentlich verläuft ein dunkles Band von den Lippen durchs Auge. Schwimmt in kleinen Schwärmen und bewohnt flache, küstennahe Regionen, vor allem bei Mangrovenwäldern und Riffen in bis zu 25 Meter Tiefe. Bis zu 60 Zentimeter groß. Von Massachusetts bis Brasilien verbreitet.

FAMILIE HAEMULIDAE

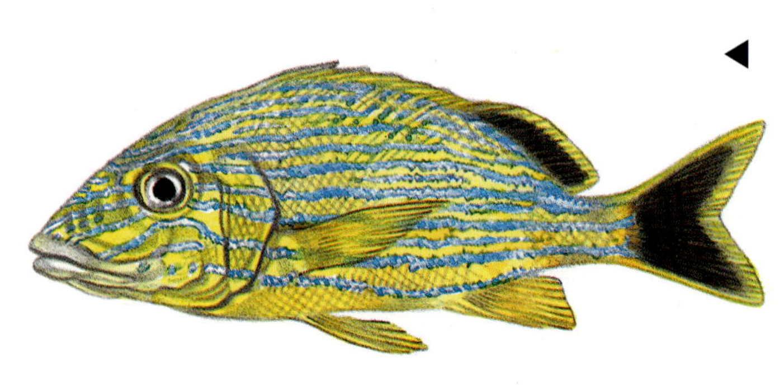

Blaustreifen-Grunzer
Haemulon sciurus

Hochrückiger, seitlich stark abgeflachter Körper. Schmale, gelbe und blaue Längsstreifen von der Schnauze bis zum Schwanzstiel. Zweite Rückenflosse und Schwanzflosse schwarz. Der Blaustreifen-Grunzer bildet große Schwärme, die in Küstennähe über Geröll- oder Sandgründen stehen. Er wird bis zu 45 Zentimeter lang und ist von South Carolina bis Brasilien verbreitet.

Franzosen-Grunzer
Haemulon flavolineatum

Hochrückiger Körper mit zugespitzter Schnauze und kleinem Maul. Zahlreiche gelbliche Streifen, die über der Seitenlinie horizontal verlaufen, darunter diagonal. Der Franzosen-Grunzer bildet Schwärme mit bis zu tausend Individuen, die vorzugsweise über Korallengründen stehen. Er wird bis zu 30 Zentimeter lang und ist von South Carolina bis Brasilien verbreitet.

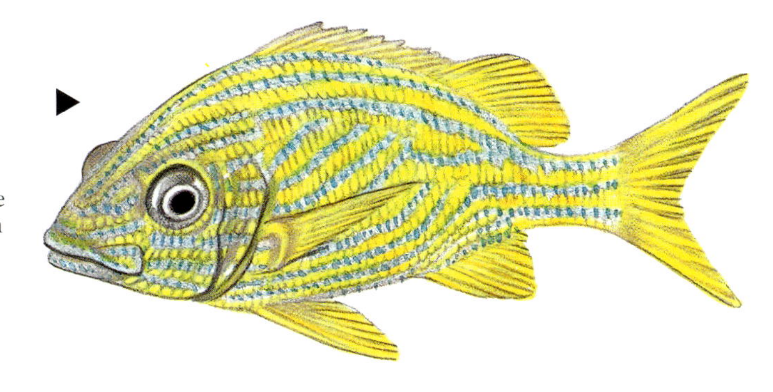

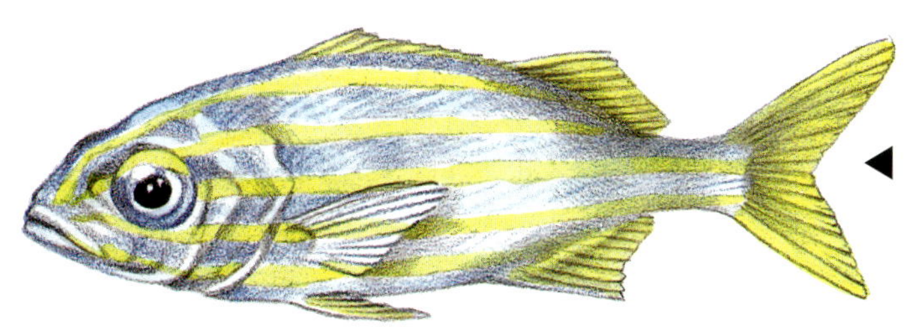

Gelbstreifen-Grunzer
Haemulon chrysargyreum

Spitz zulaufender, an den Seiten leicht abgeflachter Körper mit kleinem Kopf und großen Augen. Silbrig weißer Untergrund mit fünf bis sechs horizontalen gelben Seitenstreifen. Die Flossen sind gelb. Der Grunzer lebt in Schwärmen in Bodennähe sowie im Schutz von Korallenformationen am Riff in fünf bis 15 Meter Tiefe. Bis zu 22 Zentimeter lang. Von Florida bis Brasilien verbreitet.

Kopfstreifen-Grunzer
Haemulon plumieri

Spitz zulaufender, ziemlich breiter Körper mit robustem Kopf und leicht nach innen gewölbtem Rückenprofil. Bläulich-silbern oder gelb mit blauen Streifen am Kopf. Schwimmt in großen Schwärmen, häufig entlang von flachen Fleckriffen und im Schutz von großen Korallenformationen in einer Tiefe von zwei bis 18 Meter. Der Kopfstreifen-Grunzer ist von Maryland bis Brasilien verbreitet.

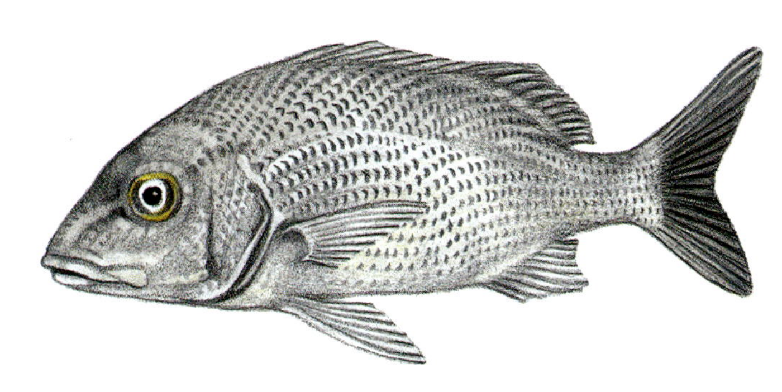

Silber-Grunzer
Haemulon album

Hochrückiger, seitlich abgeflacher Körper mit steiler Vorderfront. Perlmuttfarben grau, manchmal drei dunkle Seitenstreifen. Die Schwanzflosse ist für gewöhnlich dunkel. Bewohnt Sandflächen zwischen Fleckriffen, schwimmt über Seegrasflächen und felsigen Bereichen in zwei bis 18 Meter Tiefe. Lebt einzeln oder in kleinen Schwärmen. Der Silber-Grunzer wird bis zu 60 Zentimeter lang und ist damit der größte karibische Grunzer. Von Florida bis Brasilien verbreitet.

FAMILIE SCIAENIDAE

Wimpel-Ritterfisch
Equetus lanceolatus

Körpervorderteil hochrückig, Hinterteil sich stark verjüngend. Charakteristische, hohe vordere Rückenflosse, vor allem bei den Jungtieren ausgeprägt. Von der Spitze der vorderen Rückenflosse bis zur Schwanzflosse verläuft sichelförmig ein schwarzer Streifen. Weitere schwarze Streifen am Vorderkörper und Kopf. Der Wimpel-Ritterfisch lebt bevorzugt in den dunkleren Bereichen des Riffs und in Höhlen. Er wird bis zu 25 Zentimeter lang und ist von South Carolina bis Brasilien verbreitet.

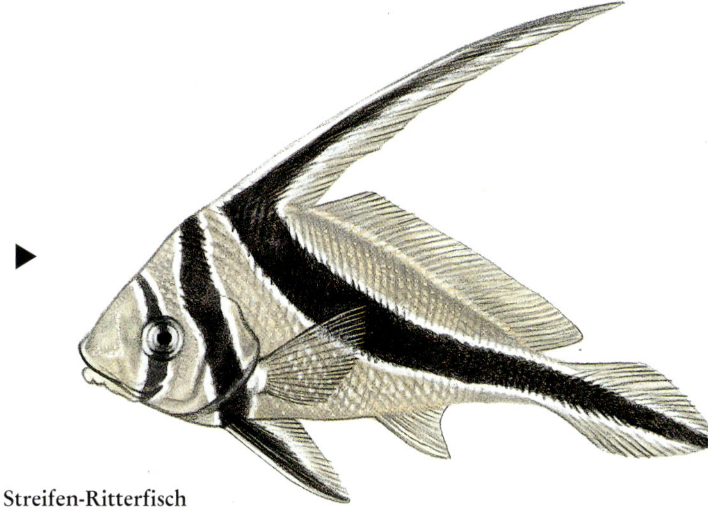

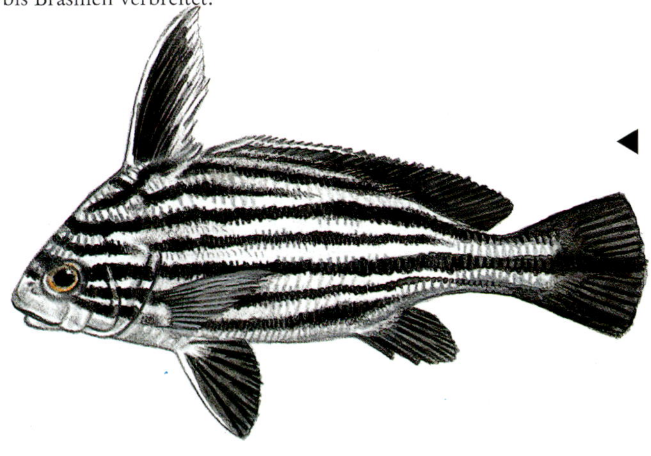

Streifen-Ritterfisch
Pareques acuminatus

Auf flachen Fels- und Korallenriffen in klarem Wasser. Tagsüber paarweise oder in kleinen Gruppen in den geschützten Riffbereichen. Größe: bis 23 cm; Vorkommen: South Carolina bis Brasilien.

Tüpfel-Ritterfisch
Equetus punctatus

Kleiner, seitlich stark abgeflachter Körper. Ausgeprägter Kopf, Vorderteil hochrückig. Charakteristisch ist die hohe vordere Rückenflosse. Die Schwanzflosse ist rautenartig geformt. Grundfarbe weiß mit breiten schwarzen Streifen, die sichelartig von der vorderen Rückenflosse bis zur Schwanzflosse verlaufen. Die hintere Rückenflosse, die Schwanz- und Afterflossen sind schwarz-weiß gefleckt. Diese Art lebt meist in abgeschiedenen Riffbereichen oder versteckt in Höhlen in einer Tiefe von drei bis 30 Metern. Der Tüpfel-Ritterfisch wird bis zu 26 Zentimeter lang und ist von Florida bis Brasilien verbreitet.

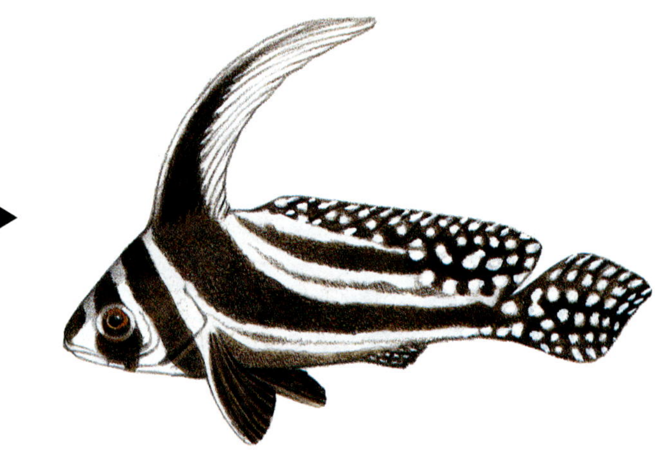

FAMILIE MULLIDAE

Gelbe Meerbarbe
Mulloidichthys martinicus

Langgestreckter Körper, Schnauze etwas zugespitzt, leicht konvexe Front. Helle Flanke, leicht oliv angehauchter Rücken, gelber Längsstreifen vom Auge bis zur Schwanzflosse. Alle Flossen ebenfalls gelb gefärbt. Die Gelbe Meerbarbe bildet kleine Gruppen, die über den Sandgründen neben den Riffen stehen. Sie wird bis zu 40 Zentimeter lang und ist von der Karibik bis zu den Kapverden im Ostatlantik verbreitet.

Gefleckte Meerbarbe
Pseudopeneus maculatus

Langgestreckter Körper mit leicht zugespitzter Schnauze. Am Kiemendeckel ein Dorn, der in manchen Fällen deutlich hervorsteht. Drei große schwärzliche Flecken oben an der Flanke. Die Gefleckte Meerbarbe bildet zur Jagd kleine Gruppen von vier bis sechs Individuen. Sie wird bis zu 26 Zentimeter lang und ist von Florida bis Brasilien verbreitet.

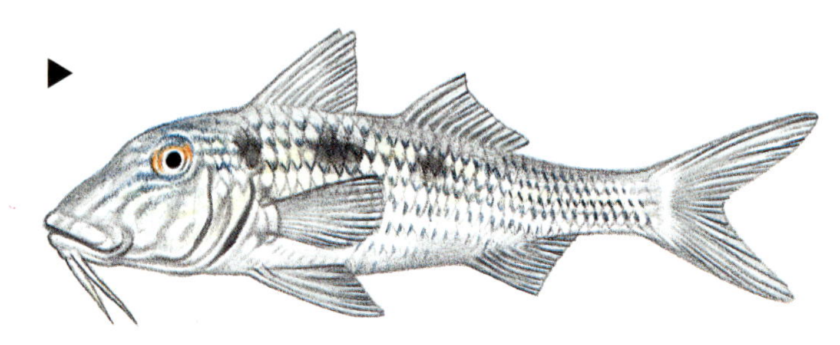

FAMILIE PEMPHERIDAE

Kupfer-Beilbauchfisch
Pempheris schomburgki

Kleine Fische mit seitlich stark abgeflachtem Körper, in der Seitenansicht oval mit starker Verjüngung zum Schwanz hin. Silbrigrosa Färbung mit sehr langer, an der Basis mit einem schwarzen Streifen versehenen Afterflosse. Der Kupfer-Beilbauchfisch lebt in dichtem Schwarm in Höhlen oder Spalten des Riffs, von wo aus er nachts zur Jagd ausschwärmt. Er wird bis zu 16 Zentimeter lang und ist von Florida bis Brasilien verbreitet.

FAMILIE KYPHOSIDAE

Bermuda-Ruderfisch
Kyphosus sectatrix

Hochrückiger, ovaler Körper mit kleinem, endständigem Maul. Graue Grundfärbung mit schmalen, gelblichen Längsstreifen. Pflegt sich im Schwarm nahe am Riff oder bei algenreichen, felsigen Seegründen aufzuhalten. Der Bermuda-Ruderfisch wird 76 Zentimeter lang und ist von Massachusetts bis Brasilien verbreitet.

FAMILIE EPHIPPIDAE

Karibik-Spatenfisch
Chaetodipterus faber

Sehr hochrückiger, seitlich abgeflachter Körper. Die Lappen der Rücken- und Afterflosse sind lang nach hinten ausgezogen. Grundfarbe gräulich mit vier bis fünf dunklen, senkrechten Bändern. Die Spatenfische bilden Schwärme, die etwas vom Riff entfernt stehen. Sie nähern sich manchmal neugierig den Tauchern. Spatenfische werden bis zu 90 Zentimeter lang und sind von Massachusetts bis Brasilien verbreitet.

FAMILIE CHAETODONTIDAE

Vieraugen-Falterfisch
Chaetodon capistratus

Hochrückiger, extrem seitlich abgeplatteter Körper mit gelben Flossen und einem kleinen Augenfleck am hinteren Ende der Rückenflosse. Nachts verändert sich die Färbung – schmale dunkle Diagonalstreifen auf hellem Grund – und wird dunkler. Die Vieraugen-Falterfische schwimmen gewöhnlich paarweise nahe am Riff oder dem felsigen Meeeresgrund. Sie werden bis zu 20 Zentimeter lang und sind von Massachusetts bis Brasilien verbreitet.

Riff-Falterfisch
Chaetodon sedentarius

Hochrückiger, seitlich extrem abgeflachter Körper, steiles, konkaves Vorderprofil mit zugespitzter Schnauze, nahezu senkrechtes Hinterprofil. Grundfärbung gelblich. Senkrechtes schwarzes Band über die Augen. Breites dunkles Band am Hinterkörper, das von der Rückenflosse bis zur Afterflosse verläuft. Der Riff-Falterfisch lebt bevorzugt auf Korallengrund und kommt in Tiefen bis 90 Meter vor. Er wird bis 15 Zentimeter lang und ist von North Carolina bis Brasilien verbreitet.

Flossenfleck-Falterfisch
Chaetodon ocellatus

Hochrückiger, seitlich extrem abgeflachter Körper mit gelben Flossen und einem kleinen schwarzen Fleck am Hinterrand der Rückenflosse. Die Körperscheibe ist tagsüber hell gefärbt und weist nachts dunkle Bänder auf. Die Flossenfleck-Falterfische schwimmen meist paarweise nahe beim Riff oder dem felsigen Meeresgrund. Sie erreichen eine Länge von 20 Zentimeter und sind von Massachusetts bis Brasilien verbreitet.

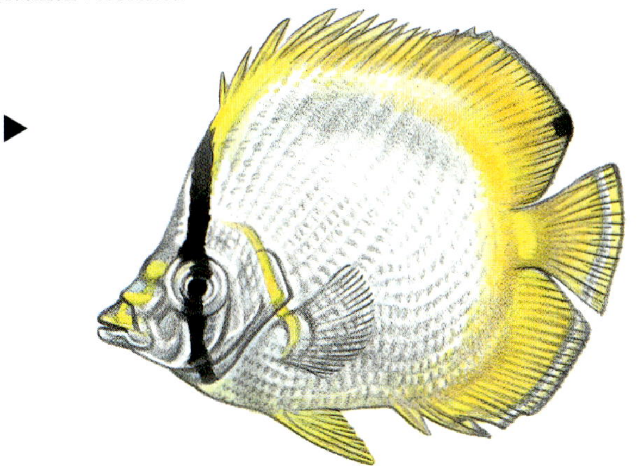

Karibik-Pinzettfisch
Chaetodon aculeatus

Hochrückiger, seitlich stark abgeflachter Körper mit sehr ausgeprägten vorderen Stachelstrahlen an der Rückenflosse. Lange, zugespitzte Schnauze. Der Karibik-Pinzettfisch lebt solitär und zieht die tieferen Bereiche des Riffs sowie die Spalten und Höhlen vor, in denen er auch Schutz sucht, wenn er erschreckt wird. Er wird bis zu zehn Zentimeter lang und ist von Florida bis Venezuela verbreitet.

Gestreifter Falterfisch
Chaetodon striatus

Hochrückiger, seitlich stark abgeflachter Körper. Weißliche Grundfärbung mit drei senkrechten dunklen Bändern, das erste davon über das Auge. Jungtiere haben einen Augenfleck an der Schwanzwurzel. Die Gestreiften Falterfische leben einzeln oder paarweise nahe beim Korallenriff. Sie werden bis zu 16 Zentimeter lang und sind von Massachusetts bis Brasilien verbreitet.

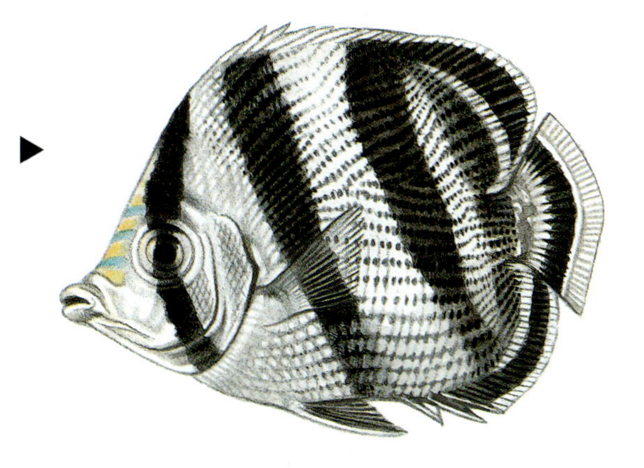

FAMILIE POMACANTHIDAE

Grauer Kaiserfisch
Pomacanthus arcuatus

Hochrückiger, seitlich stark abgeflachter Körper, Rücken- und Bauchflosse laufen spitz aus. Schwanzflosse mit gerader Rückkante. Grundfarbe gräulich-braun, Schnauzenmaske hellgrau, Innenseite der Brustflosse gelb. Die Grauen Kaiserfische halten sich allein oder paarweise in den nahrungsreichsten Bereichen des Riffs auf. Sie werden bis zu 50 Zentimeter lang und sind von den Bermudas bis Brasilien verbreitet.

Franzosen-Kaiserfisch
Pomacanthus paru

Hochrückiger, seitlich stark abgeflachter Körper, Rücken- und Bauchflosse laufen spitz aus. Grundfärbung schwarz mit gelbgeränderten Schuppen, außerdem gelbe Markierungen auf Schnauze und Brustflosse. Schnauzenmaske weiß. Der Franzosen-Kaiserfisch bevorzugt die oberflächennahen Bereiche des Riffs mit reichem Gorgonienbesatz. Er wird bis zu 30 Zentimeter lang und ist von Florida bis Brasilien verbreitet.

Felsenschönheit
Holacanthus tricolor

Hochrückiger, seitlich stark abgeflachter Körper, Rücken- und Bauchflosse laufen spitz aus. Spezifische Färbung des Körpers schwarz und gelb sowie gelbe, gerundete Schwanzflosse. Die Schnauzenmaske ist blau. Die Felsenschönheit ist ausgeprägt territorial und bleibt gewöhnlich in der Nähe ihres Bereiches am Riff. Sie wird bis zu 20 Zentimeter lang und ist von Georgia bis Brasilien verbreitet.

Bermuda-Kaiserfisch
Holacanthus bermudensis

Hochrückiger, seitlich stark abgeflachter Körper, Rücken- und Bauchflosse laufen sehr spitz und lang aus und reichen über die abgerundete Schwanzflosse hinaus. Grundfarbe blaugrün, Flossen gelb gesäumt. Der Bermuda-Kaiserfisch bevorzugt die oberflächennahen Bereiche des Riffs. Er wird bis zu 38 Zentimeter lang und ist hauptsächlich zwischen Florida und Yucatan verbreitet.

Diadem-Kaiserfisch
Holacanthus ciliaris

Hochrückiger, seitlich stark abgeflachter Körper, Rücken- und Bauchflosse laufen sehr spitz und lang aus und reichen über die abgerundete Schwanzflosse hinaus. Flanken tiefblau mit kleinen gelben Flecken, tiefblaue „Krone" auf der Front. Brust- und Schwanzflosse gelb. Der Diadem-Kaiserfisch lebt im oberflächennahen Bereich des Riffs ebenso wie im Tiefenbereich bis 70 Meter. Er wird bis 45 Zentimeter lang und ist von den Bermudas bis Brasilien verbreitet.

FAMILIE POMACENTRIDAE

Blauer Chromis
Chromis cyanea

Kleiner, ovaler Körper mit tief gespaltener Rückenflosse. Grundfärbung blau mit schwarz geränderten Rücken-, After- und Schwanzflossen sowie einem schwarzen Längsstreifen auf dem Rücken am Ansatz der Rückenflosse. Der Blaue Chromis bildet Schwärme über dem Riff. Er wird bis zu 13 Zentimeter lang und ist von Florida bis Venezuela verbreitet.

Brauner Chromis
Chromis multilineata

Kleiner, ovaler Körper mit tief gespaltener Rückenflosse. Grundfärbung graubraun, Rücken- und Schwanzflosse mit gelben Spitzen, schwarzer Punkt am Ansatz der Brustflosse. Der Braune Chromis lebt im Schwarm über den Korallenformationen, wo er Zooplankton im Freiwasser jagt. Er wird bis zu 17 Zentimeter lang und ist von Florida bis Brasilien verbreitet.

Schöner Gregory
Stegastes leucostictus

Länglich-ovaler Körper, gegabelter Schwanz mit abgerundeten Schwanzlappen. Bräunliche Grundfärbung, Rücken und Schwanzflosse gelblich. Diese Art ist territorial und zieht Sandgrund sowie Algenwiesen vor. Der Schöne Gregory wird bis zu zehn Zentimeter lang und ist von Maine bis Brasilien verbreitet.

Zweifarben-Gregory
Stegastes partitus

Körperform oval, seitlich abgeflacht, mit kleinem, endständigem Maul. Vordere Körperhälfte dunkel gefärbt, hintere weiß. Der Zweifarben-Gregory lebt in den oberen Bereichen des Riffs, wo er sein Territorium gegen andere Individuen seiner Art verteidigt. Er wird bis zu zwölf Zentimeter lang und ist von Florida bis zum Golf von Mexiko verbreitet.

Dreifleck-Gregory
Stegastes planifrons

Ovaler, seitlich abgeflachter Körper mit kleinem, endständigem Maul. Grundfärbung dunkel, schwarzer Punkt an der Schwanzwurzel und am Ansatz der Brustflosse, gelb umrandete Augen. Der Dreifleck-Gregory lebt im oberen Bereich des Riffs und verteidigt sein Territorium gegenüber jedem Eindringling, auch gegenüber Tauchern. Er wird bis zu zwölf Zentimeter lang und ist von Florida bis zum Golf von Mexiko verbreitet.

Gestreifter Sergeant
Abudefduf saxatilis

Ovaler, seitlich abgeflachter und rauhschuppiger Körper. Grundfärbung silbrigweiß mit schwarzen Bändern. Rücken gelblich. Der Gestreifte Sergeant lebt im Schwarm im oberflächennahen Bereich des Riffs. Er wird bis zu 20 Zentimeter lang und ist von Rhode Island bis Uruguay verbreitet.

Juwelen-Riffbarsch
Microspathodon chrysurus

Kleiner, kräftiger Körper mit gespaltener Schwanzflosse und abgerundeten Schwanzlappen. Grundfärbung bräunlich mit blauen Flecken am Rücken und gelber Schwanzflosse. Die Jungfische pflegen zwischen den Zweigen von Feuerkorallen zu stehen und betätigen sich manchmal als Putzerfische. Die Erwachsenen behaupten kleine Territorien im oberflächennahen Bereich des Riffs. Der Juwelen-Riffbarsch wird bis zu 21 Zentimeter lang und ist von Florida bis Venezuela verbreitet.

Cocoa-Gregory
Stegastes variabilis

Ovaler Körper mit spitzer Schnauze und leicht eingekerbter Schwanzflosse. Ausgeprägte Rückenflosse. Dunkel graublau am Rücken und gelblich am Bauch. Jungfische haben einen dunklen Fleck an der Rückenflosse und an der Oberseite der Schwanzwurzel, der Bereich um die Rückenflosse herum ist blau. Lebt im Riff, territorial über Sandebenen, die er, besonders während der Fortpflanzungszeit, scharf verteidigt. Diese Art wird bis zu 12 Zentimeter lang und ist von Florida bis Brasilien verbreitet.

FAMILIE LABRIDAE

Spanischer Schweinslippfisch
Bodianus rufus

Kräftiger Körper, zugespitzter Kopf, großes Maul. Rücken einschließlich Rückenflosse variabel rot, blau oder violett, übriger Körper gelblich. Der Spanische Schweinslippfisch schwimmt immer in Bodennähe, wo er Krebstiere, Haarsterne und Mollusken erbeutet. Die Jungtiere betätigen sich auch als Putzerfische. Nicht scheu gegenüber Tauchern. Der Spanische Schweinslippfisch wird bis zu 40 Zentimeter lang und ist von Florida bis Brasilien verbreitet.

Kreolen-Lippfisch
Clepticus parrae

Länglicher Körper mit spitzem Kopf und schrägstehendem Maul. Rücken- und Afterflossen haben spitze Enden, und die Schwanzflosse ist leicht sichelförmig. Die ausgewachsenen Tiere sind dunkel purpurrot gefärbt mit gelblicher Bauchseite und bleichem Kehlbereich. Über dem Auge liegt eine schwarze Stelle. Die Kreolen-Lippfische bevorzugen die tieferen Stellen des Riffs und versammeln sich dort vor Sonnenuntergang zu großen Schwärmen. Sie werden bis zu 30 Zentimeter lang und sind von North Carolina bis zum Golf von Mexiko verbreitet.

Eber-Lippfisch
Lachnolaimus maximus

Recht großer Lippfisch mit zugespitztem Kopf und charakteristischem, konkavem Profil. Die ersten Strahlen der Rückenflosse sind stark verlängert. Grundfärbung weißlich mit einem braunen Streifen vom Maul bis über den Rücken. Der Eber-Lippfisch bevorzugt den Sandgrund, in dem er seine Beute aufspürt. Er wird bis zu 90 Zentimeter lang und ist von North Carolina bis Brasilien verbreitet.

Blaukopf-Junker
Thalassoma bifasciatum

Länglicher, seitlich abgeflachter Körper mit gegabelter Schwanzflosse. Die Färbung variiert stark in Abhängigkeit vom Alter. Bei den Erwachsenen ist das Hinterende grün, das Vorderteil blau gefärbt, dazwischen liegen schwarze und weiße Bänder. Die Jungfische sind einfarbig gelblich. Die Blaukopf-Junker trifft man in großer Zahl in den unterschiedlichsten Habitaten an. Sie werden bis zu 18 Zentimeter lang und sind von Florida bis Venezuela verbreitet.

Pudding-Junker
Halichoeres radiatus

Hochrückiger, seitlich abgeflachter Körper mit gerade endender, gelbgesäumter Schwanzflosse. Bei den Erwachsenen ist die Grundfärbung grünlich mit fünf blassen Flecken auf dem Rücken. Der Pudding-Junker ist häufig über dem Flachbereich der Riffe zu finden. Er schwimmt kontinuierlich und ist sehr scheu gegenüber dem Taucher. Er erreicht eine Länge bis zu 50 Zentimeter und ist von North Carolina bis Brasilien verbreitet.

Zweistreifen-Junker
Halichoeres bivittatus

Langgestreckter Körper mit kräftiger Schwanzwurzel und kurzer Schwanzflosse. Färbung extrem variabel, aber vorwiegend grünlich. Zwei dunkle Längsstreifen entlang der Flanke. Die Spitzen der Schwanzflosse sind dunkel gefärbt. Den Zweistreifen-Junker findet man in den unterschiedlichsten Habitaten, vom Korallenriff bis zu Sandgrund und Seegraswiesen. Er wird bis zu 26 Zentimeter lang und ist von North Carolina bis Brasilien verbreitet.

Grüner Schermesserfisch
Xyrichtys splendens

Stark abgeflachter, breiter Körper und abgerundete Schnauze. Grünlich gefärbt mit dunklem Fleck in der Körpermitte (typisch für Männchen) und Augen mit roter Iris. Schwebt über flachen, sandigen Böden mit Seegrasbetten oder Gorgonien in Tiefen zwischen drei und 14 Meter. Bei Bedrohung geht er zwischen Felsen in Deckung. Der Grüne Schermesserfisch wird bis zu 15 Zentimeter lang und ist von Florida bis Brasilien verbreitet.

FAMILIE SCARIDAE

Himmelblauer Papageifisch
Scarus coeruleus

Langgestreckter und kräftiger Körper. Adulte Männchen haben einen charakteristischen Kopfhöcker, und ihre Grundfärbung ist hellblau. Der Himmelblaue Papageifisch ernährt sich hauptsächlich von Algen, und hierbei bewegt er sich unablässig von einem Bereich des Riffs zum anderen. Er wird bis zu 90 Zentimeter lang und ist von Maryland bis Brasilien verbreitet.

Königin-Papageifisch
Scarus vetula

Spindelförmige Körperform. Grundfärbung blaugrün mit rosagelben Schuppenrändern. An den Wangen breite blaue Streifen, die Maul und Augen verbergen. Der Königin-Papageifisch ernährt sich von Algen und lebt im Flachwasser bis 25 Meter Tiefe. Er wird bis zu 60 Zentimeter lang und ist von Florida bis Argentinien verbreitet.

Signal-Papageifisch
Sparisoma viride

Länglicher, kräftiger Körper. Hauptfärbung grün mit gelben Schuppenrändern. Gelborange Streifen am Kopf und an der Afterflosse. Gelber Fleck auf dem Schwanzstiel. Die Signal-Papageifische kommen relativ häufig an Riffen vor, wo sich Sandgründe mit Riffzonen abwechseln, die reich an Algen sind. Er wird bis zu 50 Zentimeter lang und ist von Florida bis Brasilien verbreitet.

Rotbinden-Papageifisch
Sparisoma aurofrenatum

Ovale Körperform. Grundfärbung grün mit roter und oranger Schattierung. Oranger Streifen vom Maul am Auge entlang aufsteigend, Rücken- und Afterflosse purpurfarbig. Der Rotbinden-Papageifisch lebt an Riffen, an denen er reichlich Algen findet. Er wird bis zu 35 Zentimeter lang und ist von Florida bis Brasilien verbreitet.

Prinzessin-Papageifisch
Scarus taeniopterus

Kleiner, grünlich-blauer Papageifisch mit einem gelben Band an der Seite und blauen Streifen an der Schnauze. Schwanz- und Rückenflossenränder sind gelb, orange oder rosa. Erwachsene Tiere leben in kleinen Schwärmen, die Jungtiere in größeren. Diese Art bevorzugt felsige Küstenregionen und Außenriffe bis zu einer Tiefe von 25 Meter. Der Prinzessin-Papageifisch wird bis zu 34 Zentimeter lang und ist von Florida bis Brasilien verbreitet.

FAMILIE OPISTOGNATHIDAE

Goldstirn-Kieferfisch
Opistognatus aurifrons

Kleiner, bodenlebender Fisch mit länglichem, schlankem Körper. Kurzer, kräftiger Kopf mit großen Augen. Die Grundfärbung des Körpers ist hellblau, die des Kopfes gelb. Der Goldstirn-Kieferfisch hält sich nahe seiner selbstgegrabenen Wohnhöhle am Meeresgrund auf, wo er schnell Schutz suchen kann. Er wird bis zu zehn Zentimeter lang und ist von Florida bis Venezuela verbreitet.

FAMILIE SPHYRAENIDAE

Großer Barrakuda
Sphyraena barracuda

Langgestreckter, halbzylindrischer Körper mit langer, spitzer Schnauze und hervorragendem Unterkiefer. Die beiden Rückenflossen klar voneinander abgesetzt. Schwanzflosse leicht eingekerbt, die Flossenlappen zugespitzt. Die Grundfärbung ist silbrig mit dunklen, vertikalen Bändern an den Flanken sowie kleinen Punkten. Der Große Barrakuda lebt in Küstengewässern über Korallengrund, Sand oder Seegraswiesen. Er wird bis zu zwei Meter lang und ist zirkumtropisch verbreitet.

FAMILIE BLENNIDAE

Zweifarben-Kammzähner
Ophioblennius atlanticus

Kleiner und länglicher, seitlich stark abgeflachter Körper mit stumpfem Kopf. Maul außerordentlich dicklippig. Die Grundfärbung ist auf der Vorderhälfte dunkel, auf der Hinterhälfte heller. Gelbe oder rötliche Schattierungen auf Rücken- und Afterflosse. Der Zweifarben-Kammzähner ist territorial, er bevorzugt felsigen Grund in oberflächennahen Riffbereichen. Er wird bis zu 13 Zentimeter lang und ist von North Carolina bis Brasilien verbreitet.

FAMILIE GOBIDAE

Neon-Grundel
Gobiosoma oceanops

Kleiner und langgestreckter Körper, dunkelgefärbt und mit zwei charakteristischen fluoreszierenden blauen Längsstreifen. Putzerfisch, der mit anderen Artgenossen zusammen an Korallenstöcken „Putzerstationen" unterhält. Die Neon-Grundel wird bis zu fünf Zentimeter lang und ist von Florida bis Honduras verbreitet.

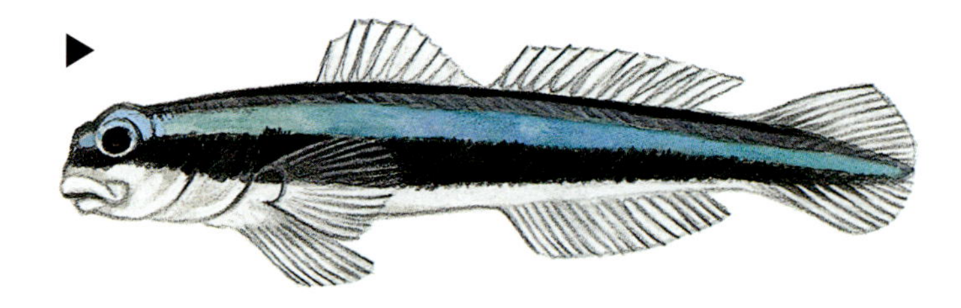

Gelblinien-Grundel
Gobiosoma horsti

Kleine Grundel, die man an der dunklen Färbung ihres Rückens erkennt. Auf beiden Seiten des Körpers ein dünner, gelber Längsstreifen von den Augen bis zur Schwanzwurzel. Lebt in einer Tiefe von sechs bis 25 Meter in der Nähe von Schwammformationen, besonders zwischen Zylinderschwämmen. Wird bis zu vier Zentimeter lang und ist von Florida bis zu den Antillen verbreitet.

FAMILIE ACANTHURIDAE

Streifen-Doktorfisch
Acanthurus chirurgus

Hochrückiger, seitlich stark abgeflachter Körper. Färbung grau bis dunkelbraun mit einer Reihe von dunkleren Bändern auf den Flanken, deren Intensität variabel ist. Die Tiere dieser Art sind gewöhnlich allein anzutreffen, gegebenenfalls auch untermischt mit anderen Doktorfischen, die wie sie das Riffdach nach Algen abgrasen. Die Streifen-Doktorfische werden bis zu 25 Zentimeter lang und sind von Massachusetts bis Brasilien verbreitet.

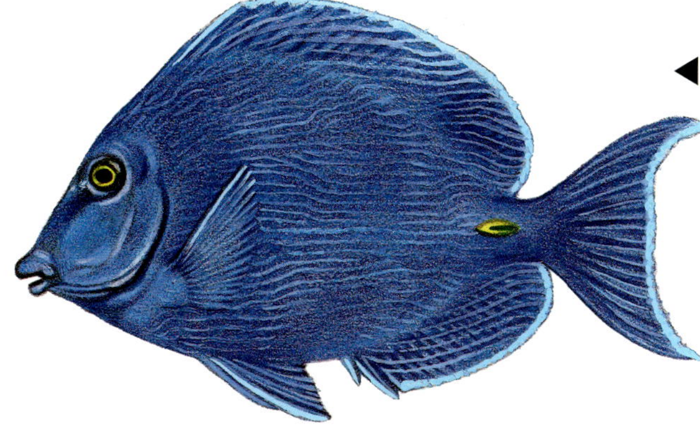

Blauer Doktorfisch
Acanthurus coeruleus

Hochrückiger, seitlich stark abgeflachter Körper. Färbung tiefblau mit wellenförmigen Längsstreifen. Jungtiere leuchtend gelb gefärbt mit blauem Flossensaum. Lebt in Paaren oder im Schwarm, gegebenenfalls auch untermischt mit anderen Doktor- und Papageifischen, grast im Flachwasser. Die Blauen Doktorfische werden bis zu 35 Zentimeter lang und sind von den Bermudas bis Brasilien verbreitet.

Ozean-Doktorfisch
Acanthurus bahianus

Hochovaler Körper. Schwanzflosse sichelförmig. Färbung variabel von blaugrau bis dunkelbraun, aber ohne dunkle Bänder. Helle schmale Streifen um das Auge. Der Ozean-Doktorfisch bevorzugt flache oder nur leicht geneigte Korallenriffe. Er wird bis zu 35 Zentimeter lang und ist von Massachusetts bis Brasilien sowie auch im Ostatlantik verbreitet.

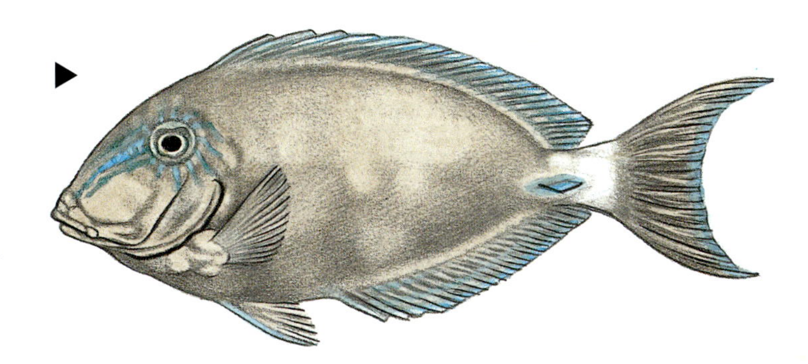

FAMILIE BOTHIDAE

Pfauen-Butt
Bothus lunatus

Plattfisch, beide Augen auf der linken Seite. Charakteristische blaue Ringe über die ganze Körperseite verteilt, außerdem auf der Seitenlinie zwei oder drei dunkle Punkte. Obenliegende Brustflosse sehr lang und häufig abgespreizt. Der Pfauen-Butt liegt auf sandigem oder mit Detritus bedecktem Grund, dessen Struktur und Färbung er sich erstaunlich gut anpassen kann. Er wird bis zu 40 Zentimeter lang und ist von Florida bis Brasilien verbreitet.

FAMILIE BALISTIDAE

Königin-Drückerfisch
Balistes vetula
Länglich-rhomboider Körper, Rücken- und Schwanzflosse lang ausgezogen. Färbung variabel grün, blau und gelblich. Zwei blaue Streifen seitlich am Kopf sowie weitere an Flossen und Flossenbasis. Der Königin-Drückerfisch lebt auf Sandgrund und Geröll, wo er Seeigel erbeutet, die zu seiner Lieblingsbeute gehören. Er wird bis zu 50 Zentimeter lang und ist zirkumtropisch verbreitet.

Schwarzer Drückerfisch
Melichthys niger

Länglich-rhomboider Körper. Grundfärbung blauschwarz mit hellen Streifen an der Basis von Rücken- und Afterflosse. Die Schwarzen Drückerfische leben in kleinen Gruppen bis in 60 Meter Tiefe entlang des Außenriffs. Sie werden bis zu 50 Zentimeter lang und sind zirkumtropisch verbreitet.

Ozean-Drückerfisch
Canthidermis sufflamen

Drückerfisch mit länglich-rhomboidem Körper. Einheitlich grau und mit schwarzem Fleck am Brustflossenansatz. Schwimmt allein oder in kleinen Gruppen im Freiwasser und in der Nähe von Korallenriffen in einer Tiefe von sieben bis 35 Meter. Während der Fortpflanzungszeit bewegt er sich über Sandflächen. Diese Art wird bis zu 65 Zentimeter lang und ist von Florida bis Argentinien und um die Kap Verdischen Inseln verbreitet.

FAMILIE MONACANTHIDAE

Schrift-Feilenfisch
Aluteres scriptus

Langgestreckter, seitlich stark abgeplatteter Körper, lange Schnauze, spitzes Maul, breite Schwanzflosse. Grundfärbung variabel oliv bis braungrau, mit charakteristischen, unregelmäßigen blauen Streifen sowie dunklen Punkten. Der Schrift-Feilenfisch lebt solitär. Er ist sowohl in flachen Lagunen als auch entlang des Außeriffs und im Freiwasser anzutreffen. Er wird bis zu 1,1 Meter lang und ist zirkumtropisch verbreitet.

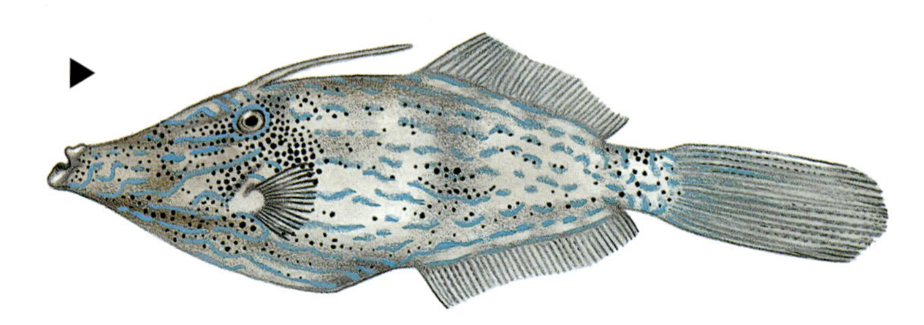

Weißflecken-Feilenfisch
Cantherines macrocerus

Ovaler Körper mit sichtbar vergrößertem Bauchanhang vor der Afterflosse. Die Schnauze läuft relativ spitz zu und hat einen ausgeprägten Unterkiefer. Der obere Teil des Körpers ist grau bis olivgrün, der untere Teil orangefarben bis braun. Es gibt zwei Farbformen: eine mit weißen Flecken, die andere ohne. Orangefarbene Stachel an der Schwanzwurzel. Lebt paarweise in Lagunen oder nahen Riffen mit Gorgonienformationen in einer Tiefe von vier bis 23 Meter. Diese Art wird bis zu 42 Zentimeter lang und ist von Florida bis Brasilien verbreitet.

FAMILIE OSTRACIIDAE

Perlen-Kofferfisch
Lactophrys triqueter

Der im Querschnitt viereckige Körper ist von sechseckigen starren Knochenplatten umhüllt. Grundfärbung dunkel mit zahlreichen hellen Punkten und Hexagonalen. Der Perlen-Kofferfisch lebt gewöhnlich solitär, bildet aber gelegentlich auch kleine Gruppen. Er bevorzugt Korallengründe und Sandflächen, auf denen er benthische Wirbellose erbeutet. Er wird bis zu 30 Zentimeter lang und ist von Massachusetts bis Brasilien verbreitet.

Horn-Kofferfisch
Acanthostracion quadricornis

Typische gepanzerte Körperform der Kofferfische mit langer Schwanzflosse. Körper im Querschnitt viereckig. Zwei Stacheln über den Augen. Grundfärbung gelblich mit zahlreichen blauen Streifen und Punkten. Der Horn-Kofferfisch ist gewöhnlich allein am Meeresgrund entweder auf Seegraswiesen oder über Sand und Geröll anzutreffen, wo er sessile Wirbellose erbeutet und sich farblich tarnt. Er wird bis zu 38 Zentimeter lang und ist von Massachusetts bis Brasilien verbreitet.

Gefleckter Kofferfisch
Lactophyrys bicaudalis

Fast polygonal geformter Körper mit zwei spitz zulaufenden Stacheln an der Afterflosse. Weiße Färbung, einschließlich der Flossen mit weißen Flecken bedeckt. Das Maul ist weiß. Der Gefleckte Kofferfisch schwimmt einzeln oder in kleinen Gruppen über Riffen und sandigen Flächen in Tiefen zwischen drei und 22 Meter. Er wird bis zu 45 Zentimeter lang und ist von Florida bis Brasilien verbreitet.

FAMILIE TETRAODONTIDAE

Geperlter Kugelfisch
Sphoeroides spengleri

Spindelförmiger, runder Körper mit breiter Schwanzflosse. Oberseite bräunlich mit unregelmäßigen hellen Linien und Punkten, Bauchseite hell mit einer Fleckenreihe über die ganze Flanke. Zwei dunkle Bänder an der Schwanzflosse. Der Geperlte Kugelfisch lebt vorzugsweise in Küstenbuchten über Felsgrund oder Seegraswiesen. Selten findet man ihn nahe bei Riffen. Er wird bis zu 30 Zentimeter lang und ist von den Bermudas bis Brasilien verbreitet.

Schildkröten-Kugelfisch
Sphoeroides testudineus

Runder, spindelförmiger Körper. Grundfärbung des Rückens braunoliv mit hellem, geometrischem Streifenmuster, das eine Art Gitter bildet. Findet sich vorwiegend in Küstenbuchten und Flußeinmündungen über Steingrund und Seegraswiesen, seltener an den Riffen. Der Schildkröten-Kugelfisch wird bis zu 30 Zentimeter lang und ist von den Bermudas bis Brasilien verbreitet.

Karibik-Spitzkopfkugelfisch
Canthigaster rostrata

Dickbäuchige, dreieckige Körperform mit spitzer Schnauze und kleinem, endständigem Maul sowie breiter Schwanzwurzel. Rücken dunkel gefärbt, die Flanken gelblich. Blaue Streifen und Punkte um die Augen herum, am Maul und auf dem Rücken. Der Karibik-Spitzkopfkugelfisch ist vorzugsweise auf Seegraswiesen und Fleckriffen anzutreffen. Er wird bis zu elf Zentimeter lang und ist von Florida bis Brasilien verbreitet.

FAMILIE DIODONTIDAE

Gepunkteter Igelfisch
Diodon histrix

Länglich-ovaler Körper mit stumpfem Kopf und leicht gespitzter Schnauze. Kugelige, ausgestülpte Augen. Zähne in Ober- und Unterkiefer zu jeweils einer Zahnplatte verschmolzen. Die Haut ist mit Stacheln bedeckt, die sich aufrichten, wenn der Fisch sich mit Wasser oder Luft aufpumpt. Der Gepunktete Igelfisch bleibt tagsüber meist in Höhlen oder anderen dunklen Nischen des Riffs. Er wird bis zu 90 Zentimeter lang und ist zirkumtropisch verbreitet.

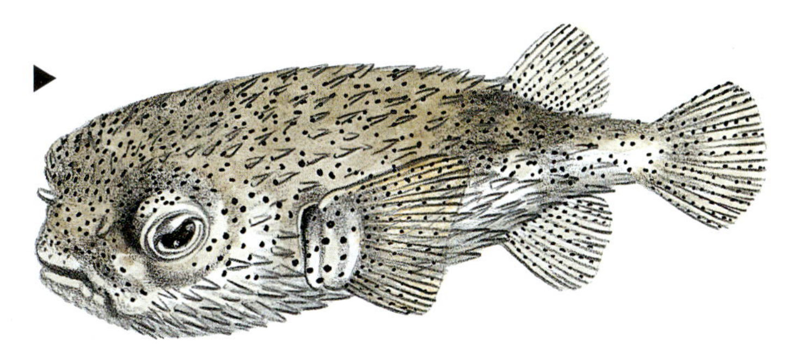

Ballon-Igelfisch
Diodon holacanthus

Gedrungener, ovaler, oben leicht abgeflachter Körper mit Stacheln. Diese sind auf dem Kopf relativ lang. Bei einem Angriff bläst sich der Fisch auf und stellt seine Stacheln zur Verteidigung auf. Olivgrün bis braun gefärbt mit kleinen, dunklen Flecken, jedoch nicht auf den Flossen. Bewohnt Lagunen, Seegrasflächen, Mangrovenbestände und Riffe. Diese Art wird bis zu 50 Zentimeter lang und ist von Florida bis Brasilien sowie weltweit in tropischen Gewässern verbreitet.

In gleicher Aufmachung sind in dieser Reihe bereits erschienen:

Kurt Amsler
KARIBIK – Enzyklopädie der Unterwasserwelt
Kurt Amslers prächtige Fotos und lebendige Erzählungen entführen den Leser auf eine unvergeßliche Reise durch die Geheimnisse der karibischen Unterwasserwelt.
ISBN 3-86132-179-3

Angelo Mojetta
KARIBIK – Ein Unterwasserparadies
Die größten Schätze der Karibik liegen für den Taucher unter Wasser. Mehr als 600 Fischarten bevölkern diesen Lebensraum, der sich mit Tausenden von Inseln, Cays und Riffen im weiten Bogen von Floridas Küste über die Bahamas bis hin nach Venezuela erstreckt.
ISBN 3-86132-212-9

Kurt Amsler
KARIBIK – Tauchführer
Dieses Buch stellt die 28 besten Tauchplätze der Karibik vor. Eine Fülle spektakulärer Fotos ergänzt die dreidimensionalen, zeichnerischen Übersichten zu den einzelnen Tauchplätzen. Mit 116 Zeichnungen der häufigsten heimischen Fische.
ISBN 3-86132-180-7

Viele Cayman-Riffe eignen sich zum Schnorcheln und beheimaten gesunde Korallenformationen in seichtem Wasser.

Jahr Verlag Hamburg